中國學術思想 研究輯刊

二一編

林慶彰 主編

第 17 冊

王船山學術思想研究
——以學術思想的傳承與創新爲視角

李 君 著

花木蘭文化出版社

國家圖書館出版品預行編目資料

王船山學術思想研究——以學術思想的傳承與創新為視角／李
君 著 -- 初版 -- 新北市：花木蘭文化出版社，2015〔民 104〕
目 4+218 面；19×26 公分
（中國學術思想研究輯刊 二一編；第 17 冊）
ISBN 978-986-404-057-5（精裝）
1.（清）王夫之 2.學術思想 3.清代哲學
030.8   103027159

ISBN-978-986-404-057-5

9 789864 040575

中國學術思想研究輯刊
二一編　第十七冊　　　　　　　ISBN：978-986-404-057-5

王船山學術思想研究
——以學術思想的傳承與創新爲視角

作　　者　李　君
主　　編　林慶彰
總 編 輯　杜潔祥
副總編輯　楊嘉樂
編　　輯　許郁翎
出　　版　花木蘭文化出版社
社　　長　高小娟
聯絡地址　235　新北市中和區中安街七二號十三樓
　　　　　電話：02-2923-1455／傳眞：02-2923-1452
網　　址　http://www.huamulan.tw 信箱 hml810518@gmail.com
印　　刷　普羅文化出版廣告事業
封面設計　劉開工作室
初　　版　2015 年 3 月
定　　價　二一編 27 冊（精裝）台幣 50,000 元

王船山學術思想研究
——以學術思想的傳承與創新爲視角

李　君　著

作者簡介

李君，1980 年生，山東平度人。2003 年畢業於煙臺師範學院歷史系，2006、2014 年先後於西北大學中國思想文化研究所獲碩士、博士學位，自 2006 年起在青島大學工作，主要從事宋明理學史研究。

提　要

　　本文是以王船山為中心的學術思想史研究，通過研究船山學術思想的具體問題和思想資源，理清其基本概況，審視中國古代學術思想在明末清初這一社會轉型期的傳承與創新的歷史狀況。

　　研究學術思想的傳承與創新，首先應當研究學術目的傳承與創新。船山繼承了先儒維護道統、延續「聖學」的基本觀念，確立了鮮活而又獨特的道統意識，並作為其學術思想的根本目的。首先，船山的道統意識經歷了確立和演化的過程。情感因素和直覺體驗在最初確立的過程中起了決定性作用，而學理分析對道統意識的演化起主要作用。其次，以道統為指引的擔當精神（即「忠」），與船山學術思想的關係密切，體現出道統對學統的決定作用。再次，船山對佛、道、心學、西學等「異端」思想的批評，體現出道統意識對思想視角的限制。這是本文的第一章。

　　船山思想的論證思路是從天道論經由心性論，最後落腳於人道論，按此可以分出天道論、心性論和人道論三個方面內容，即第二、三、四章。

　　第二章論述了王船山的天道論，包括虛氣關係、太極與陰陽關係、道與理關係等三方面的內容。首先，虛氣關係是船山闡發張載思想的第一步，是宇宙論的前提。他通常採用太虛的空間意義，而放棄了本體意義。其次，太極與陰陽二氣的關係問題是船山天道論的核心，也是其整個思想的邏輯基礎。船山批評太極動靜生化陰陽的思想，主張陰陽二氣異體交融即為太極，是為了保證與陰陽相對應的仁義的實在性，以便更好地解決倫理問題，維護聖學純正。同時，船山《易》學的「乾坤並建」原則是太極陰陽論的直接體現。在此基礎上能夠分解出「即占以示學」、「占義不占利」等其它解《易》原則，成為船山批判象數、義理《易》學的理論基礎。但二體之氣渾為一體之太極的路徑，最終需要依靠神秘的感應論。這種建立在直覺體悟基礎上的統一性，無法保證聞見之知的獨立性，更無法成為近代自然科學的基礎。再次，船山嘗試在義理上溝通道器、理氣兩組概念，提出「道理有分」之說。但他為了突出人的修養工夫對天地所示大道的必要性，仍然主張道不遠人，將人作為天地的中心和目的。他接受「理一分殊」之說，認為人由踐行人道而與天道相通，殊一相貫，體用一源，即主張因人因地因時而推行聖人之道，而不能限於對「理一」的抽象把握。這表現出與朱學、王學不同的特色。

　　第三章論述了船山的心性論，從命、性、心自上而下、自天而人的三個層級展開。心性論是船山由天道論證人道思維模式的橋梁部分，是天人相通的交際。人因「繼」天之命而具性，心則主持並體現性。首先，「天命不息」和「命分德福」是其中的兩個重要問題。本體之氣生化不息，天命於人者也日生日新。天人的職分不同，人能夠體悟太極的統一性，但不能等同於天，故天命不可造；命有「德」、「福」的不同，則現實中有德福不一致的狀況。這一則強調修養的必要性，一則解釋了人的聞見能力的有限性，保證了人對天命的敬畏。其次，天命不息，故人性日生。船山通常以人而不是物作為受命對象，與朱熹等前儒有所不同。他將張載「氣質之性」闡發為「氣質中之性」，以解決朱學的理氣分離問題；又闡發「習與性成」論，將健動的人

性論發展到極致。他面對惡如何產生的問題時，以陽明學「無善無惡」說爲主要論敵，試圖創造一條異於先儒的道路，但仍延續了以氣質或才情解釋惡源的傳統套路。再次，心論是船山工夫論的直接基礎，也是其論證結構的關鍵，明以張載爲宗承，實對張載、朱學、王學有都有借鑒，也都有不同。

第四章論述了船山的人道論。人道論是船山學術思想的落腳點，討論人自身完善的方法和目的等問題。首先，工夫論論述人道完善的方法。爲避免前人的弊端，船山主張「格致相濟」，但二者相較仍以德性之知爲大。其次，鬼神論是解釋生死和祭祀等問題的基礎，也是修養工夫的有益保障，船山主張鬼神不滅。這是恒存之天理在氣論中的轉化與發展，既與傳統儒學對待鬼神的曖昧態度不同，也與佛教的輪迴說不同。再次，生死問題是船山人道論乃至整個學術思想的終極問題。神不滅保證了生命的永恒價值和人道的貞正，這看似較傳統儒學更爲神秘，實則將鬼神之事更多地拉入人事範圍，反而淡化了鬼神的神秘色彩。這既是船山重氣、重實思想的體現，是儒學內在邏輯發展的必然，也是對當時宗教繁興的哲學回應。

第五章是全文總結。首先以「互爲道器的天人之學」概括船山的學術思想。他繼承了由天道論人道的思路，在肯定天道統一性的前提下，強調天人有分，強調人道自強不息對於天道的必要性，形成了具有時代特色又頗具創造力的天人之學。他認爲經過天人之間互爲道器、交相爲用的發展過程，可以達至天人和諧的終極目的。其次，從熊十力對船山哲學的批判性發展，分析船山學術思想的內在問題，明瞭其聖學「大夢」的缺憾，進而更好地反思傳統儒學的困境與出路。

目次

緒 論

一、選題原因

何爲學術思想？「術」本義爲「邑中道」〔註 1〕，「學術」就是爲學求道的路徑與方法。在中國思想史上，「學術」可溯至《莊子・天下》的「道術」一詞。「道」是中國傳統思想的根本概念，指天地之本原，則「道術」或「學術」是指探討天地萬物本原的「學問」，即所謂「學術思想」。〔註 2〕「學術思想史」研究意味著思想史與學術史研究的結合，是以哲學問題爲中心，注重學術資源及社會背景的分析，比僅依靠概念分析的哲學史方法更具優勢。爲防止論證的泛化，本文限定了「學術思想」的範圍，將其作爲與「政治思想」、「文學思想」等並立的範疇。

爲何選擇學術思想的「傳承與創新」爲視角？學術思想史屬於觀念文化，具有「繼承性、連續性和相對獨立性」等特點〔註 3〕。只有分析學術思想的「傳承與創新」，才能更準確地理解其特點，才能更好地解決「批判地繼承並創造

〔註 1〕 許慎，《說文解字》第 44 頁上。本文所引書目版本以「參考文獻」爲準。
〔註 2〕 張豈之《論思想史與哲學史的相互關係》一文認爲：「從歷史上看，每一學派和主要思想家都有，一個思想體系（自注：儘管有些思想體系很不完整，而且其中有相互矛盾之處），它們往往包括這些、政治、經濟、倫理、教育等多方面的內容，但這些內容並不是彼此無關的，也不是沒有主次的內容，他們相互照應、補充，其中一些思想爲另一些思想提供依據，整個思想體系是一個整體。這種思想體系，前人很注意的，稱之爲『學問』。如黃宗羲《明儒學案》所謂『學問』其實就是思想體系，後來有的學者稱之爲『學術思想』。」見《張豈之自選集》第 80 頁，原文刊於《哲學研究》1983 年第 10 期。
〔註 3〕 見張豈之《中國思想史研究的反思》一文，收入《儒學・理學・實學・新學》。

地發展」傳統文化的時代課題〔註4〕。

　　爲何選擇王船山（1619～1692 年，名夫之，湖南衡陽人，學人稱船山先生）〔註5〕作爲研究對象？中國歷史上改朝換代多會伴隨著社會巨變，與之相應，在思想史上表現爲較大規模的「社會思潮」〔註6〕。黃宗羲以「天崩地解」描述當時的社會巨變〔註7〕，因爲明清交替對於明朝遺民意味著亡國、亡種雙重變故。這次變革正處於中國傳統社會的末期，不僅包涵了傳統社會內部轉變的因素，也包涵了傳統社會通往近代的可能性。儒家之「道」爲人倫日用之道，向來具有經世安民之義。〔註8〕明朝以程朱理學爲正統思想，肯定了宗主孔孟的儒家道統。中葉之後，王陽明心學以訂正程朱理學爲契機迅速發展（甚至在暗中改變著科考的取士標準），在儒學界形成了理學、心學並行的局面。但這兩派思想都未能使朝廷眞正擺脫內憂外患的局面，也未能阻止天下大亂、政權覆滅。民不聊生、生靈塗炭的慘狀似乎在尖銳地嘲弄著儒學修齊治平的聖訓及核心理念「仁」。而清廷滿族人的身份使重視「華夷之辨」的儒者內心更加痛苦。與儒學的現實危機相對應，佛、道二家分別在融合其它二教的基礎上有了進一步發展，都出現了較爲重要的思想家〔註9〕，這對儒學正統地位形成了挑戰。

　　西學傳入是明代中後期思想史的重要內容之一，構成了當時社會思潮的又一重背景。作爲西學主要成分的天主教神學與中國固有思想內容差異較大，並不能引起中國受眾的廣泛熱心（甚至有些反感），勢力較弱小。但它的出現使得正統儒者需要防範的異端思想，不再限於佛道二家，這已經開始改

〔註4〕　傅偉勳認爲：「儒家思想的時代課題即不外是我這兩年來一直倡導的『如何批判地繼承並創造地發展儒家』的艱巨課題。」見氏著《儒家思想的時代課題及解決線索》一文，《批判的繼承與創造的發展——哲學與宗教二集》第 23 頁。

〔註5〕　據王敔《大行府君行述》，《船山全書》第 16 冊第 70 頁。後文中所用船山著作，無特殊說明皆出自嶽麓書社編《船山全書》，並省略書名，以（1）至（16）表明冊數。

〔註6〕　梁啓超《清代學術概論》較早用「時代思潮」概括學術思想史上一時湧現的思想運動。

〔註7〕　黃宗羲，《留別海昌同學序》，《黃梨洲文集》第 477 頁。

〔註8〕　儒者從孔子開始皆以「志於道」（見《論語》「述而」、「里仁」兩篇）爲己任。見黃俊傑《東亞儒學——經典與詮釋的辯證》之「五、論東亞儒者遺民的兩個兩難式」，該書第 162 頁。

〔註9〕　憨山德清、陸西星等人爲代表。

變宋代以來的思想格局。作爲神學附屬物的近代自然科學，也開始進入中國人的視野。雖然多數士人只是將其視爲蠻夷的淫巧小技，但也讓部分士人開了眼界。這是此前的儒者們不可能具有的契機之一，是時代的新特點。

有擔當的儒者面對這些危機和契機，不能不痛省反思，從理論深處檢討北宋以來所形成的「天理」爲核心的思想系統，裁取精華，加以創造，成就了內容豐富的偉大思想。這些思想的豐富性，再加上與近代思想之間的密切關聯，其思想史地位堪比周秦之際的百家爭鳴。

王船山是明末清初最重要的思想家之一，其著作涉及了中國思想史上的各個主要流派。研究他的學術思想對於研究中國思想，尤其是宋代之後的思想的傳承與創新具有重要意義。然而，船山複雜的社會背景、晦澀難讀的著作、浩瀚的既有成果，常常令有意研究者望而卻步，而豐富的思想資源、切於今人的啓示，常常又能令心生退意者欲罷不捨。本文嘗試從傳承與創新的角度，對船山學術思想作較爲全面的研究。分析船山如何樹立學術的根本目的、如何從天道論證人道的合理性、如何從人的能動性證明人道對天道的必要性，理清其思想的基本問題，明瞭其視野的局限和思想的矛盾，這不僅對船山學具有重要價值，也有利於分析儒學形上學的發展脈絡，爲今天儒學乃至整個傳統思想的現代轉化提供具體啓示。

二、研究綜述

船山大半生隱居，身後也未有足以顯達師門的弟子，著作流佈不廣。清朝前期的思想禁錮嚴苛，相關研究很少。《四庫全書》收錄了船山部分考據著作，其名號始廣爲國人所知。清朝後期，船山思想的豐富性和民族主義色彩應合了近代社會變革的需要，「船山學」成爲一種涉及文、史、哲等多個領域的專門學問。船山思想歷經坎坷，終爲世人所知，不禁讓人感慨船山「三百年來神不死」！〔註10〕此處在宏觀上對近代船山學術思想研究史加以簡單梳理，以見其脈絡，具體問題則留待正文討論。〔註11〕

〔註10〕 蕭萐父，《湘西草堂雜詠十首》之六，見《王夫之評傳·弁言·附》。
〔註11〕 關於船山研究的全面討論非大部頭的專著不能完成。2010年出版的朱迪光著《王船山研究著作述要》基本涉及了中國內地船山學最重要的一批研究著作，大有功於後學，本文也有借鑑。然而，該書對著作的取捨也有值得商榷處。例如，書中對海外的研究敘述較簡略，尤其是港臺兩地博、碩士論文以及國外研究成果幾乎一無所及。這一則可見船山相關研究成果之宏富，遍覽

　　梁啓超是中國近代學術的開創者之一，也是船山研究領域開風氣的人物〔註12〕，他倡導研讀船山著作的方法，並肯定船山治學「漸開科學研究的精神」。〔註13〕隨之在 20 世紀 30、40 年代出現了船山研究的第一個高峰，錢穆、嵇文甫、王孝魚、張西堂、侯外廬、馮友蘭、熊十力等一系列學者相繼發表了自己的成果，涉及船山學術思想的基本問題。其中尤以錢、嵇、侯、熊四人較具代表性。〔註14〕錢穆的《中國近三百年學術史》發展了傳統的學案體，重視思想的沿革，但討論哲學思想較簡略。他分析了船山學問爲何與「橫渠《正蒙》之精神爲近」，指出船山等人的思想是「砭切宋明理學走入玄虛之弊」的必然變化〔註15〕，認爲船山思想的落腳點在政治思想，這是當時船山學研究視野的體現，也是當時中國尋求強大之路的現實反映。〔註16〕嵇文甫《船山哲學》從性理之學的角度進行分析，論定船山「宗師橫渠，修正程朱，反對陸王」〔註17〕，較爲平實可信；又在分析船山歷史哲學的過程中借鑒了海德爾（Herder）的史學理論，開始具備世界歷史的視野，這是以西方學術眼光分析船山思想有益嘗試。侯外廬《船山學案》是以馬克思主義史學方法研究船山學的開端與典範，在總結既有研究的基礎上，創造性地提出「早期啓蒙說」，指出船山思想與宋明理學本質不同。這是會通中西之學有益而深入的探索，在中國內地影響深遠。熊十力雖沒有船山學專著，但他在思想創造中對船山多有吸收，將其視爲傳統與近代儒學之間的重要環節。這影響了唐君毅、

不易；一則可見研究者之局限（即船山所謂「習氣」）。突破成見（即船山所謂「思齊自省之功」）較遍覽中外更爲困難。

〔註12〕雖然他自稱「讀船山書，都是壯飛（譚嗣同）教我」，但他以客觀的學術研究爲指歸，方法和視野都是近代的，似非譚嗣同可比。見梁啓超《中國近三百年學術史》第 100 頁。

〔註13〕梁啓超，《清代學術概論》第 18 頁。

〔註14〕王孝魚《船山學譜》和張西堂《王船山學譜》相差兩年完成，二者都發展了傳統的學案與年譜等方法，材料豐富，只是對問題的分析較簡略。其中，後者由作者在北京大學上課的講義整理而成，內容相對豐富，印行更廣，影響更大一些。馮友蘭的《中國哲學史》下冊幾乎忽略了船山，只將其作爲附於顏李的其他道學家之一。

〔註15〕錢穆，《中國近三百年學術史》第 1 冊，第 124 頁。

〔註16〕錢穆的《中國近三百年學術史》一書最終成書於 1937 年 1 月，源於作者在北京大學的講義（從 1931 年秋開始），正曆經著自九一八事變到七七事變之間的民族危亡時刻，故他痛切發出「中華之受制於異人」的感歎，而論船山也以華族「固其族而無憂」爲結尾。

〔註17〕嵇文甫，《王船山學術論叢》第 109 頁。

牟宗三等弟子，進而影響了港臺地區的船山學，因此具有了典範意義。總之，以上學者在這二十多年裏從多個視角分析了船山思想的各個方面，創造了具有重要意義的一系列成果，又培養了大批後進，決定了此後船山學的研究範式和發展方向，因此，這二十多年堪稱船山學術思想研究的「軸心時代」。

1950 至 1980 年代之間，中國內地的船山研究受政治影響較大，但仍有重要成果產生，其中與本文關係較密切的有：杜國庠《論「理學」的終結》、嵇文甫《王船山學術淵源》、蕭萐父《船山哲學思想初探》等文。〔註 18〕港臺兩地以唐君毅《中國哲學原論・原教篇》中的相關研究最爲重要，作者以傳統理學的內在思路展開分析，輔之以黑格爾哲學的思辨方法，涉及問題全面，分析細緻。〔註 19〕

20 世紀最後 20 年，船山學術思想研究在專門化方面繼續推進。首先，健在的老學者反思並發展既有研究。90 高齡的馮友蘭寫作《中國哲學史新編》第五冊，主張船山是後期道學的高峰，總結並終結了道學。侯外廬、邱漢生、張豈之主編的《宋明理學史》（下冊）堅持了船山反理學的既有觀點，但正視了其思想中的理學因素。〔註 20〕以蕭萐父爲代表的一批學者在分析船山思想中的唯物辯證法因素的基礎上，繼續闡發「早期啓蒙說」，影響廣泛。香港地區的許冠三於 1980 年前後相繼發表一系列船山學著作，其中《王船山的致知論》本著「重建並介紹」的原則，著重闡發了船山「『兩端而一致』之辯證致知邏輯」〔註 21〕，與討論船山唯物辯證法的內地學者產生共鳴。臺灣地區的曾昭旭在吸收既有成果的基礎上，沿著新儒家學者的思路，完成《王船山哲學》一書。〔註 22〕該書兼顧兩種論述思路——船山著作本身具有的經史子集

〔註 18〕 分別收入《杜國庠文集》、《王船山學術論叢》、《船山哲學引論》。

〔註 19〕 時在香港的錢穆有《王船山孟子性善闡釋》一文發表於 1962 年《香港大學五十週年紀念論文集》，後收入氏著《中國學術史論叢》（八）。該文發揚陳澧綜合漢宋之學的方法，分析了船山的孟子學（尤其是心性論），並且開始注意西方思想與船山思想的異同，是作者的新氣象之一。

〔註 20〕 張豈之另有文章論及船山在突破理學方面的嘗試與困境，頗具啓發性。見氏著《王夫之〈張子正蒙注〉的理論貢獻——王夫之對〈易〉學的改造》一文，收入論文集《儒學・理學・實學・心學》。其中有：「從王夫之關於人性論的推論中可以看出，他主觀上想突破理學人性論的理論結構（在某些點上已經做到），但從總體上看，他還提不出新的人性理論體系。」該書第 192 頁。

〔註 21〕 許冠三，《王船山的致知論・序》第 1 頁。

〔註 22〕 曾昭旭除了《王船山哲學》一書之外，在 70 年代末期到 90 年代中期還有多篇文章發表，在港臺地區影響較大。

的平鋪方式和以哲學問題爲中心貫通史料的方式，是這個時期少有的綜合性研究成果。林安梧以「人性史哲學」爲中心，在強調船山「生命歷程」的同時，又突出「時代背景」的影響對於船山史學的影響。〔註23〕勞思光在反思帶有道統情懷的解釋方式的基礎上，認爲傳統思想的重建應當「以超傳統外之世界情境」的「客觀瞭解與批判」爲基礎〔註24〕，主張以批判的哲學史方法理解船山，認爲船山雖「遙承橫渠而別立系統」〔註25〕，但面對的問題依然是當下的。韋政通《中國思想史》、羅光《王船山形上學思想》也有相關論述，可惜較爲簡略。

船山學術思想研究在經歷了專門化之後，進入 21 世紀，全面性的綜合研究重新興起，湧現出諸多成果。〔註26〕嚴謹的細節考辨結合宏觀的學術脈絡分析，是船山學發展的趨勢。其中，蕭萐父與許蘇民的《王夫之評傳》由兩代學人合作完成，將「明清啓蒙說」進一步具體化，所用材料豐富、格局宏大，是近年來的重要成果。張立文、陳來都著重突出船山思想在「開新」、「重建」方面的意義：前者的《正學與開新——王船山哲學思想》以作者劃定的結構進行論述，後者的《詮釋與重建——王船山的哲學精神》則以船山的幾部重要著作爲單元展開分析。前者論述過程中時有新意，結論仍保持了氣理心三統格局；後者未能全面考察船山著作，但文獻分析精到，立論多有精到之處。嚴壽澄有以船山研究爲主題的（美國印第安納大學）博士學位論文，惜未見漢譯本。就其所著中文論文看，雖未形成顛覆性的結論，但糾正了不少既有研究的偏頗。〔註27〕陳贇、劉梁劍的博士學位論文，以西方現代哲學的視角研究船山，整體水平未能超越前輩學人，但不乏啓人之處。臺灣地區

〔註23〕林安梧在《王船山人性史哲學之研究》之後，也有相關文章發表，重在思索從船山哲學中尋找傳統儒學的出路，並指導學生加入船山研究的行列。他強調西學對船山的正面影響（見上書第 11 頁），應該是受到了內地學者的影響，此源頭即在侯外廬的《船山學案》。

〔註24〕分別見勞思光，《新編中國哲學史》第三卷下冊第 658、661 頁。此書是臺灣地區高校的教材之一，影響較爲廣泛。

〔註25〕同上書，第 476 頁。

〔註26〕包括多篇博士學位論文，其中數篇已經以專著的形式出版，如陳贇、劉梁劍、周芳敏、陳啓文等學者的。

〔註27〕嚴壽澄《王船山〈思問錄〉導讀》以及《近世中國學術通變論叢》中的相關論文，基本以劉咸炘的立論分析明末思想，並糾正大陸船山研究的某些誤解。程兆奇《嚴壽澄〈近世中國學術通變論叢〉書後》一文提及了嚴壽澄的博士論文，見《近代史研究》2005 年第 2 期。

的博士論文多偏重於剖析船山哲學的內在問題，在體用論、易學、美學等具體方面都有成果產生〔註 28〕，若能進一步給合社會背景展開分析，整體格局必將更爲開闊。

隨著全球經濟文化交流的加強，船山學研究進入世界範圍。《王船山學術思想在港臺海外的傳播》一文對上世紀 90 年代之前的成果敘述全面〔註 29〕，此處僅作補充。法國著名漢學家謝和耐（Jacques Gernet）不僅是中西交流方面，也是船山研究的專家，據說在 2005 年已有法語版船山學專著問世，可惜未見到漢譯本。〔註 30〕法國的弗朗索瓦・於連（Francois Jullien）討論過船山思想，是船山學廣泛傳播的表現。〔註 31〕日本學者島田虔次、溝口雄三等對明代中後期社會思潮的研究有創獲，可在一定程度上助益船山研究。〔註 32〕

船山思想研究已經取得了豐碩的成果，但也存在不少未解決的問題。這源於兩種不良傾向：一、只是將船山的著作按部就班地翻譯爲今人的話語，不注意考慮學術問題的內在價值，難免流於漢學家式的瑣碎。因爲忽略學術思想繼承性，將船山思想作爲完全封閉的體系進行解析，無法看清其結構與創新之處，更無法眞正理解其時代性。二、若過分強調研究者自身的思想取向，無論是馬克思主義、其它西方哲學，還是新儒家思想，都難免出現以論帶史的不良傾向。如果說前一種是徒手捕魚的話，後一種則只是擺弄手中的「筌」，而不注意河裏的魚，二者都不能避免讓魚兒溜走的結局。因此，分析船山與此前和同時代思想家之間的思想異同，分析其構成，追求邏輯性與歷史性的統一，是船山研究不容忽視的課題。

〔註 28〕 具體文章參見本文「參考文獻」的「博士學位論文」部分。

〔註 29〕 作者羅錫冬，見《船山學刊》1995 年 6 月。

〔註 30〕 謝和耐在《中國與基督教——中西文化的首次撞擊》中已經注意到船山，後來又有兩篇關於船山的論文，並且在 1978～1988 十年間，每學期都爲學生開設有關船山思想的學術講座。參見耿昇譯《中國與基督教——中西文化的首次撞擊》附錄「法國著名漢學家謝和耐教授小傳及其主要漢學著作目錄」2005 年，謝和耐在法國出版了船山學的研究專著，惜未見漢譯本。據郭齊勇《新故相資而新其故》一文，刊於《船山學刊》2005 年第 4 期。

〔註 31〕 於連《聖人無意——或哲學的他者》將中國哲學作爲西方哲學的他者來分析，試圖吸納中國哲學中有助於西方文化者，其中對船山《易》學頗爲青睞。本文在第二章分析「陰陽異體」、「乾坤並建」問題時有討論。

〔註 32〕 島田和溝口二位學者與中國學者交流較多，本身也受到中國學者的影響。他們的重要著作已翻譯爲中文，影響較大。

三、基本思路

本文依據船山思想的內在結構展開論述。〔註33〕

研究學術思想的繼承與創新，首先應當研究學術思想根本目的繼承與創新。船山繼承了先儒維護道統的基本觀念，作爲自己學術思想的根本目的。因此，第一章論述其道統意識的確立過程和基本內涵。

船山思想的基本論證思路是從天道論經由心性論，最後落腳於人道論，按此分爲天道論、心性論和人道論三個方面內容。第二章是船山的天道論。包括虛氣關係論、太極陰陽論以及理與道關係論等問題。第三章是船山的心性論，主要從命、性、心三個自上而下、自天而人的層級展開論述，體現出船山思想由天道向人道的過渡。命解決性的根源問題，人因「繼」天之命而具性，心則主持並體現性。第四章是船山的人道論，是其整個思想的落腳點，主要討論人自身完善的方法和目的等問題，即工夫或修養論。船山的工夫論繼承張載、朱熹，並受到明代心學的影響，主張「學功相濟」，又主張「貞生死以盡人道」，提出鬼神不滅說。

第五章是全文總結。船山學術思想可以「天人互爲道器的天人之學」概括，對它展開的反思體現了傳統儒學的困境。

〔註33〕前人研究大概可分爲以問題和著作兩種論述框架：前者敘述更簡潔，後者更易深入細節。兩種論述框架皆有經典著作產生：其一，問題爲中心。嵇文甫、侯外廬、唐君毅、張立文等學者或以不同的概念表達，或詳略有別，但行文思路都是如此。其二，著作爲中心。羅光、陳來等學者以船山基本著作或經史子集的傳統分目方式爲格局展開著述。曾昭旭《王船山哲學》則試圖結合二者。這要求更爲深厚的傳統學問以及更大的篇幅，非本文所能。

第一章　王船山對道統的傳承與創新

　　唐代思想家韓愈爲回擊佛、道二教，在《原道》一文中闡述了儒家的道統，是儒學發展的重要轉折。〔註1〕在此之前，孔、孟二子雖未提出「道統」一說，但他們的相關言論具備了道統的雛形。〔註2〕北宋初年的諸位理學家發掘典籍，闡發新思，爲道統提供了理論和文本支持。道統觀念自此成爲儒學思想發展的重要現象。〔註3〕其中，程頤越過韓愈，以程顥（明道先生）上接孔孟，標誌著理學道統觀念初步確立。朱熹撰著《六先生像贊》和《伊洛淵源錄》，使理學的道統最終明晰化。

　　在具有道統意識的儒者眼中，道統並非多元「主張」的流變〔註4〕，而是唯一的絕對眞理在人類社會中的延續。所謂的「道」是指宇宙、人間萬事萬物的終極根本，「統」指學者傳承終極根本之道而出現的「一脈相承之統緒」，故道統確立的方向就是「文化學術思想的歸趨」〔註5〕，他們的學術思想就成

〔註1〕 任繼愈主張道統確立是儒教形成的開始，至宋代徹底完成。其依據主要是中世紀基督教和程朱理學的相似性，雖然其中大大忽略中西文化的差異性，也未曾分析終極關懷方面的問題，但其結論仍有啓發作用。見《論儒教的形成》（刊於《中國社會科學》1981年第1期）、《儒教的再評價》（刊於《社會科學戰線》1982年第2期）、《展望二十一世紀的中國哲學》（刊於《中國社會科學院研究生院學報》2001年第4期）等文章。

〔註2〕 孔子肯定了自己所行之道與天命的關係（子曰：「道之將行也與？命也。道之將廢也與？命也。公伯寮其如命何！」《論語·憲問》，見朱熹《四書章句集注》第158頁），並夢想著周公的聖功：孟子歷數堯、舜至孔子的列位聖人，「以明傳之有在」。（同上書第377頁。）

〔註3〕 具體研究參見向世陵《理學道統論的兩類文獻根據和實質》一文，刊於《齊魯學刊》2008年第6期。

〔註5〕 「歸趨」指過程和目的。參看牟宗三、徐復觀、張君勱、唐君毅《爲中國文

了道統在人類社會中的體現。

　　道統有抽象和具體之分，本文分別稱之爲「道統觀念」和「道統意識」：道統觀念是抽象的、普遍的，因未能與個體的體驗相結合，其中的信仰性、排他性未被眞正激活；道統意識則是具體的、鮮活的，因與個體經驗結合，其信仰性與個體情感結合，具有了生命力。

　　在儒家思想中，道統、學統、治統三者具有統一性。道統至上，統攝內聖外王兩個方面：外則治統，主要指現在的政治思想；內則學統，主要指學術思想。宋代之後的儒學著作大都以維護道統爲目的，故道統意識研究「可以使我們進一步反省儒學的局限，認清當代儒學發展的方向」。〔註6〕通過分析道統意識的不同特點，往往能看出學術思想的演變。研究王船山的道統意識不僅能更好地把握其思想動向，也能突顯明末清初的社會轉型對思想史的影響。他以「聖學」概括自己的思想，並未改變理學成聖成賢的目的。他以道統主導學統，以道統必具的擔當精神來糅合夷夏之辨、君子小人之辨等內容，貫通於整個學術思想中。

　　張豈之《開拓中國思想史研究》一文認爲中國古人圍繞信仰展開的思想，是「精神學（人的自我意識和自我感覺）的特殊表現形式」，在學理上肯定了儒家道統觀念與人文思想之間的密切聯繫，具有宏觀的指導作用。〔註7〕劉述先在討論「黃宗羲在思想史上的貢獻與地位」時，指出在思想史上做出「巨

化敬告世界人士宣言——我們對中國學術研究及中國文化與世界文化前途之共同認識》，見張君勱著《新儒家思想史》附錄第560頁。本文借鑒其説法，主要是因爲《宣言》作者對傳統「道統」有親身體驗，且能以較爲通達的現代語言表述。《宣言》中的「道統」並非僅專對儒家，而是對整個中國文化而言，自然包括道家、佛教以及各個時期的儒學，本文並不贊成此點。

〔註6〕陳來在討論心學中的神秘主義問題時説：「這一問題（儒學傳統中的神秘主義體驗）可以使我們從另一角度認識中國哲學的特點，幫助我們理解中國哲學的許多重要思想命題，也可以使我們進一步反省儒學的局限，認清當代儒學發展的方向。」見《心學傳統中的神秘主義問題》一文，《有無之境——王陽明哲學的精神》附錄第441頁。道統意識作爲一種較爲複雜的情感，自然不完全是神秘主義，但與陳來所論的心學的神秘體驗一樣具有指引作用，故此處化用了他的概括。

〔註7〕該文最初發表於《群言》2002年第7期，《新華文摘》2002年第11期轉載，後收入《張豈之自選集》。張豈之認爲：「在我國古代，宗教思想往往與傳統人文思想相聯繫，因此研究人文思想不能丟開宗教思想這個重要環節。中國古代某些宗教思想的人文化，成爲思想史的特色之一。這不是神學，而是人的精神學（人的自我意識和自我感覺）的特殊表現形式。」（見該書第91頁。）

大的貢獻的《明儒學案》「乃是繼承道統之作」，並未完全超脫「門戶之爭」的狹隘〔註8〕，肯定了道統研究在明清儒學研究中的重要意義。

　　然而，專門針對船山道統意識的研究並不多見。清代中後期的傳統型學者缺乏近代學術史的研究視角，出於當時士大夫的主流意識，強調船山在學統方面的純正（即正統的程朱理學），仍將船山視爲正統理學的繼任者或「羽翼」者。〔註9〕從20世紀30年代開始，船山學研究逐步深入。嵇文甫吸收了前人的研究，以「宗師橫渠，修正程朱，批判陸王」概括船山的學術資源。其中涉及了道統意識的作用，可惜並未詳細闡發。〔註10〕唐君毅重視宗教情懷對儒家思想的作用，但未能注意道統對船山思想的作用。〔註11〕張立文分析了船山對安身立命的關懷，肯定了「初得《觀》卦之義」的重要性，只是未從道統觀念的層面去分析。〔註12〕

　　韋政通《中國思想史》一書注意到船山道統觀念在學術思想中「舉一而廢百」的弊端。〔註13〕林安梧在船山歷史哲學的背景下討論過道統與治統的關係。〔註14〕陳來《詮釋與重建——王船山的哲學精神》一書注意到嵇文甫

〔註8〕劉述先，《黃宗羲心學的定位》第108頁。同時還認爲：「他（梨洲）希望通過思想的研究、述評，建立思想的正確方向，下開一個新的時代。」

〔註9〕如《清史稿·王夫之傳》認爲：「夫之論學，以漢儒爲門戶，以宋五子爲堂奧。其所作《大學衍》、《中庸衍》，皆力闢致良知之說，以羽翼朱子。」見《船山全書》第16冊第100頁。

〔註10〕嵇文甫認爲：「（船山）極力反對陸王以扶持道學的正統，但正統派的道學到船山的手裏，卻另變一副新面貌，帶上新時代的色彩了。」見《王船山學術論叢》第121頁。他的研究較爲平實，影響深遠，近來依然有學者接受其結論。（例如，陳來《詮釋與重建——王船山的哲學精神》延續了嵇文甫的研究，只是分析更爲細緻）侯外廬認爲船山是近代思想的啓蒙者，更強調其思想與道統等傳統意識的疏離，影響了此後中國内地諸多研究者。

〔註11〕唐君毅是《爲中國文化敬告世界人士宣言》的發起者與執筆人，他在文中強調了道統對儒學的重要意義，但《中國哲學原論·原教篇》中並未單獨探討船山的道統意識，似將其視爲理所當然、不言而喻的事情。

〔註12〕張立文，《正學與開新——王船山哲學思想》第2頁。

〔註13〕韋政通認爲：「他對王學的批評之就『迹』看，他沒有把憎恨王學末流的情緒和王學本身份開來理解。」又有：「以其（橫渠）爲『正學』，就有與朱子爭道統的嫌疑，也不免『舉一而廢百』之弊。在學術性的問題上，一旦夾雜道統意識，此弊往往不免，非船山一人之過。」分別見氏著《中國思想史》第1361、1363頁。

〔註14〕林安梧，《船山對傳統史觀的批判》之二「對『正統論』的批判及『治統說』、『道統說』的建立」，見《王船山人性史哲學之研究》附錄第163～170頁。

的成果，認爲：「船山思想的主導的意識，仍是如何克除佛老的影響，建立正確的儒家的人生價值觀，這正是北宋道學的主題。」〔註15〕可能限於主題，作者並未就道統意識本身繼續展開討論。近有朱漢民《王船山的道統、治統與學統》一文，大概論述了船山三統的內容及關係，啓人良多。〔註16〕至於船山道統意識的產生過程、道統與具體學術思想的關係，以及道統意識支配下對異端的批判等內容，非朱漢民一文能夠涵括，這將成爲本章的主要內容。

第一節　王船山道統意識的確立及演變

道統意識是人依靠情感而確定的對終極根本的認識〔註17〕，不同的情感體驗（信仰式的情感）會產生不同的道統意識。抽象的道統觀念是僵死的，只有依託體認者（即人）才能復活，只有成爲道統意識才具有現實性。或者，道統意識的確立過程往往與宗教徒的「皈依」很相似，都需要依據個體的神秘體驗或「神悟的體驗」（mystical experience）。〔註18〕威廉·詹姆士在《宗教經驗之種種》中討論「皈依」時說：

> 皈依，更生，蒙神恩，體驗宗教，得到安身立命之所，（to be converted，to be regenerated，to receive grace，to experience religion，to gain assurance）這許多短語都代表一種過程——由這一過程，或

〔註15〕陳來，《詮釋與重建——王船山的哲學精神》第47頁。

〔註16〕朱漢民，《王船山的道統、治統與學統》，刊於《北京大學學報》（哲社版）2013年第1期。作者認爲，船山「三統」之學統與始於南宋的湖湘學派有關，是一條「隱」線，體現了大學者思想形成的複雜性。然其中亦有個別待商榷處，如船山眼中的周濂溪並非湖湘的「鄉賢」，而是道統之一環，主要體現了道統的普遍性；他早年立「行社」體現出的重「行」特色，似乎也不宜局限於張栻的影響，而應該擴張至整個道學傳統。

〔註17〕德國基督教神學家迪特里希·朋霍費爾（Dietrich Bonhoeffer）化用了斯賓諾莎的話，說道：「能夠驅逐情感的，不是理性，而是更強烈的情感。」見高師寧譯、何光滬校《獄中書簡》第190頁。著者和譯者皆未注明斯賓諾莎原文的出處，推測其大概對應的原文爲：「一個情感，只有通過一個和他相反的較強的情感，才能克制或消滅。」見賀麟譯《倫理學》第176頁。

〔註18〕陳來認爲，神秘主義（mysticism）在儒學與基督教之中的表現不同，故二者之體驗也不宜翻譯爲「神秘體驗」，而應當翻譯爲「神悟的體驗」，但又因不想增加用語之混亂，故沿用了既有的「神秘體驗」。參見《心學傳統中的神秘主義問題》一文，《有無之境——王陽明哲學的精神》附錄第440～441頁。此處認同他對東西方文化中兩種體驗的辨別，但更重視發揮二者之間的相似性，故強調其中共同具有的宗教性因素。

逐漸地，或突然地，一向分裂的，並自覺爲錯誤的、卑劣的、不快
樂的自我，因爲他對於宗教的實在得到更牢固的把握而變成統一的
並正當的，優越的，快樂的。無論我們是否相信必須有個直接的神
的作爲，才可以引起這種精神上的變化，至少就一般說，這是皈依
的意義。〔註19〕

按此，一個人具有了道統意識，原先分裂的自我得以統一，原先混沌的自我
得以清晰，原先無目的性的自我找到了正當的目的。

　　從明代的道統史看，王陽明訂正程朱理學，倡導「致良知」之說，對朱
熹的道統觀提出挑戰，甚至主張不以孔孟之是非爲是非〔註20〕，但心學仍只
是儒學一派。若從宗主孔、孟而言，王船山所認可的道統與程朱、陽明之學
並無不同。他不完全反對朱熹確立的以周敦頤爲開端的宋代道統，但認爲張
載最得聖學之「正」，足以上接孔孟、下啓後人。這表現出不同於主流理學的
特色。船山因確立道統意識而確定了生命的方向，其中有一個確立的起點，
並在確立之後又有所演變。本節主要按照時間順序，論述船山道統意識的最
初確立、中年的歸宗橫渠與晚年對後人的期待等內容，涵括其道統演變基本
過程。

一、得《觀》而立──道統意識最初確立

　　眞正確立道統意識需要身體力行，即「體貼」或「體認」的過程。何謂
體認？熊十力認爲這是中國哲學的「特別精神」，是認識世界的根本性的方
法，最終能夠體驗到內外、主觀客觀渾然不分的狀態，即人與天道合一的精
神境界。他說：「體認者，能覺人所覺，渾然一體而不可分。所謂內外、物我、
一異種種差別相，都不可得。」〔註21〕「體」字指出了方法或途徑，意味著
「體認」是建立在踐履之上。體認雖然也需要理智的作用，但並不一定符合
以概念爲基礎的邏輯推理；或者說，證明它成立的第一前提是個體情感經驗
的肯定，故又稱「體證」或「肯認」。牟宗三分析宋明儒學的「體證」道：

　　　　對於性體心體之體證，或性體心體本身之呈現，不只是隔絕一

〔註19〕〔美〕威廉・詹姆士著，唐鉞譯，《宗教經驗之種種──人性之研究》第190
　　　　頁。括號內英文爲原譯注。
〔註20〕王守仁，《答羅整庵少宰書》，《王陽明全集》上冊第76頁。
〔註21〕熊十力，《答馬格里尼》，見《十力語要》卷二，《熊十力全集》第4冊第198
　　　　～199頁。

切經驗而徒爲抽象的光板的體證與呈現，而且還需要即在經驗而爲
具體有内容的體徵與呈現。「具體的」即是眞實的，它不只是一抽
象的光板、純普遍性，而且是有内容充實於其中而爲具體的普遍。
〔註 22〕

牟宗三認爲只有道統在個體身上具備了具體的經驗，才能顯示其眞實性，才
能算是眞知。但是，對於道統的體認並非完全依靠一種看似神秘的情感激蕩，
而是需要必要的知識爲基礎。

從船山來看，他的父親王朝聘雖曾受學於「江右王門」鄒守益之子門下，
卻深知陽明後學之弊端，因此，他更爲重視家傳的《春秋》學，反而終生不
與子弟談及陽明心學。這深深影響了三位兒子的思想取向。〔註 23〕船山以長
兄介之爲蒙師，七歲讀畢十三經，順理成章地熟悉了儒學的道統觀念。從這
個意義說，船山是被決定的，並沒有選擇的自由。但是，知識性的瞭解與道
統意識的確立是兩回事。前者是抽象的、僵死的，後者是具體的、鮮活的。「體
認」即二程先生「體貼天理」之「體貼」，不僅意味著建立在情感基礎上的自
身的瞬間體證，而且需要學習爲保障，是情感與理智的糅合。船山在這個時
期對道統的認識還停留在抽象的觀念上，並沒有活生生的意識。

在船山生活的時代，大概每一個讀書人都瞭解儒家道統的内容，但許多
士人也選擇背離儒學入世的基本宗旨。即使不然，能親身體認道統者也是少
數。與之大約同時的思想家李贄，曾論述這種情況道：

人皆以孔子爲大聖，吾亦以爲大聖；以老、佛爲異端，吾亦以
爲異端。人人非眞知大聖與異端也，以所聞於父師之教者熟也；父
師非眞知大聖與異端也以所聞於儒先之教者熟也；儒先非眞知大聖
與異端也，以孔子有是言也。〔註 24〕

李贄以「知」與「眞知」區分瞭解與體認，區分普通儒者與眞有擔當者對儒
家道統的不同認識。這能反映當時社會的普通狀況。船山青年時代與當時大
部分儒者一樣，因聞於父師之教而熟知儒家聖人與異端的分別，並未具有對
道統產生具體的、鮮活的體認，即只是「熟知」，而未能「眞知」。

〔註 22〕 牟宗三，《心體與性體》上冊第 149 頁。
〔註 23〕 張豈之等認爲船山思想的形成與其「家學」和「早年功底」有關，見張豈之
主編《中國思想史》下冊第 817 頁。
〔註 24〕 李贄，《題孔子像與芝佛堂》，《續焚書》卷四，第 100 頁。

　　從熟知到眞知，船山經歷了痛苦的過程，其中包括「父傳《春秋》」與「研讀《周易》」兩個關鍵性的階段。前者開啓了船山道統意識的情感端倪，後者完成對道統的體認，具體呈現了道統意識的傳承與創新。船山在晚年著寫的《周易內傳發例》中回憶道：

　　　夫之自隆武（**南明唐王聿鍵所用年號**）丙戌（1646 年，即清順治三年），始有志於讀《易》。戊子（1648 年），避戎於蓮花峰，益講求之，初得《觀》卦之義，服膺其理，以出入險阻而自靖，乃深感於聖人畫象繫詞爲精義安身之至道。立於易簡以知險阻，非異端竊盈虛消長之機，爲翕張雌黑之術，所得與於學《易》之旨也。己未（1655 年），於晉寧山寺始爲《外傳》，丙辰（1656 年）始爲《大象解》。亡國孤臣，寄身於穢土，志無可酬，業無可廣，唯《易》之爲道則未嘗旦夕敢忘於心，而擬議之難又未敢輕言也。〔註25〕

「得《觀》卦之義」是船山對道統意識的初體驗，意味著他所「熟知」的道統觀念在自身中具備了眞實性，成爲活生生的道統意識。這個過程與他艱辛的經歷密切相關。

　　船山有志於讀《易》之時，恰是大明王朝的危亡之際，也是個人與家族經歷「險阻」之時。崇禎甲戌年（1644 年），李自成攻進北京，崇禎帝自盡，船山「悲長夜之不復旦」〔註26〕，涕泣數日而不食。清兵入關更將船山推至絕望的邊緣。丙戌至戊子兩年之間，湖湘之境頻歷兵災，船山原配陶氏、叔父、叔母、子勿幕、父親等至親先後亡故。其父去世之前，攜家人進山躲避兵災，將自得之春秋大義親授船山，《春秋家說·敘》記載道：

　　　先徵君武夷府君早受《春秋》……已乃研心曠目，歷年有得，惜無傳人。……歲在丙戌，大運傾覆，府君於時春秋七十有七，悲天憫道，誓將謝世，乃呼夫之而命之……越年不辰，歲在丁亥（1647 年，清順治四年），不弔毒酷，府君永逝。〔註27〕

丙戌年（1646 年，船山 28 歲）是船山受教《春秋》大義之年，也是他有志讀《易》之年，這兩件事情之間當有極大關聯。但他自己並未述及二者更具體

〔註25〕王夫之，《周易內傳發例》，（1）第 683 頁。後文引用的船山著作，不再另注
　　　　作者。凡整段引文括號內字若爲楷體文則是文中原註，否則爲引者註。下同。
〔註26〕《薑齋文集》卷八，（15）第 185 頁。
〔註27〕《春秋家說·敘》，（5）第 105～107 頁。

的時間，或是讀《易》與受《春秋》同時進行。

在如此艱難的環境下，父親將畢生所學相授，深深觸動了船山的內心。但這只是道統確立的契機，並不具有成爲現實的必然性。要使道統觀念成爲現實，非自得不可。天子和父親的離世，對傳統士人意味著君臣、父子兩倫的毀裂，即船山所謂「黃地既裂，昊天復傾」。這些困頓逼迫船山去經典中尋找答案，反思古代聖人如何在當前困頓中自處。孔子晚年學《易》致韋編三絕，船山也重視從《易》中探索處困之道。工夫不負有心人，他終於在《易·觀》之中找到了答案。船山對「初得《觀》卦之義」的重視程度勝過接受《春秋》大義，是因爲前者更能體現其思想的獨特性。

從字義看，「觀」有兩種讀音，去聲和平聲，分別爲「示下」和「瞻觀」之義，在《易傳》中分別有「神道設教」（示下）和「省方觀民設教」（瞻觀）之說。船山以得道君子自況，故選擇「神道設教」解釋《觀》卦之義。《周易外傳》是他的第一部《易》學著作，也是此時的思想記錄，其中解《觀》卦道：

> 積治之世，富有者不易居也；積亂之幾，僅留者不易存也。《觀》承《否》之後，故已亂積而不可掩矣。而位未去，而中未亡。位未去，聖人爲正其名；中未亡，聖人爲善其救。〔註28〕

船山從卦象上分析了社會動亂的深層原因：「《觀》之爲時，陰富而陽貧，生衰而殺王，上陵而下固，邪盈而正虛，人耗而鬼靈。」他認爲當下「亂積而不可掩」的形勢符合《觀》卦的含義。但《觀》卦的情勢並不容樂觀，故「聖人不得已而用《觀》」〔註29〕。君子處於《觀》卦的情勢之中，當「神道設教」，逐步使天下賓服，具體措施有二：不離開自己的大位，不亡失內在的抱負。前者意在爲天正名〔註30〕，後者強調韜養之道的重要性。其中，堅持操守是基礎，也是關鍵。君子「以不薦爲孚」，修身以示之，使觀者賓服。這種思想在他晚年成書的《周易內傳》中表達更明白：

> 君子處亂世，陰邪方長，未嘗不欲相忮害，而靜正剛嚴，彼且無從施其干犯而瞻仰之，乃以愛身而愛道，蓋亦若此。德威在己而不在物，存仁存禮而不憂橫逆之至，率其素履，非以避禍而邀福，

〔註28〕《周易外傳》卷二，（1）第 872 頁。
〔註29〕《周易外傳》卷二，（1）第 872 頁。
〔註30〕「必也正名乎」正是孔子爲治的第一步。

而遠恥辱之道存焉矣。〔註31〕

船山反思前半生，自認不曾爲「避禍而邀福」，也不曾爲「橫逆」而憂慮。他相信現存的亂象都將平復。保存道統，關鍵在於保有與道俱存之身。只要自身踐行「存仁存禮」、「清正剛嚴」的聖人之道，夷狄也須「瞻仰」。君子坦蕩行道，「縱浪大化中，不憂亦不懼」〔註32〕，終能達到「觸之不動」〔註33〕的精神境界。當然，這種境界並非一簇而就，早年《周易外傳》中頗有「悲憤填膺而無所控洩」之氣〔註34〕，至晚年則化爲平和堅定。

成聖意識是道統觀念的具體體現，因爲只有聖人才足以擔負道統傳承的重任。船山多次表露成聖意識，以聖人之責任要求自己。他將孟子「吾生有事」的豪語寫在書的留白處，以示嚮往與自勵〔註35〕，又以孔子自視，將體認的《觀》卦之義灌注在著述中。《春秋》以「獲麟」終篇，他也在《續春秋左氏傳博議》的終篇寫道：

> 身即道，故愛身以愛道；言即教，故慎教以慎言。天下窮而君子泰，泰以息其道，教乃以揭日月垂萬世，而無敢以其辯説參焉。《易》曰：「《觀》，盥而不薦，有孚顒若。」顒若不喪於己，無然其襃於薦焉也。服群陰之方長，而不失大《觀》在上。至哉，莫之能尚已！
> 〔註36〕

常人不免譏刺船山爲狂者，但儒家的君子品質中本就包含著狂者氣象。船山認爲君子之言即天下之教，君子之身即大道之身。面對困頓的天下，他力主通過養息君子之身，達到養息在人之道的目的。他以「希賢」、「希聖」（周敦頤語）自勵，相信「君子無所不用其極」〔註37〕。從現實操行看，他一生維護君子之位，「不失大《觀》在上」之義。總之，慎言與愛身是船山面對「陰

〔註31〕《周易內傳》卷二，（1）第 200 頁。

〔註32〕陶淵明《飲酒詩》。陶淵明中年不出仕，成爲隱士，表面看來與儒家出世的宗旨不同，實則出於無奈。這與船山的隱居相似，故船山對陶淵明頗盡同情之心，通過《古詩選評》中的相關評論即可看出。此處的「不憂亦不懼」指不直接憂懼個人利益，並非不憂懼天下；下文中所用「觸之不動」一語，也是指不爲一己之私所觸動，而只爲天下安樂而被觸動。故船山主「聖人有憂」之説。

〔註33〕友人評陽明語。見黃宗羲《明儒學案・姚江學案》。

〔註34〕《周易外傳》卷二，（1）第 874 頁。

〔註35〕王敔，《大行府君行述》，（16）第 74 頁。

〔註36〕《續春秋左氏傳博議》卷下，（5）第 621 頁。

〔註37〕《周易內傳》卷五上，（1）第 527 頁。

邪方長」的自處之道，也是其道統意識在實踐上的具體體現。

應當注意的是，船山初得《觀》義的戊子年（1648 年）正是他的而立之年。他在《周易內傳發例》中的自述顯然不是無心之言，而是有意強調。他的《讀四書大全說》表明，從「十五志於學」到「三十而立」之間的十五年「是夫子一大段聖功在」，並且說：「以實求之，則『立』者誠之復，而『不惑』以上，誠之通也。」〔註 38〕「以實求之」說明船山自認爲已經體會到了「三十而立」的境界，是以自身體認的經驗證明成聖的具體過程。「復」在《易》學中是由陰轉陽的拐點，他認爲而立之年是生命的轉折點，由此轉向成聖的道路。〔註 39〕

船山在三十歲時體悟到《觀》卦之義，實現了生命的最初挺立。這對其整個生命過程以及後半生學術思想的發展方向，具有重要作用。當然，船山道統意識的完成並非一蹴而就，三十而立也只是最初確立，他在後半生中踐行了「日新」的聖訓，經歷了鑽研義理、體驗神化的過程，保證了道統意識的持續活力，使道統伴隨著他生命的變化而變化。

二、歸宗橫渠──道統意識大體形成

儒者對道統觀念的認識往往隨著生命的變化而不斷豐富。從最初確立到大體形成，船山的道統意識經歷了不斷豐富的過程。其中，中年開始的「歸宗橫渠」標誌著船山道統意識的大體形成。

船山最終以《正蒙》的思想爲「正學」，以張載上接孔孟，確立了獨特的道統觀。他在晚年的《張子正蒙注・序論》中寫道：「張子之學，上承孔孟之志，下救來茲之失，如皎日麗天，無幽不燭，聖人復起，未有能易焉者也。」〔註 40〕但他三十歲體會到的《觀》卦義理是由自悟而得，而非沿襲張載之說。他對朱門和王門後學的不務實的風氣都表示不滿，自覺選擇了有別於二者的第三條道路。

船山並未明言何時才開始歸宗橫渠，後人對此推測較多。陳來認爲船山中年寫作《讀四書大全說》之時受朱子學影響較大，故對張載「尚有微詞」，

〔註38〕《讀四書大全說》卷四，（6）599～600 頁。

〔註39〕《四書訓義》中也有：「於是而學焉，至於三十，昔者之立在志，而三十之立者在行也。當是時，萬物自動，而吾之所以爲吾者，自定而不移；感物而動，而吾之所以爲吾者，隨事而各正也。」見該書卷五，（7）第 284 頁。

〔註40〕《張子正蒙注・序論》，（12）第 11 頁。

而「歸宗橫渠」則是晚年的事情。〔註41〕但是，思想家所受學術影響和自認的歸宗之間並不是一回事。朱熹作為宋代理學的集大成者，吸收了張載的思想，而船山又處於朱熹之後，在選擇了張載為宗的前提下，依然能夠吸收朱熹的成果。船山思想大大受惠於朱學，不僅限於早、中年著作，即使晚年《張子正蒙注》也不能例外。因此，學術思想的既有影響，不足以成為確定歸宗時間的充要條件。這個時間定在晚年，似不如定在中年合適。

從船山的著作來看，早年的《周易外傳》與晚年的《周易內傳》不同，並未對張載思想表現出明確的推崇。〔註42〕《思問錄》雖然肯定張載，但成書時間較長，不利於採證。中年成書的《讀四書大全說》雖以闡發官方正統程朱理學經典《四書大全》為形式，但在論定程子與張子孰為正統時寫道：

> 程子規模直廣大，到魁柄處自不如橫渠之正。橫渠早年盡抉佛、
> 老之藏，識破後，更無絲毫粘染，一誠之理，壁立萬仞，故其門人
> 雖或失之近小，而終不失規矱。程子自得後，卻落入空曠去，一傳
> 而後，遂有淫於佛、老者，皆此等啓之也。〔註43〕

船山以「誠」為其整個思想的極頂之字〔註44〕，從此「魁柄」處論定兩派孰正孰不正最為確當。他認為張載避免了摻雜佛道二家思想，堪稱正統，總體上勝過程子思想。這種思想與晚年《張子正蒙注》基本一致。另外，《讀四書大全說》中有對「太虛」一詞的批評，但並非針對張載，而是針對「異端」思想。〔註45〕因此，可以肯定船山此時的道統觀念中，已經接受了張載作為宗主，與正統的程朱理學不同。

當然，船山歸宗橫渠主要依據於學理分析。以理性分析支配情感取向，這與道統意識的最初確立有所不同。從這個角度講，船山「歸宗橫渠」的原因涉及其學術思想的各個方面，甚至可以涵括本文第二、三、四章的主要內容。

〔註41〕分別參見陳來《詮釋與重建——王船山的哲學精神》第 43、104、124～125 頁的相關論述。

〔註42〕這並非否定船山吸收了張載的某些思路，具體分析參見第二章第一節「虛氣關係」部分的相關內容。

〔註43〕《讀四書大全說》卷十，（6）第 1086 頁。

〔註44〕具體討論見本文第四章第二節。

〔註45〕具體分析見本文第二章第一節。

三、俟解後人——期待道統延續

　　爲了體現出大道的永恒，道統觀念不僅需要儒者親身繼承，也必須向後傳承。一方面，珍生以愛道成爲船山愛惜自己肉體生命的原因；另一方面，他自認爲是道統傳承之一環，欲開出六經所責之生面〔註46〕，必得期待後來人。這種意識在其著作的結尾或序言中體現尤爲明顯。

　　如果說成書最早的《周易外傳》結尾處的「聖人贊《易》以竢後之君子，豈有妄哉！」〔註47〕，主要是指前代聖人有待於（「竢」）後來君子（包括船山）的擔當精神，成書於1656年（船山38歲）的《黃書》之「後序」明顯體現了有待於後人的想法，其中有：「明明我後，遜播遷也。俟之方將，須永年也。《黃書》之所以傳也，意在斯乎！」〔註48〕《俟解》成書於1682年（船山64歲），直接以等待後來的「解之者」命名〔註49〕。《思問錄·內篇》的最後一段文字意味深長，一則表明此前之統緒，一則期待後來人：

　　　　「居處恭，執事敬，與人忠，雖之夷狄不可棄」，自盡之道也。
　　「不可與言而不言」，衛道之正也。「不可與言而與之言」，必且曲道
　　以徇之，何以回天而俟後乎！〔註50〕

這是闡發《論語》中孔子的話。程顥將「居處恭，執事敬，與人忠」定爲聖人的「徹上徹下語」，這點船山自然知曉。〔註51〕此「自盡之道」絕非泛泛之言。「之夷狄不可棄」一句暗指了所處的時代，正是夷狄方張之時。因此，要「衛道之正」，只能嚴辨夷夏之別，「不可與言而不言」，保持必要的沉默。如若不然，則必將「曲道以徇」，無法扭轉華夏之頹勢，更無法期待後人了！這是以委婉的說法表達了「俟後」之意。

　　另外，作爲詩人的船山常以詩的語言表達對聖道復明的期待。他六十九歲時給長兄介之的祠堂題寫堂聯爲：「門外黃鸝啼碧草，他生杜宇喚春歸。」〔註52〕船山自比門外碧草中婉轉歌唱的小黃鸝，希望來生能化爲杜宇，呼喚

〔註46〕船山自提觀生居堂聯爲：「六經責我開生面，七尺從天乞活埋。」見《船山詩文拾遺》卷一，（15）第921頁。
〔註47〕《周易外傳》卷七，（1）第1114頁。
〔註48〕《黃書·後序》，（12）第539頁。
〔註49〕《俟解·題詞》，（12）第475頁。
〔註50〕《思問錄·內篇》，（12）第429頁。
〔註51〕朱熹將程顥的話錄入《近思錄》（見該書卷四，第135頁），該書是明代士人的必讀書。
〔註52〕《船山詩文拾遺》卷一，（15）第922頁。

陽光明媚的春天到來。這是以春天喻指聖道復明，以黃鸝化杜宇喻指對後來人的期待。

總之，存道以待後來人的思想，是船山後半生（尤其是晚年）著書立說的目的，也是道統意識的要求。蕭萐父《湘西草堂雜詠》有「當年甕牖秉孤燈，筆隱驚雷俟解人」一句〔註53〕，點明了船山以勤奮著作的形式，「俟解」於後人，可謂卓見。難的社會環境、父親以《春秋》大義相託以及以聖自勵等內容，是船山道統意識確立及演變的三個因素。

第二節　王船山道統觀念的內涵——以「忠」爲中心的研究

儒家道統對學術思想的方向具有決定作用，即道統決定學統。〔註55〕船山在《自題墓銘》中以「正學」和「孤忠」（或「孤憤」）概括一生，分別指向學統與道統兩個方向。「忠」字雖含有「忠君」的思想成分，但也包涵了「六經責我開生面」之「責」，即對聖人之道的擔當精神，對社會的責任意識。〔註56〕他的道統觀念不僅涉及其學術思想的全部，也反映了他「對於宇宙的責任意識」，而「所有的意義都是構建在這一責任意識上」。〔註57〕

「正學」與「孤忠」是船山思想不能割裂的兩端，應當受到同等重視。既有研究的偏頗表現在兩方面：一闡發其「正學」一端〔註58〕，無視另一端。

〔註53〕蕭萐父，《王夫之評傳·弁言》第5頁。
〔註55〕儒家的道統、學統、治統是統一的整體，道統至上，故可統攝內聖外王兩個方面：外則治統，主要針對現在的政治思想，內則學統，主要針對學術思想。朱漢民《王船山的道統、治統與學統》一文也有相關論述。刊於《北京大學學報》（哲社版）2013年第1期。
〔註56〕林安梧認爲責任意識具有恒久的價值，他說：「我覺得儒學所強調的責任意識很重要。儒學所謂的『責任』概念，其實也就是『忠』的概念。然而，『忠』這個概念在儒學傳統裏被混淆了，從『宗法封建』到『帝王專制』，從原來『忠於其事』的責任概念變成了『忠於其君』一種『主奴式』的忠君概念，而這已經違背原來『忠於其事』的概念了。」見《「心性儒學」與「公民儒學」相關問題之檢討——從「新儒學」到「後新儒學」的哲學反思》一文第7頁，「第十一屆儒佛會通暨文化哲學學術研討會」會議論文，2008年3月28日。
〔註57〕陳來，《詮釋與重建——王船山的哲學精神》第47頁。作者在文中主要是討論船山生死觀中體現出的責任意識，實則此問題在往深處講是道統意識的反映。
〔註58〕前文中引用的韋政通《中國思想史》和張立文《正學與開新》等都是代表。

這只能反映船山作爲哲學家的思想性，而不能反映他作爲儒者的實踐趨向。二，船山《自題墓銘》因「孤忠」與「孤憤」的不同，產生了兩種版本。後者受到較普遍的認可，這已經影響了對船山整體思想的把握。

因此，本節首先考辨《自題墓銘》不同版本的產生原因，發現是船山自己將「孤憤」修改爲「孤忠」。船山的確因天下之崩解而孤獨憤懣過，但他晚年已經將這種憤懣化爲更高層次的忠貞。其次，分析船山「忠」的自我定位中所包涵的道統意識，從義理方面解析「忠」優於「憤」的原因。

一、從「孤憤」到「孤忠」——《自題墓銘》辨析

船山晚年以《自題墓銘》總結一生，但《墓銘》流傳至今的有兩種版本：一，王敔《大行府君行述》（簡稱《行述》）記載了《自提墓銘》的主體部分：「抱劉越石之孤忠而命無從致，希張橫渠之正學而力不能企。幸全歸於茲丘，固銜恤以永世。」1992 年出土的船山墓石內容相同。二，康和聲在 1942 年影印出版了《王船山先生墨寶四種》（簡稱《墨寶》），收集船山手迹四種。其中有《自提墓石》一文〔註 59〕，與《行述》的記載和出土墓石的文字記載不同，主要差別是「抱劉越石之孤忠」之「忠」字爲「憤」。《船山全書》的編者將兩種版本同時收錄，以示並存，體現了文獻整理者的謹慎。但是，遺墨中特別強調：「墓石可不作，徇汝兄弟爲之，止此不可增損一字。」〔註 60〕爲何「不可增損一字」的「墓銘」會有兩種版本？到底是「孤憤」還是「孤忠」？

在船山學發展過程中，兩種版本都有使用，而「孤憤」的使用占絕對主流。〔註 61〕這大概因爲：「忠」字昭示著思想家對於舊制度的極度留戀，甚至包含著與封建王朝的主奴關係。「憤」字體現出作者否定現實的強烈欲求，表意似乎更勝一籌。學者們相信船山激烈的排滿態度，自然出於「激憤」。因此，無論是抱有新儒家情懷的學者，還是闡發船山反傳統思想的研究者，大多傾向於感情色彩強烈的「孤憤」。《船山全書》編者即認爲：「『憤』改作『忠』，

〔註 59〕「自提墓石」四字非船山手寫，是後人所加，康和聲在出版時改爲「自提墓銘」，詳見氏著《王船山先生南嶽詩文事略》第 294～295 頁。

〔註 60〕《薑齋文集·補遺》，（15）第 228 頁。

〔註 61〕接受「孤忠」版的學者並不多，僅就所見並留有印象的來說，有《中國哲學原論·原教篇》的作者唐君毅、《張載評傳》的作者龔傑等學者。林安梧重視傳統思想的「忠」，希望通過「忠」闡發出社會責任意識，但在研究船山時也採用了「孤憤」版。足見其影響力之大。

似不如原字涵蘊深廣。」〔註62〕這基本上能夠代表此派的觀點。〔註63〕

　　然而，船山以「孤忠」爲定本，是因爲「孤忠」較「孤憤」更能體現作者的思想狀態，意蘊更深廣。他作爲明朝遺老，身後最爲人稱道的往往是一個「忠」字，尤其是清朝末年的民族危亡使得學者們更加重視船山在面對異族統治者的「暗然」與「貞晦」。〔註64〕「憤」的根本原因在於「忠」，不分析「忠」則無法理解「憤」。

　　單純從文本看，墓石版墓銘更爲凝練，顯然是《墨寶》版的修訂。「孤憤」到「孤忠」的修改不是出自別人，而是船山自己，《船山全書》編者已經確定此點，將兩種版本的差異總結如下：

　　　　（墓石）額鐫「遺命墓銘」四字，銘文中「繼配」上無「其」

　　字，「抱劉越石之孤忠」「忠」字與手迹「憤」字異，又兩「于」字

　　均作「於」，原空年月日已填就，書丹、勒石名氏俱全。〔註65〕

其中能體現四點：一、從行文順暢的角度看，《墨寶》中「繼配」上的「其」字略顯贅餘。雖然墓銘的預設的讀者是後來人，但按常理葬在身邊的繼配自然是墓主人的，又是「自提墓銘」，故不需要稱「其」。二、通常情況下，「于」字多是五經中所用，一般書用「於」。船山秉承家風，一生寫字筆法謹嚴，將「于」改爲「於」也顯示了此點。三、船山卒於康熙31年（1692年）正月初二，而《墨寶》的手蹟書寫於康熙28年九月，中間相隔兩年有餘。根據《行述》記載，船山在臨終前將父親的行狀和自己的墓銘親授長孫若，而《墨寶》最後落款是交付長子攽的。這是時間帶來的改變，長子攽小船山26歲，船山臨終時他也是58歲的老者，不再適合託付「行狀」、墓銘等物，故由攽之長子若代替。四、出土墓石與王敔《行述》的記載相互印證，堪爲二重證據。故可斷定，出土墓石的文字是經船山親手改訂的更爲完善的版本。

〔註62〕見《船山全書》第16冊卷首所附影印插圖之四下的文字。

〔註63〕嚴壽澂認爲：「這『孤憤』二字切不可輕易放過，他在說經論史之際，孤憤之情，有時不可遏抑，以致語氣激烈，有失平衡，甚或與自己的根本觀念不相契合。」見《船山〈思問錄〉導讀》第6頁。嚴壽澂實則已經發現了「孤憤」中存在的問題，但他寧願相信這「有失平衡」、「甚或與自己的根本觀念不相契合」者，以此對應船山著作中的矛盾處，實在有些牽強。

〔註64〕「暗然」出自《中庸》「君子之道，暗然而日章」。「貞晦」則取義《易·明夷》。梁啓超以此二語形容船山，分別見氏著《中國近三百年學術史》第91、93頁。

〔註65〕《薑齋文集補遺》，（15）第227頁注1。

　　問題的關鍵是，船山爲何要如此修改？這既與船山對孤忠、孤憤二詞的理解有關，又與他對劉琨（越石）的評定有關。

　　首先，「孤」字有獨自承擔和憤獨之義，並不難以理解，問題的關鍵在於對「憤」與「忠」二字的理解。「憤」、「忠」二字在船山的理解中到底孰優孰劣？《讀通鑒論》在評定鮑宣「七亡七死」之章時，論及了「孤忠」與「氣激」的不同，可資借鑒：

> 　　進言者不知其道，徒以得後世之稱而無益於時，皆此一時之氣矜爲之也。又況（鮑）宣所稱者，糞勝而外，吾未見有大臣之操焉。孔光巨奸而與於清流，宣失言矣。盈廷之士氣，漢室之孤忠，唯一王嘉，而不能訟其屈抑。然則鮑宣者，亦一時氣激之士，而未足以勝匡主庇民之任者乎！〔註66〕

船山區分了孤忠之臣和氣激之士，認爲氣激之士「進言而不知道」，則所進之言都只是出於「一時之氣矜」，故最終無力擔當「匡主庇民之任」，只是留有虛名而無益於當世（其中自然有指謫東林清議風潮之意）。孤忠之臣則與之相對，能體知大道，能堅持「大臣之操」而壓得住一時之憤氣，可以成爲朝廷的脊梁。因此，「孤忠」、「孤憤」二者在船山心中的優劣顯而易見。也可以想見，他最初以「孤憤」來評定自己抱有的情懷，實有自謙之意。

　　其次，從船山對劉琨的評定看，「孤忠」能更恰切地概括劉琨。西晉末年，劉琨任并州（今山西太原一帶）刺史，國亡後據守孤城長達十幾年，抗拒匈奴、羯等蠻夷的入侵。後因寡不敵眾失敗，無耐投靠鮮卑，並試圖借助其勢力以恢復中原，惜遭猜忌被殺。船山對劉琨既有不滿，又深表同情。他指責劉琨假意投靠蠻夷的策略混亂了夷夏大防，有失君子的「自靖」之道。〔註67〕局勢已非人力可控，亡國孤處的將領只需盡力反擊，將成敗之事交付於天，而不應該投機取巧，這就是所謂的「直致」。但他還是對劉琨的忠誠表達了敬意。因此，船山對劉琨的不滿主要是行道方式上的，並非針對根本。《讀通鑒論》評價劉琨道：

> 　　琨乃以孤立之身，遊於豺狼之窟，欲志之伸也，必不可得；即欲以頸血濺劉聰、石勒，報晉之宗社也，抑必不能；是以君子深惜

〔註66〕《讀通鑒論》卷五，（10）第199頁。
〔註67〕船山認爲：「宗國淪亡，孤臣遠處，而求自靖之道，豈有他哉？直致之而已矣。可爲者爲之，爲之而成，天成之也；爲之而敗，吾之志初不避敗也。」見《讀通鑒論》卷十三，（10）第466頁。

其愚也。以琨之忠，身死族夷，報志常埋於荒遠，且如此矣；下此
者，陷於逆而為天下僇，亦終以不保其血胤。〔註68〕

此處評論劉琨的「孤立之身」與「忠」，正與墓石銘文中的「孤忠」相應和。
另外，劉琨《扶風歌》有：「忠信反獲罪，漢武不見明。」《答盧諶》有：「忠
隕於國，孝衍於家。」「資忠履信，武烈文昭。」皆以「忠信」自期或自況。
船山《古詩選評》對上詩都有錄評，不僅是出於文學鑑賞的角度，也是為了
體現劉琨忠誠的品格。〔註69〕同樣，他選擇「越石」而不是別人自況，也並
非簡單地考慮到能與「橫渠」二字的對仗，而是在於，劉琨在遭受亡國亡種
之時，能有機會橫刀立馬，讓船山著實心神向往，但因「命無從致」，只能歎
息不已。

　　《讀通鑑論》大約著於船山六十九歲，距書寫《墨寶》約兩年，距他離
世約有四年。期間他對劉琨的認識並無根本性改變，他只是琢磨用哪個詞概
括劉琨一生，進而概括自己。「忠」字是他反復斟酌的結果，堪為定論。

二、「孤忠」義理發微

　　上面提及了「孤忠」在義理上較「孤憤」更勝一籌，接下來將繼續闡發
「孤忠」的道統內涵。「忠」是儒家倡導的德行之一，故曾子以「忠恕」二字
概括孔子「一以貫之」之道。「忠」本竭誠而為之義，從其對象看，分為事君
和事友雙層意思，〔註70〕可以引申為責任意識和擔當精神，故得以進入儒家
道統意識的內涵。與「忠」相對的「憤」字，則是「心求通而未得之義」。〔註
71〕孔子曾以「發憤忘食，樂以忘憂，不知老之將至」概括自己，則「憤」字
顯然在描述一種未能圓滿的狀態，需要「發」方得通達，顯然不能與儒家基
本德行「忠」字相比。

　　劉琨的行為自然有悲憤的意思，船山一開始選用了「憤」字，是因為他
自己的憤懣之情同樣出於亡國亡種的傷痛，《周易外傳》（始著於順治十三年，
1655年）發揮《觀》卦之義時曾表達出「憤懣」之意：「然且有承極重難返之

〔註68〕　《讀通鑑論》卷十三，（10）第467頁。
〔註69〕　分別見《古詩選評》卷一，（14）第520～521頁；卷二，第598頁；卷二，
　　　　　第600頁。
〔註70〕　事君上之義，如《尚書・伊訓》「為下克忠」，孔穎達疏為「事上竭誠」，見《尚
　　　　　書正義》第304頁。事平等之人之義，如《孟子・滕文公上》「教人以善謂之
　　　　　忠」，見朱熹《四書章句集注》第260頁。
〔註71〕　朱熹，《四書章句集注》第95頁。

勢，褻用其明威而不戒其瞻聽，使潰敗起於一旦而莫之救，徒令銜恤於後者悲憤塡膺而無所控洩，哀哉！」〔註72〕「銜恤於後者」包括船山本人的明朝遺民，「褻用其明威而不戒其瞻聽」者，是指剛愎自用的明崇禎帝。他認爲明朝當政者的失策造成了亡國喪種，讓生民遭受「小人群起」、「夷狄方張」的痛苦〔註73〕，「悲憤塡膺而無所控洩」正表達了求通而不得的心意。著於順治十三年（1656 年）的《黃書·後序》也體現出同樣的「憤懣」，船山自述道：「太原之系，世冑縣也。爲漢大行，忠孝捐也。悲懣窮愁，退論旃也。」〔註74〕他出任南明朝行人之職，已是爲國盡忠，但未能扭轉頹勢還是讓他「悲懣窮愁」，退而苦思，苦思不得，愈加憤懣。另外，船山對政治狀況的憤懣並不涉及根本制度層面〔註75〕，他的理想依然是英明君主。此悲憤主要針對昏君庸臣，如同邊塞抗敵的劉琨不能不「顧瞻望宮闕，俯仰御飛軒」一樣。

　　但是，這種「憤」終歸是「忠」的體現。「憤」是低層次的「忠」，而「忠」是「憤」的提升。這應該是船山做出修改的義理根據之一。況且，心靈的平和堅定是船山一直尋找的境界，而「忠」與「孤」相配合恰恰涵蘊此義。他曾自提室名爲「觀生居」，「觀生」之說同樣出自《觀》卦：「九五，觀我生，君子無咎。……上九，觀其生，君子無咎。《象》曰：觀其生，志未平也。」在《周易外傳》中，船山闡發了「君子無咎」之義，既表達了盡己有爲的君子無需對慘痛的現實負多餘之責，又表達了因「志未平」而生的「悲憤塡膺而無所控洩」之義。初得《觀》卦的深義不僅包涵了對道統的眞切體驗，也

〔註72〕《周易外傳》卷二，（1）第 874 頁。

〔註73〕《周易內傳》卷二上，（1）第 200 頁。

〔註74〕《黃書》，（12）第 539 頁。《船山全書》版「世冑」誤作「世胃」，現據中華書局 2009 年版《思問錄、俟解、黃書、噩夢》合訂單行本改正，見該書第 137 頁。

〔註75〕既有研究中，曾有一種不良傾向：爲突出船山反傳統的特色，過度渲染其激憤之語，以作爲對封建制度的批判。這勢必掩蓋了船山的儒者特色。現在越來越多的研究者已放棄了這些觀點。船山《周易大象解·大有》中有：「『火在天上』，其明發矣，『遏惡揚善』，舉措大行，非但『類族辨物』，使善惡各從其類而已也。斯二道者互相爲用，乘乎時位，而不但乘乎時位。明有所必發，雖匹夫而操南面之權，進退諸侯，以承天也。明有所必涵，雖天子而以人治人，仁知百姓，各奠其所，以因物也。」見（1）第 705～706 頁。船山此論雖然承認了君主之位含有「承天」的神秘性，但他顯然更加重視君主在「時位」與「內涵」方面的統一。船山重視君主的內涵，則爲了避免愚忠；重視君位的承天性，則爲了避免激憤。或者說，他既反對不分是非的愚忠，又反對以下犯上的激憤。

包涵了「無所控洩」的不平之氣。

　　道統觀念意味著對聖人的自我期許，意味著「無思無為，寂然不動，感而遂通」（《易・繫辭》語）的至神的精神境界。然而，不平之氣與此相反。船山在此後的生命中常需對治這種不平之氣，最終超越悲憤而達至平和。《周易內傳・觀》卦的結尾有：「無位而將往，物且輕之，而志不能平。然不可挾不平之志，必盡道以求物理之安。」〔註76〕他希求的「物理之安」是一種更高的精神境界，超越不平之憤懣，是對道統體認的深化。他借評論申屠蟠以自明心志：

>　　貧而安，犯而不校，子孫不累其心，避就不容其巧；當世之安危、生民之疾苦，心念之而不嘗試與謀；文章德譽，聽之後世而不汲於自旌；其止如山，其涵如水，通古今、參萬變以自純，則物所不得而辱矣。此安土之仁，所謂即體以為用者也，蟠庶幾矣。〔註77〕

《讀通鑑論》的這段文字表現的平和心境，與《周易內傳》中的「靜正剛嚴」相同，而與早年的「悲憤填膺而無所控洩」懸若天壤。這源於對「德不孤，必有鄰」的聖訓有了更深刻的認識。船山認為君子處於《觀》之世，慷慨激烈的「悲憤」並不擔負起道統的重任，反而是「默而成之，存乎德行」的平靜更具有力量。〔註78〕在具備了這種認識後，意境平和深遠的「忠」自然會受到船山的青睞，也更符合他的晚景。

　　另外，船山修改「憤」為「忠」，但未改動「孤」字。他的《絕筆詩》為：「荒郊三徑絕，亡國一臣孤。霜雪留雙鬢，飄零憶五湖。差是酬清夜，人間一字無。」〔註79〕船山到了生命的盡頭仍在強調作為明朝臣子的身份，足見其忠心之堅定。其中能體現出「孤」字，但絲毫不見憤懣之氣，反而處處體現出安寧，體現出坦然堅定的生命境界。令人稱奇的是，顧炎武（亭林）的絕筆為：「六十年前，二聖升遐之歲；三千里外，孤忠未死之人。」〔註80〕也包含「孤忠」二字。「二聖升遐之歲」指 1620 年，明朝神宗、光宗二帝先後駕崩之年，亭林八歲，能清晰記事了。晚年的亭林感慨世事變幻，六十年如斯輪轉，但他依然保有對故國的「孤忠」。同時期的兩大思想家都以「孤忠」

〔註76〕《周易內傳》卷二上，（1）第 206 頁。
〔註77〕《資治通鑑》卷八，（10）第 338 頁。
〔註78〕《思問錄・內篇》，（12）第 413 頁。
〔註79〕《船山詩文拾遺》卷一，（15）第 921 頁。
〔註80〕顧炎武，《菰中隨筆》，第 105 頁。

自許，一則印證了「德不孤，必有鄰」的聖訓，一則能看出道統意識對當時儒者的影響。

三、「忠」與其它道統內涵

船山認爲道統、治統、學統三者並行於天下。道統意識首先包涵君子小人、華夏夷狄等判別原則，故他認爲：「天下之大防二：中國、夷狄也，君子、小人也。」〔註81〕其次，道統意識還包括仁義等儒家道德的內在要求。因此，不僅天下大防和儒家倫理的要求當成爲一體，而且三統也當成爲一體。道統意識要求船山在個人修爲方面存養省察，在家盡孝，爲國盡忠，進而對華夏文化、華夏民族以及君主負有責任。

然而，在現實中，三統往往難以達到一致，這時就充分體現出道統相對於治統的更高的獨立地位。船山《讀通鑑論》中有：

> 儒者之統，與帝王之統並行於天下，而互爲興替。其合也，天下以道而治，道以天子而明；及其衰，而帝王之統絕，儒者猶保其道以孤行而無所待，以存人道，而道不可亡。……儒者之統，孤行而無待者也；天下自無統，而儒者有統。道存乎人，而人不可以多得，有心者之所以重悲也。雖然，斯道亙天垂地而不可以亡者也，勿憂也。〔註82〕

船山認爲儒家之道「亙天垂地」而不亡，故道統得以恒存。但道統的恒存並不完全表現爲天下的長治久安、華夏族的長盛不衰，而是具有與帝王之統並行的「興」和「潛」兩種狀態。在「興」的狀態下，帝王行道，天下臻於至治，大道復明；在「潛」的狀態下，帝王之統衰絕，大道晦隱，儒者依靠「孤行而無所待」延續道統。可見，船山重視儒家（尤其是道學的）聖人之道中的個體承擔意識，體現爲一個「孤」字；道統之興盛離不開帝王之統的興起，這也是船山、亭林等人自許一個「忠」字的原因。儒者以忠於帝王而忠於道統，或者說，儒者之忠絕非僅針對帝王，而是有更高的道統要求。

其次，船山認爲儒者存道之「忠」不能不依靠「學」，且爲學所體現之道重於帝王功業所體現之道，他說：

> 天下不可一日廢者，道也；天下廢之，而存之者在我。故君子

〔註81〕《讀通鑑論》卷十四，（10）第 502 頁。
〔註82〕《讀通鑑論》卷十五，（10）第 569～570 頁。

一日不可廢者，學也。舜、禹不以三苗爲憂，而急於傳「精一」；周
公不以商、奄爲憂，而愼於踐籩豆。見之功業者，雖廣而短；存之
人心風俗者，雖狹而長。……君子自竭其才以盡人道之極致者，唯
此爲務焉。有明王起，而因之數其大用；即其不然，而天下分崩、
人心晦否之日，獨握天樞以爭《剝》《復》，功亦大矣。〔註83〕

這段文字可以作爲船山一生勤於著述的自我表白。他時時刻刻不廢學，希望
能夠「自竭其才以盡人道之極致」。《剝》卦一陽居五陰之上，比《觀》卦二
陽居上、四陰居下之境況更爲艱難，但是《剝》之陽將盡與《復》之初陽升
起之間，刻刻不停，一無間歇，故以天下爲己任者需要爭取《剝》《復》之間
的轉化之機，而傳承聖人之學就等於掌握了「天樞」。可見，船山的「正學」
都是爲了「人心風俗」的考慮，是忠於道統的更高層次體現。

　　總之，船山以「忠」爲核心的道統意識繼承了儒家一貫的文化守成主義
（或保守主義）的特色。一方面，船山的「忠」字裏包涵著對已經逝去的社
會存在的留戀，這讓他更多地回到傳統中去尋找有價值的理論。他看到了崇
禎帝的昏庸、官僚階層的腐敗，但他的反思主要針對君子個人的修養（包括
內外兩方面）問題，始終未能反思更爲根本的問題即傳統制度的內容。他重
視解決現實問題，重視「實學」，但保守的態度限制了學術思想的出路。他重
視外王之學（或聞見之知），但因內聖之學（或德行之知）始終未能開出眞正
意義的「外王之學」（超出傳統儒現代學和新儒學的意義）。另一方面，建立
在「忠」的基礎上的、對故有文化的信心與堅守，爲儒家的文化創造提供了
強大的動力。他對宋明理學問題的反思結出了豐碩的成果爲了準確地把握船
山學術思想，將不得不正視其「忠」的道統意識的局限性，因爲如果放棄「忠」
字，船山之學將不是儒學，船山也不再是船山了。

第三節　王船山對「異端」思想的批評

　　道統觀念本身具有彰顯和遮掩兩方面作用。儒者因彰顯作用而明晰儒學
的根本，也因遮掩作用而無法深入佛、道、回、耶等異質思想的內核。韓愈
《原道》在敘述儒家道統時聲明：「斯吾所謂道也，非向所謂老與佛之道也。」
這種排他性與宗教徒的護教情懷很相似，滲透在唐代中期至當代的儒學史中。

〔註83〕《讀通鑑論》卷九，（10）第346頁。

　　王船山思想也因儒家道統表現出強烈的排他性，他批評的對象包括佛道思想、西學及陽明心學等「異端」思想流派。（此處沿用儒學傳統中的「異端」一詞來表示，並加引號以示多元化的立場。）船山意識到前儒對佛道等「異端」思想的批判流於表面化，主張攻乎異端應當以學理分析爲基礎，而不是簡單「指責」。因此，他的批評比先儒更爲深入，但也受道統意識的干擾，存在「舉一而廢百」的弊端。〔註84〕其成果與客觀的學術研究仍有一定的距離，難以稱爲嚴格的「批判」，故此處使用「批評」而不是「批判」。《老子衍》、《莊子通》、《莊子解》和《相宗絡索》等子學著作自然具有重要的學術史價值，但不宜過度渲染他對「異端」思想的理解程度。〔註85〕就實際情況來看，船山對佛道二家的態度遠不如同時代的方以智公允，對西學更是缺乏基本瞭解，這些都體現了傳統儒者的特色。

　　當然，宋代之後的大儒無不兼涉佛道二家，船山亦不能免。〔註86〕指出他既兼涉又批評的態度，是爲了分析道統意識的干擾作用。

一、對佛道思想的批評

（一）護教式批評與有限吸收

　　通過對待佛道二家思想的態度，能看出宋代以後儒者的胸懷。理學家中不乏注解道家經典者：邵雍好引用老莊闡發思想；朱熹常言佛道典籍，並注釋《陰符經》〔註87〕，認爲該書「非深於道者不能」〔註88〕；元代劉因曾注《老子》、《莊子》，在道家思想史上佔有一席之地。然而，宋明理學家對佛道思想常有建立在誤解基礎上的批評，船山清楚看到了這種現象，感歎「豈不令莊子（或老、佛）笑人地下」，故主張：「欲辨異端，亦必知其立說之始末，

〔註84〕韋政通語，見本章開頭的注釋。

〔註85〕吳立民、徐蓀蓀《船山佛道思想研究》影響較大。蕭萐父、許蘇民《王夫之評傳》在論佛道二家時吸納了其結論，主張船山性論、氣論問題的解決都是因爲吸收了唯識學、道教內丹學的成果。近又有劉梁劍《天·人·際——對王船山的形上學闡明》一書對其成果多有吸收。嚴壽澄的成果似乎也受到吳、徐等影響。本文「附錄一」中有具體討論。

〔註86〕熊十力說：「宋以後之儒與釋無不兼涉道家，但不能以道家名之。」見《十力語要》卷一，《熊十力全集》第4冊第99頁。此語用於佛家亦可。

〔註87〕《陰符經》乃唐代李筌僞託黃帝而作，實闡發道家思想。《四庫全書總目》的編者將其歸爲子部道家類，見永瑢等《四庫全書總目》下冊，第1241頁。

〔註88〕朱熹，《陰符經注》，《朱子全書》第十六冊，第507頁。

而後可以攻之。」〔註 89〕他繼承了理學家中視野較開闊者，注解了《老》、《莊》、相宗等佛道經典，胸懷之開闊遠勝於宋明時期各位理學家。但這並不表明他放棄了應有的儒家立場，反而是立場更爲堅定的表現。

船山《老子衍・自序》中有：

> 夫之察其誖者久之，乃廢諸家（**指以前的《老子》注本**），以衍其意；蓋入其壘，襲其輜，暴其恃，而見其瑕矣，見其瑕而後道可使復也。〔註 90〕

其《莊子通・敘》中有：

> 雖然，爲莊生者，猶可不爾，以予通之，尤合轍焉。……凡莊生之說，皆可以通君子之道，類如此。故不問莊生之能及此與否，而可以成其一說。〔註 91〕

王敔《大行府君行述》中有：

> （**船山**）於二氏之書，入其藏而探之，所著有《老子衍》、《相宗（**絡索**）》、《論贊》（**已佚**），以爲如彼之說，而彼之非自現。〔註 92〕

這些文字可以較爲完整地代表船山對老莊的基本態度。如果鑒於「入其壘，襲其輜」、「莊生之說，皆可以通君子之道」以及王敔說父親對佛道思想「入其藏而探之」等內容，再慮及他在注解老、莊、佛的著作中絕少採取批評的態度，則難免會強調他對老莊思想的吸收。〔註 93〕但是，這顯然嚴重誤解了船山立論的主要目的。只要學者的視線向後稍作轉移，即可發現不同的結論。「見其瑕而後道可使復」、「不問莊生之能及此與否」以及王敔所說「彼（佛道思想）之非自見（呈現）」等內容，無不昭示著船山意在維護聖學，而不是客觀的學術研究。他所注《老》、《莊》、佛各書中之所以「絕少批評」，是因爲船山認爲勿需直接批評，只要疏解文義，則「彼之非自見」。然而，以此爲基礎的疏解很難具備客觀的態度，而所謂「入壘襲輜」式的吸收也必然存在

〔註 89〕《讀四書大全說》卷八，（6）第 975 頁。

〔註 90〕《老子衍》，（13）第 15 頁。

〔註 91〕《莊子通》，（13）第 493 頁。

〔註 92〕王敔，《大行府君行述》，（16）第 73 頁。

〔註 93〕侯外廬較具代表性，他說：「他（船山）是盡其能事的痛斥佛老二氏的世界觀，這在他的書中到處可見，但他著的《老子衍》、《莊子解》、《莊子通》、《相宗絡索》，則絕少批評，純係虛心的研究，而所研究者多出卓見。這顯然超出宋明儒者籠統抱定太極圖旨而揉合老釋的舊套，而是在知識上豐富了自己。」見《船山學案》第 8 頁。

諸多限制。

當然，相對於直接呈現老、佛之非，船山對莊子的注釋稍有特殊之處。他不計較《莊子》思想的本義，而主要闡發它與聖學之間的相通之處。「以予通之」之「予」即船山自己所認識到的儒家聖學，是高於《莊子》思想的更高指針。或者說，在他通解莊子的過程中，《莊子》本身具有的思想並非主線。他只是提升莊子思想「以成其一說」，以輔助聖學。（相對於老子，他對莊子思想的態度更爲溫和，或許主要是因爲二者的遭際有相同之處。〔註94〕）

總之，船山對老莊思想的吸收是建立在護教式批評基礎上的有限吸收，他對佛道兩家思想的注解，也是以護教爲根本目的的注解，雖然在總體上反映出明代中期以後三教合一的社會潮流，但並未改變傳統儒者的本色。

（二）批評道、佛崇尚虛無、毀壞人倫

自韓愈之後，儒者對佛道思想的批評多限於「崇尚虛無，毀壞人倫」。明朝末年，佛教、道教的庸俗化使社會狀況進一步惡化。船山以儒家聖學爲己任，重視倫理，故嚴厲批評二氏思想。但他的批評在根本立論上並無太多新意，只是方法更爲精緻。船山以氣爲實有，宇宙萬事萬物因氣之清通者（即神）而光明，但佛、道思想不能完全明瞭萬物之理，將不虛的氣視爲虛無，或者將變動的氣視爲不變的有，這些成爲他的立論基礎。他在注解張載《正蒙》「凡天地法象皆神化之糟粕」時說：

> 日月、風雷、水火、山澤固神化之所爲，而亦氣聚之客形，或久或暫，皆已用之餘也，而況人之耳目官骸乎！故形有屈伸，而神無幽明之異。語寂滅者不知不亡之良能，執有徇生者據糟粕爲常存，其迷均矣。〔註95〕

張載原文可以兼論自然現象與人事，但船山將其主要詮釋爲對人間事物的討論。其中，「語寂滅者」指佛學和道家思想，「執有徇生者」指意在通過修煉而獲得肉體長生的道士。船山認爲生生不息的、充滿活力的氣是世界之本體，常說的有無只是氣所呈現的幽明而已。有、無之間以清通之神貫通，任何一端皆不可執持。因此，他一方面指責佛教的「空」和道家的虛無，另一方面

〔註94〕 錢穆認爲：「《莊子》，衰世之書也。故治莊而著者，亦莫不在衰世。魏晉之阮籍、向、郭，晚明之焦弱侯、方藥地，乃及船山父子皆是。」見《莊老纂箋》序言第7頁。

〔註95〕 《張子正蒙注》卷一，（12）第34頁。

又批評道教長生理論所執的「有」，認爲雙方之所謂有無都不是眞正之有無，都無法體會以「存神」爲中心的聖學。

其實，崇尚虛無在根本上與儒家的社會倫理規範相衝突，是儒者批評佛道思想的根本原因。一涉及此，道統意識即開始作祟，船山亦如此，他指責佛老：「庶物不明，則人倫不察，老、釋異派而同歸以趨於亂。」〔註96〕充分體現出他作爲儒者的特色。他說：

> 夫人將以求盡天下之物理，而七尺之軀自有之而自知之者，何
> 其鮮也！老氏曰：「吾有大患，爲吾有身。」莊生曰：「形可使如槁
> 木，心可使如死灰。」釋氏曰「色現，聲音求，是人行邪道」，夫且
> 雌之以爲「六賊」，夫且憎之以爲「不淨」，夫且詬之以爲「臭皮囊」。
> 嗚呼！曉風殘月，幽谷平野，光爲燐而腐爲壞者，此則「眾妙之門」、
> 「天鈞之休」、「清淨法身」、「大圓智鏡」而已矣。其狂不可瘳，其
> 愚不可窬矣。〔註97〕

船山認爲眞正的聖人都是「即身而道在」〔註98〕，不能離身而言道。他嘲弄了佛道兩家欲離身而言道的傾向，認爲他們狂愚不可救藥。這種批評幾乎不依靠理性或者邏輯分析，這種指責風格的文字在其著作中並不鮮見，更有將二氏視同桀、紂者：

> 絕往來於老死（老子），寄一宿於樹下（莊子），一紂之瓊其宮、
> 瑤其臺也，其罔顧民祗而苟且自安者均也。二氏求天於微，或欲師
> 之，或欲超之，紂亦以天爲微而置之。紂以民不足祗而虐之，二氏
> 亦以民不足祗而或欲愚之，或欲滅之。故均之爲愚而沉溺其說者，
> 見絕於天人也亦均。〔註99〕

「絕往來於老死」指老子「小國寡民」的理想。「寄一宿於樹下」指《逍遙遊》中有將無用之木樹於無何有之鄉，逍遙彷徨乎其側。「祗」，敬也。人倫在船山看來乃天之所顯，赫赫明明，天經地義。老百姓則是天威的象徵。商紂虐民是不敬天，而二氏愚民也是不敬天，故二氏和商紂都將爲天所棄絕。但商紂的虐民和二氏的愚民造成的後果差別很大，船山並不在意這點。也許他想

〔註96〕《尚書引義》卷六，（2）第410頁。
〔註97〕《尚書引義》卷四，（2）第355頁。
〔註98〕《尚書引義》卷四，（2）第352頁。
〔註99〕《尚書引義》卷五，（2）第383頁。

說的是「迷於天者」與「褻於天者」都不合於道，但這種批評是建立在說教的基礎上的。這些差異產生的根本原因在於船山體會的道和老莊不同。

另外，船山在分析二氏時，往往會區別對待，認為老、莊意圖本正，只是走偏了，即老莊在根本上優於佛教。他說：「古之聖人仁及萬世，儒者修明之而見諸行事，唯此而已。求合於此而不能，因流於詖者，老、莊也。」〔註100〕詖，不正也。老莊只是「流於詖」，根源沒問題，但佛教跟本即詖。因此，不宜過分強調船山對於佛學思維的吸收。有一首詩能表明其態度：

> 柱下賤禮制，支流為南華。哺糟以自全，拍泥羞清波。馬牛任所呼，食豕忘矜誇。取適無揀擇，俄頃乘天和。章甫非適越，裸國隨經過。深旨通卮言，匠意自清遒。豈為浮沉子，導迷入流沙。〔註101〕

「柱下」指老子。「南華」指莊子。「流沙」指老子化胡的傳說：老子出關後，西入流沙，進入天竺，成為佛陀的老師。船山借用「流沙」以喻佛教，並且喻指道家和佛學有內在的共同點，皆將導向虛無。「浮沉子」似指陽明後學流為禪學。

其中，船山思想中某些內容與道家內丹學說、佛教法相宗的個別內容有相似處，曾經引起不少研究者的大膽猜想，事實證明這些多是誤解。詳細考辨請參看本文附錄。

總之，船山對老、莊、佛的注解以理清本義為基本的要求，也取得了學者公認的價值。〔註102〕但他對於二氏的了解在開始即已帶上了道統意識的有色眼鏡，在根本上影響了他的理解方向，因此不能簡單地說他的思想形成受到二氏思想直接而正面的影響。

二、對陽明心學的批評

船山與王陽明心學的關係歷來為學者重視。嵇文甫《王船山的學術淵源》一文分析了船山思想與王學右派的關係，認為：「船山雖然強烈反對王學，但

〔註100〕《薑齋文集》卷一，（15）第85頁。

〔註101〕《薑齋詩集·編年稿·庚戌》，（15）第536頁。

〔註102〕張學智《王夫之衍〈老〉的旨趣及主要方面》一文將船山解《老》的目的概括為三方面：一、訂正歷代注解的錯誤；二、暴顯《老》的缺失，引到儒家的正道；三、指出《老》之優長，會通儒家中正之道。見《北京大學學報》2004年第3期。若將第二、三合併，再擴充及莊佛二家，基本能概括船山對佛道思想的態度。

是看他批評朱學的地方，我們總發現出他還是受王學的影響不小。」〔註103〕
侯外廬等《宋明理學史》也承認船山「受心學影響」。〔註104〕曾昭旭《朱子、
陽明與船山之格物義》一文則展開了較爲細緻的討論。〔註105〕然而，從其思
想資源看，橫渠思想中的「大心」之說本身就涵括了心學的思路，程朱理學
中也不乏對心的討論，那麼，船山思想與心學相似內容的產生原因就極爲複
雜。籠統說，船山思想形成所受心學的影響主要通過社會思潮的方式，是間
接的，而不是直接的。

　　此處的重點不在於辨析船山思想類心學因素，而在於從道統意識的角度
討論船山對心學的批評態度。他在批評佛道二氏思想之時，往往夾槍帶棒，
將心學視同禪學、道家思想，作爲儒學異端。他在《尚書引義》中說：

　　　　奈之何爲君子之學者，亦曰：「聖人之心如鑒之無留影，衡之無
　　平定，已往不留，將來不慮，無所執於忿恐憂懼而心正！」則亦浮
　　屠之無念而已，則亦莊周之坐忘而已。〔註106〕

這段文字可以代表船山批評陽明心學的基本觀點，整體上延續了明代末年反
心學者的常談，並無多少新意。他將陽明心學致良知之「心」視同禪宗之「無
念」或者莊子之「坐忘」。其實，他沒能理解陽明之「心」是作爲世界本體的
良心，在預設之中已經包含了儒家倫理綱常，與佛道二家在根本取向不同。
勞思光分析這種情況道：「佛教所接觸或揭示之理論問題如何是一事，佛教所
解答此類問題所依之精神方向是另一事。後世議陽明之學爲『近禪』者，乃
誤解陽明之精神方向，自屬顯然有誤。」〔註107〕

　　這種誤解的產生與船山的學術背景有關。一方面，心學對朱熹的批評使
得越來越多的儒者開始意識到程朱理學中的矛盾。另一方面，陽明後學並未
發展出解決「客觀化問題」的具體活動（即「外王之學」）〔註108〕，反而使不
少人越來越滿足於玩弄心中之光影，喪失了解決實際社會問題的活力。有思

〔註103〕嵇文甫，《王船山學術論叢》第39頁。
〔註104〕侯外廬、邱漢生、張豈之主編，《宋明理學史》下冊第933頁。
〔註105〕曾昭旭，《朱子、陽明與船山之格物義》，刊於《鵝湖月刊》總第154期。
〔註106〕《尚書引義》卷五，（2）第390頁。
〔註107〕勞思光，《新編中國哲學史》第三卷下冊，第381頁。
〔註108〕侯外廬等馬克思主義學者較早使用客觀、主觀來定義朱王兩派對所重視的外
　　　　部和內部問題。勞思光《新編中國哲學史》也採用，以代替具有濃厚儒家本
　　　　位色彩的「內聖」、「外王」或者「尊德性」、「道問學」的區分，符合以世界
　　　　文化爲背景的研究期許。

想的學者開始反思陽明心學，重新重視客觀化的現實問題（故有「實學思潮」之名）。「東林黨」領袖顧憲成、高攀龍都批評空談心性的學問，並嘗試發展出調和朱王的第三條道路。〔註109〕但這條道路並未超出儒學的範圍，依然以儒家的道統為皈依。明清之際的思想家大都受其影響，他們多以儒學為終極關懷，一面嘗試超越朱王兩派的派系之爭，另一面又陷入道統意識的泥潭，無論是黃宗羲、李顒，還是顧炎武、張履祥皆是如此。在這種大背景之下，船山一方面接受心學對朱學的某些批評〔註110〕，另一方面視陽明心學為異端，無法把握心學的根本方向，也提不出更徹底的批判。

三、對西學的批評

《四庫全書總目》所載耶穌會士愛儒略的《西學凡》成書於天啓三年（1623年），則「西學」一詞至晚在明朝後期已經出現。其內容主要指當時西方耶穌會士帶來的神學和天文、水利等科學技術。這說明當時的中國人已經開始具備世界視野。然而，多數儒者仍無法接受西方的優秀文明，王船山也不例外。他受道學中聖學與異端之辨、華夷之辨等思想影響至深，瞭解了他對待佛、道等「異端」思想的態度，他對西學的態度也不難測知。況且，歐洲人在船山這個「最極端的民族主義」者的眼中本屬於夷狄之人〔註111〕，他們的學問自然比佛道二種「異端」思想更難得到認可。

然而，既有研究因資料缺失或成見而導致了不少誤解，其中有不得不分辨之處。在早期研究者中，侯外廬和嵇文甫較都注意到了西學在明末思想中的重要性〔註112〕。嵇文甫在《晚明思想史》中從宏觀上討論了西學的影響，

〔註109〕幾乎所有的研究者都重視明末清初諸大家思想與「東林黨」的關係，較早倡論者當是梁啓超，後有馮友蘭，但系統分析者則晚一些：如侯外廬等著《中國思想通史》第四卷下冊，系統分析了二者之間的關聯。嵇文甫《晚明思想史》討論更為細緻。二者在中國內地影響較大。勞思光《新編中國哲學史》第三卷下冊也採取了相似的思路，（詳見該書第六章「明末清初之哲學思想（上）」之二「東林學派之調和理論」）在港臺地區影響較大。

〔註110〕船山的心性論和工夫論不同於程朱理學，能看出心學思潮滌蕩的痕迹。詳見第四章第一節。

〔註111〕嵇文甫《船山哲學》第三章「夷夏文野論」，見《王船山學術論叢》第 148頁。

〔註112〕嵇文甫《晚明思想史論》寫於 1943 年，其中討論了「西學輸入的新潮」，但未言及西學與船山的關係。侯外廬《船山學案》為紀念船山逝世 250 週年（1942年）而作，因國難當頭，物質條件極為艱苦，兩年後（1944 年）才得以出版。

但在《船山哲學》中並未涉及船山與西學的思想關聯。侯外廬開始系統談論船山和西學關係，他認為：「夫之的泛神論《易》學和科學思維，也受到外來文明的影響。」〔註113〕他所討論的外來文明包括利瑪竇宣揚的格義化的天主教神學和隨帶的天文學，即宗教和自然科學兩大類。這些內容基本包括了明代中期開始傳入的西學的主要方面。嵇文甫在後來的研究中也發掘了「實驗科學」（或「質測之學」）對船山思想的影響。〔註114〕可惜，某些必要的材料在這個時期尚未發現，研究者鑒於現實的危機，過分重視了社會轉型的全面性，加上對西方基督教神學和自然科學缺乏必要瞭解，他們的結論難免有所偏頗。從今天看，這些研究價值主要不在於解決問題，而在於提出問題。

　　1972 年，張永堂發表《方以智與王夫之》一文〔註115〕，細緻分析了作為好友的兩大思想家對待西方科學的不同態度，在涉及船山的態度時指出：

　　　　我們從王夫之對西方科學與宗教兩皆反對以及他對西洋傳教士
　　之稱呼「西夷」、「西洋夷」，一方面可以看出他對西學缺乏受容性，
　　一方面也可證明他強烈的民族主義中之所謂「夷狄」，不僅止限於中
　　國北方邊疆之匈奴、突厥、蒙古、滿清，而且還包括當時入華之西
　　洋耶穌會士。這種立場與方以智截然不同，因此，王夫之推崇方以
　　智科學，當然也不包括西洋科學的成分，這是無可懷疑的。〔註116〕

這段文字的觀點很清楚，毋庸贅述。從使用的文獻看，船山論及西方科學的內容極少，張永堂一文基本囊括了可能涉及的主要文獻，分析較為忠實，結論基本可靠。〔註117〕1984 年，陳衛平曾在《讀書》雜誌發表一篇《從王夫之對西方哲學的態度談起》的小文章，指出了船山對於西學的無知，以及今人應從中吸取的教訓等。〔註118〕這些研究訂正了前人的一些偏頗。

　　　二者在當時似乎也未有交流。
〔註113〕侯外廬，《中國早期啟蒙思想史》第 42 頁。該書關於船山一章是由《船山學案》轉成，只做了個別字句的修改。
〔註114〕嵇文甫，《王船山學術論叢》第 57 頁。
〔註115〕原文發表於 1972 年《書目季刊》第七卷，被節錄收入邢益海編《冬煉三時傳舊火——港臺學人論方以智》一書。
〔註116〕張永堂，《方以智與王夫之》，見邢益海編《冬煉三時傳舊火——港臺學人論方以智》第 21 頁。
〔註117〕方、王二人的交往因材料所限，至今仍有撲朔迷離之處，該文立論有值得商榷處。此非本文必需者，故暫且勿論。
〔註118〕陳衛平，《從王夫之對西方哲學的態度談起》，刊於《讀書》1984 年第 10 期

但侯外廬、嵇文甫等學者的影響並未完全消除。例如，林安梧在 2003 年發表的《對王船山哲學幾個問題之深層反思》一文中，也認爲船山已經對利瑪竇《天主實義》做出了「批判與融通」〔註119〕。許蘇民在 2012 年先後發表《王夫之與儒耶哲學對話》（簡稱《對話》）、《晚明西學東漸對王夫之政治哲學之影響》兩文〔註120〕，進一步闡發了前輩學者在 70 年前的觀點，不僅肯定了質測之學對船山思想的影響，而且認爲：「王夫之其實正是一位受西方哲學影響最深、並以『六經責我開生面』的理論創造來會通中西哲學，從而將中國哲學提升到新水平的人。」〔註121〕如此細緻地分析耶穌會士的神學和船山思想的相似性，並得出基督教神學對船山思想產生正面影響的結論，在船山學術思想研究中大概是第一次。然而，由中西思想之間的相似性推斷歷史中思想的實際影響，需要必要的史料支撑，否則定然無法完成哲學與歷史的統一。這個問題中仍留有一些需要澄清的問題，有必要補充分析。

（一）對天主教神學的批評

有一點事實也許令人感到意外：在船山近 400 卷的浩瀚著作中大概只有一次正面提到了天主教神學。〔註122〕《周易外傳・繫辭上》中有：

> 且夫人之生也，莫不資始于天。逮其方生而予以生，有恩勤之者而生氣固焉，有君主之者而生理寧焉。則各有所本，而不敢忘其所逮及而驟親于天。然而，昧始者忘天，則亦有二本者主天矣。忘天者禽，本天者狄。羔烏之恩，知有親而不知有天；蹏林之會，知有天而不恤其親。君子之異於禽獸也，豈徒以禮祀報始哉？巡守則類焉，民籍則獻焉，欽承以通之，昭臨女之毋貳也，故曰「乾稱父，

〔註119〕該文的副標題爲「從勞思光對船山哲學的誤解說起」，見《船山學刊》2003 年第 4 期。

〔註120〕前文刊於《武漢大學學報》（人文科學版）2012 年第 1 期，後文刊於《船山學刊》2012 年第 4 期。此前不久，作者還發表《明清之際哲人與基督教的人性論對話——兼論對話對中國哲學的影響》（《學術研究》2010 年第 8 期）、《明清之際儒學與基督教的「第一哲學」對話》（《哲學研究》2011 年第 1 期）兩篇文章，能夠看出其一貫主張。

〔註121〕許蘇民，《王夫之與儒耶哲學對話》，刊於《武漢大學學報》（人文科學版）2012 年第 1 期。

〔註122〕陳衛平認爲「異端必濫於鬼，而聖人必本於天」（《周易外傳》卷六，收入《船山全書》第 1 冊第 1041 頁）一語也與批評天主教神學有關。（見前文腳註）鬼與天主教之間並不具有必然聯繫，循前後文之義，當是概指異端思想；後有批評尚鬼之說，故暗射墨家的可能性較大。

坤稱母」。若其異於狄也，則用重而物則薄也，天子之外未有干焉者。
等人而專于天子，而抑又用之以薄，非能侈然驟躋於帝之左右矣。
狄之自署曰「天所置單于」，贖天不疑，既已妄矣。而又有進焉者，
如近世洋夷之利瑪竇之稱「天主」，敢於褻鬼倍親而不恤也，雖以技
巧文之，歸於狄而已矣。嗚呼！郊祀之典禮至矣哉！……慎之至而
已矣！〔註123〕

這段文字主要闡發《易・繫辭》中語：「籍之用茅，何咎之有！慎之至也。夫
茅之為物薄也，而可用重也。」大義為祭祀用物輕薄並不要緊，關鍵是內心
要「慎」。「蹛林之會」是指《漢書・匈奴傳》所記載匈奴人祭天典禮。〔註124〕
船山將天主教信仰和其他夷狄之典禮都視為異端的習俗，根本上與禽獸之行
無大異。此是順帶的論述，並非專門針對天主教神學。他指出夷狄之典禮有
形而無實，不符合橫渠《西銘》的「乾稱父，坤稱母」的思路，沒有論證，
更談不上義理的辨析。這主要反映了不同信仰之間的對抗。《對話》一文也注
意了這段文字，但略去了中間部分以及「嗚呼」以下的結論，似乎船山的主
要目的在於批評天主教神學，實則不然。當然，這也與點校者的分段方式有
關，《船山全書》的編者沿用了中華書局單行本的分段以及句讀，從「嗚呼」
開始重起一段，實有損於文意。

　　分開來看。一方面，船山將「夷狄之人」（包括耶穌會士）歸入禽獸，是
當時多數儒者的普遍觀點，充分體現出論者強調夷夏之辨的道統意識。內有
華夏中心主義做主，不可能平等看待所謂的夷狄之人。他對利瑪竇的神學沒
有細緻分析，只有「褻鬼倍親而不恤」一點指責，也可想見其心中不值一駁
的鄙夷之情。

　　另一方面，船山持有「入其壘，襲其輜，暴其恃而見其瑕」的駁斥異端的
態度，卻僅僅留有隻言片語論及天主教。這首先說明了當時的天主教相對於中

〔註123〕《周易外傳》卷五，（1）第1014～1015頁。這段文字只有一句提及利瑪竇神
　　　　學，實沒必要全部徵引，但是為了防止斷章取義，並說明既有研究因引用文
　　　　獻而產生的錯誤，才將中間部分錄出。另外，文中「于」、「於」的用法並不
　　　　統一，不知原因何在，謹遵照原文錄出。

〔註124〕班固，《漢書》卷六十四上，第11冊第3752頁。其文曰：「秋，馬肥。大會
　　　　蹛林，課校人畜計。其法，拔刃尺者死，坐盜沒入其家；有罪，小者軋，大
　　　　者死。獄久者不滿十日，一國之囚不過數人。而單于朝出營，拜日之始生，
　　　　夕拜月。」服虔曰：「蹛音帶，匈奴秋社八月中皆會祭處也。」顏師古曰：「蹛
　　　　者，繞林木而祭也。」

國本土的佛道二教勢力較爲微小，並未引起船山的重視；其次，也不能不因此而懷疑船山對利瑪竇《天主實義》等神學著作的通曉程度。《對話》一文總結了船山接觸到西學的四種機緣：方以智、瞿式耜、南明永曆朝改宗天主教而船山任職行人司、好友劉近魯家的豐富藏書，基本囊括了有限史料中的諸種可能性。因爲方以智和瞿式耜是船山在南明永曆時期接觸到的，四種可能性又可以進一步概括爲兩大機緣：永曆朝的經歷和劉家藏書。一、方以智熟悉西學的一些自然科學方面的成果，似乎並不懂得天主教教義。何況，方、王二人之間的交往以書信爲主，細緻交流神學問題的可能性極小，甚至都沒有留下任何蛛絲馬迹供後人猜測。二、瞿式耜確曾受洗〔註125〕，但他對天主教神學知會幾何以及是否與船山討論過神學問題，都不得而知，至少《永曆實錄·瞿嚴列傳》中並未提及 ，這當然不能排除船山爲尊者諱的可能（信仰夷狄之教在船山處不是什麼光彩的事情）。但是，根據當時中國受洗教徒的基本狀況，瞿式耜幾乎不可能準確把握並宣講天主教教義。〔註126〕並且，從瞿式耜爲明朝殉難來看，他最忠心的事業還是明王朝治統的延續，而不是信仰天主。三、《對話》文中有永曆朝「宣佈改宗天主教」的說法。據徐宗澤的考證，「永曆皇太后、皇后進教」，並曾上書羅馬教皇。〔註127〕這主要是後宮女眷的個人行爲，而非當政者的朝廷行爲。何況，永曆皇帝只是傀儡，手中並無實權（曾一度無法保證後宮的基本飲食供應），勿論主持朝政。另外，船山出任的行人司行人，在明朝時一般由進士出任（以舉人身份任行人能從側面反映出永曆朝的困頓狀況），主要負責傳達旨意之類工作，行人司偶而也負責對外事務，但決不能說行人司行人就是「外交官」，更無從推出作爲行人的船山因而「精通西學」的結論。〔註128〕四、利瑪竇等的傳教路線是從廣州經南昌到南京最後進北京〔註129〕，而《天主實義》眞正引起士大夫注意是在南北二京。〔註130〕劉近魯家處湖南衡陽，藏有《天主實義》或

〔註125〕徐宗澤，《中國天主教傳教史概論》第 118 頁。

〔註126〕這符合當時中國天主教徒的實際狀況。從利瑪竇的經歷看，他注重傳教質量，而不是數量，因此，雖曾傳教十四年，但受洗教徒只有不到百人，其中眞正的信仰者幾乎等於零。這基本能夠放映當時中國人信仰天主的狀況。參看朱維錚《利瑪竇中文著譯集·導言》第 11、19 頁。

〔註127〕徐宗澤，《中國天主教傳教史概論》第 124～125 頁。

〔註128〕許蘇民，《王夫之與儒耶哲學對話》，刊於《武漢大學學報》（人文科學版）2012 年第 1 期。

〔註129〕朱維錚，《利瑪竇中文著譯集·導言》。

〔註130〕徐宗澤，《中國天主教傳教史概論》第 113 頁。

其它神學著作的可能性不是很大。因此，船山不太可能通過以上機緣精通天主教神學，進而融貫中西哲學、創造新思維。若僅考慮可能性，船山在 57 歲時曾去過江西〔註131〕，倒更有可能接觸到天主教神學的著作或言論。然而，材料的缺乏限制了進一步討論的可能。

另外，船山將天主教神學和自然科學一起對待，並將技術成果作為神學的附庸（即引文中所謂「以技巧文之」），倒是點明了當時耶穌會士的傳教的意圖和狀況。

不難發現，船山對天主教神學的認識極為有限，近乎無知。

（二）對西方天文學的質疑

利瑪竇傳播的西方天文學成果包括：大地為球形、地圍為九萬里、日食和月食的成因、天體距離測量法、西方的曆法、由伽利略改造的望遠鏡等等。船山對這些新鮮事物有一定的興趣，但只認可測量天體距離的技術，其餘一概排斥，他在《思問錄・外篇》中說：

> 西洋曆家既能測知七曜遠近之實，而有竊張子左旋之說以相雜立論，蓋西夷之可取者，唯遠近測法一術，其他則皆剽襲中國之緒餘，而無通理之可守也。〔註132〕

船山最不滿意張載天左旋的理論（見《張子正蒙注・三兩篇》），而且他認為西方的天文學中地球旋轉的結論是錯誤地接受了張載思想。這是對西方天文學的間接否定。他之所以接受西學中的遠近測法，是因為它符合「質測」的思路。「質測之法」除了依靠人的聞見能力之外，尚須有感悟體驗的因素，並不等於近代自然科學的實驗方法，甚至可以說二者之間差別很大。其它與船山天文學相關的內容非本文所需，此處主要敘述他對西方近代科學技術成果的質疑。

首先，船山反駁地球說和地圍九萬里之說，《思問錄・外篇》中有：

> 則地之敧斜不齊，高下廣衍，無一定之形，審矣。而瑪竇如目擊而掌玩之，歸兩儀為一丸，何其陋也！〔註133〕

又有：

> 利瑪竇地形周圍九萬里之說，以人北行二百五十里則見極高一

〔註131〕劉毓崧，《王船山先生年譜》，（16）第 239 頁。
〔註132〕《思問錄・外篇》，（12）第 439 頁。
〔註133〕《思問錄・外篇》，（12）第 459 頁。

度爲準。其所據者，人之目力耳。目力不可以爲一定之徵，遠近異
則高下異等。……且果如瑪竇之說，地體圓如彈丸，則人處至圓之
上，無所往而不踞其絕頂，其所遠望之天體，可見之分必得其三分
之二，則所差之廣狹莫可依據，而奈何分一半以爲見分，因之以起
數哉！……瑪竇身處大地之中，目力亦與人同，乃倚一遠鏡之技，
死算大地爲九萬里，……而百年以來，無有能窺其狂駁者，可歎也。
〔註134〕

「駁」者，蠢笨之義。西方近代的天文學結合了數學計算和天文觀測兩條途
徑，而數學是根本，伽利略的望遠鏡又驗證了計算的結果。船山完全不知道
這些西方科學史的背景，他所理解的大地是《易》學背景下的兩儀之一，是
陰的體現，自然和近代科學背景下的地球格格不入。他也不知道天體也是球
體，故地球上的人只能看到天體的二分之一，而不是三分之二。更不知道「人
處至圓之上」是因爲引力作用，從根本上無法理解以力學爲前提的西方天文
學。他又反駁「月食爲地影所遮」說：

月食之故，謂之地影所遮，則當全晦而現青晶之魄矣。今月食
所現之魄，赤而濁，異乎初生時之魄，未全晦也。抑或謂太陽暗虛
所射，近之矣。乃日之本無暗虛，於始出及落時諗之自見。日通體
皆明，而人于正午見之，若中暗虛而光從旁發者，目眩故爾。日猶
火也，豈有中邊之異哉！蓋月之受輝于日，猶中宵之鏡受明于鐙也。
今以鐙臨鏡而人從側視之，鐙與鏡不相值，則鏡光以發。鐙正臨鏡，
則兩明相衝，鏡面之色微赤而濁，猶月食之色也。介立其間者，不
能取焰于鏡矣。日在下，月在上，相值相臨，日光逼衝乎月魄，人
居其中，不見返映之輝而但見紅昏之色，又何疑哉！〔註135〕

船山既依靠聞見所得，反駁西學所提供的月食成因，又改進傳統的「太陽暗
射說」說，所依據的證據也類似於科學實驗：以燈和鏡模擬日和月，人處於
其間。月食不是因爲人擋住了燈光照到鏡子上，而是因爲人處於鏡子反射的
燈光照不到的位置。他所依據的關鍵證據在於目力所看到的反光與月食顏色
的相似性，似乎忘記了自己批評利瑪竇帶來的地圍測量法時說的「目力不可
以爲一定之征」話。

〔註134〕《思問錄‧外篇》，（12）第 459～460 頁。
〔註135〕《思問錄‧外篇》，（12）第 454 頁。

　　還有更深一層的原因。船山認為世界雖由陰陽二氣並建而成，但由陽氣主導，他自然無法理解陰為主的地能夠遮擋陽氣主導的太陽，而人看不到月的反光也只是因為角度變化了。「太陽暗虛所射」說，至少肯定了陽氣的主導作用，故而船山對其部分認可，並以自己的方法做了進一步的「質測」。管中窺豹，他對西學的質疑多建立在這種基礎之上。作為後人的我們只能感慨兩種幾乎完全不同的「知識體系」（暫用此語，船山思想並非知識體系）發生碰撞時產生的異象。

　　有一件事情令人疑惑：船山本是好學敏求之人，又是什麼阻擋了他接受西學呢？從外部原因看，孤處湖南限制了船山的眼界，畢竟當時的衡陽與外界交流較少。與方以智相比，他缺少了遊歷京城的機會。但是，最根本的當是儒家的道統意識在作祟。當他發現有新鮮事物對儒家經典形成根本性挑戰時，往往以經典中的思想來作出解釋，不然就一概否定。

　　通觀本節，船山對待佛道等教外異端思想的批評，採取了「知其立說之始末而後可以攻之」的態度〔註136〕，故比宋明諸儒更為深刻。但這並不能說明他從內心開始放棄儒家的道統意識，反而證明了道統意識的加強。因為他為了達到護教的目的，寧可嘗試著層層深入敵人的壁壘，而不是簡單地築壘防禦。他對異端思想的批評都是建立在一定程度的誤解的基礎之上。

　　對世界最基本的主張不一樣，往往會影響相互之間的溝通。船山曾評價莊子對儒學的譏誚是不懂儒學的表現，這個論斷也可反過來說明他對佛道等思想的態度，《莊子解‧天下篇》有：

　　　　莊子之於儒者之道，亦既屢誚之矣，而所誚者，執先聖之一言一行，以為口中珠，而盜發之者也。……唯有堯舜而後糠粃堯舜之言興，有仲尼而後醯雞仲尼之言出。入其室，操其戈，其所自詫為卓絕者，皆承先聖之緒餘以旁流耳。〔註137〕

船山研究佛、道等思想的過程中，首先帶著一種「龍頷探珠」、「入室操戈」的目的，放棄了覺悟解脫、真人至人、長生不老等作為根本目的的思想，則他所研究的內容已經是割裂後的「一言一行」，實難得佛道等思想的全貌。另外，他對待教內異端心學的批評主要受到了明末社會思潮的影響，並未真正體會「致良知」中的「良」字，其態度與朱熹批評陸氏心學、陽明批評朱熹

〔註136〕見本節開頭部分的引文。
〔註137〕《莊子解》卷三十三，（13）第465頁。

理學並無本質不同。

當然，船山對佛道等思想存有誤解，又將其視爲「異端」而堅決攻之，但絕不等於其自身思想不受佛道影響，因爲其思想的主要資源——宋明理學是三教融合的產物。

船山對明朝末期流傳的西學的兩個主要方面，即天主教神學和天文學存在著嚴重的誤解，在此基礎上的批評只能是自說自話的指責，算不上批判。這種信仰式的偏執源自維護儒學道統的強烈意願，這種意願既可以在貧賤、威武之重壓下爲堅定的操守提供支持，也可以在面對「蠻夷」的新鮮事物時變爲一種盲目的自負，乃至使人相信西方天文學的成果只是拾取了中國古人的牙慧。這種情況又在近代初期的中國得到了更爲廣泛的印證，也提醒今天據傳統而出新的學者們時刻保持警覺。從歷史的角度看，又有需要肯定的內容：即使船山對西學充滿了誤解與不屑，西學畢竟已經進入他的視野。這是傳統的道學家無法強求的時代機遇，也使得研究者無法將船山思想完全限於道學之中討論。

小　結

學術思想的傳承與創新首先在於學術根本目的的傳承與創新。本章討論船山的道統意識，並不是爲了追從儒家道統，而是爲了展現船山維護儒家道統的根本目的。道統意識的確立，不僅突顯了天人之分在船山思想中的重要性，也決定了其學術思想的基本方向。〔註138〕

首先，本章論述了船山道統意識的確立及演變過程。船山在歷經困頓之際，接受父親降示的春秋大義，自覺體悟《易・觀》大義，在而立之年初步具備了儒者的擔當意識。他又歸宗橫渠，以張載上接孔孟，體現出不同於朱學或王學的特色。道統始終伴隨著向後傳承的需要，船山在晚年也期待有後來人繼承聖學。這個過程較爲獨特，不同於張載左右簡編、俯仰省察的土室生活，不同於程顥的體貼自家天理，不同於朱熹格物之後的豁然貫通，也不同於王陽明的龍場悟道，船山是在領受父傳《春秋》後的自得《觀》義。〔註139〕這具體

〔註138〕林安梧認爲：「船山極清楚的作了『天人之分』，由天人之分而豁顯人的獨特性，點出唯有具有人性身份的人才能詮釋天地宇宙，詮釋歷史文化。……如此一來，船山學的把握便應從『人極之建立』開始而上溯至自然史哲學而下及於人性史的哲學。」（見《王船山人性史哲學之研究》第19頁。）
〔註139〕船山《張子正蒙注・序論》稱「張載之學無非《易》」，實則自露心聲。稽文

而微地體現出他獨特的社會及家庭環境對學術思想的作用。其次，擔當精神（或「忠」）是船山道統意識中的基本內涵之一。通過分析其《自提墓銘》由「孤憤」到「孤忠」的修訂，表現了他晚年自我定位的變化，也能從中看出他對道統體認的加深。再次，分析船山對異端思想的批駁，從反面突顯儒家道統對於船山思想取向的決定性作用。〔註140〕這不同於將船山描述為無所不通的「三教（乃至四教）教主」的研究傾向。

基督教神學家聖奧古斯丁以「看見真理」作為信仰神的回報，藉以解釋《舊約·詩篇》中的「敬畏耶和華是智慧的開端」〔註141〕。同樣，船山被道統意識遮住的目光，也因道統意識而得以凝聚，進而融透在注解傳統經典、闡發史論的過程中。道統決定學統，儒家道統意識的倫理性確定了船山思想的目的和論證基礎。儒家倫理本身具有在習慣、風俗基礎上形成的內容，在不同的情景下會產生不同的闡釋，乃至產生矛盾。

甫《王船山的易學方法論》認為船山之學亦無非易學，見《王船山學術論叢》第 75 頁。張岱之《王夫之〈張子正蒙注〉的理論貢獻——王夫之對〈易〉學的改造》一文闡發較詳，見《儒學·理學·實學·心學》第 169～170 頁。

〔註140〕論及道統意識的信仰性，將不得不考慮儒學與宗教之間的關係問題。若以基督教為模板來分析，宋明儒學自然難以算作宗教。若以保羅·梯利希（Paul Tillich）主張的是否具有終極關懷（ultimate concern）作為評判標準，則宋明儒學（包括船山思想）自然具有宗教性的因素。

〔註141〕和合本《聖經·舊約·詩篇》第 111 篇第 10 句。

第二章　王船山天道論的傳承與創新

　　由天道論及人道的框架在船山學中占主流。〔註1〕嵇文甫《船山哲學》以「天人性命之學」來概括。〔註2〕侯外廬《船山學案》從「絪縕生化論」開始、以「論人性及人類的認識能力」爲中、以「人類社會史論」結尾，分析了船山思想的論證結構。唐君毅《中國哲學原論・原教篇》則從天道論而心性論而人道論，最終落腳於人文化成論。馮友蘭《中國哲學史新編》從「客觀世界」的眞實性開始，經認識論到知行等修養問題。張立文《正學與開新》也從「絪縕和合之體」展開。近有多篇博士論文在也大體採用此格局，再進一步選擇視角。〔註3〕船山思想的形成過程可能由人道開始，但其論述思路主要是由天道論而心性論而人道論，這已爲諸多成果所印證。

　　就船山天道論的研究看，有稱之爲唯物論者〔註4〕，有稱之爲氣本論者，〔註5〕有稱之爲實在論者〔註6〕，有稱之爲自然史論者〔註7〕，可謂眾說紛紜，但大都承認陰陽二氣在船山思想中的基礎性作用。本章圍繞陰陽氣化的問題展開，共分虛氣關係、太極與陰陽關係、乾坤並建和道理關係等問題。

〔註1〕　也有不同的論述框架，林安梧認爲船山思想由人道（即「人極之建立」）而開出，向上爲自然史論（大概相當於「在天的天道論」，包含宇宙論），向下開出人性史的哲學（大概相當於即唐君毅的「人文化成論」），故主張遵從此思路來論述。見林安梧《王船山人性史哲學之研究》第19頁。

〔註2〕　嵇文甫《王船山學術思想論叢》第85頁。

〔註3〕　如劉梁劍、周芳敏、陳啓文等學者，具體見文末「參考文獻」的「博士學位論文」部分。

〔註4〕　曾經在中國內地占主流。

〔註5〕　張立文《正學與開新──王船山哲學思想》。

〔註6〕　勞思光《新編中國哲學史》第三冊。

〔註7〕　侯外廬稱之爲「自然唯物論哲學」，見《船山學案》。

第一節　王船山的虛氣關係論

　　虛氣關係（虛是太虛的簡稱）研究曾是中國內地船山學的熱點問題之一，近年來漸趨冷落。〔註8〕這自然和學者們認識到船山思想的目的在倫理而不是宇宙論有關。然而，此問題並非不重要，因爲通過虛氣關係問題能更好地分析人倫問題的前提，也能更好地分析船山的思想資源（主要與張載思想的關係），有不容不辨之處。

　　隨著中國思想史研究的不斷深入，「氣」的概念不再被簡單等同於西方哲學中的「物質」，而是解釋爲「兼攝自然之物質、生命與人的精神之存在」〔註9〕，這已經成爲多數學者的共識。在船山的虛氣關係問題中，爭論最多的是太虛的內涵，因此本節以太虛而非以氣爲中心。

　　船山的太虛論直接源於張載。太虛在張載處意義較多，有時指氣之屬性（如空間性、或統一性）使用，但主要指氣之本原。或者說，太虛是實體（與虛體相對，即有），主要從本體論（解決本末、體用等方面的問題，非西方哲學中的 ontology，後文中無特殊說明者與此相同）、宇宙論等層面討論二者關係。船山則主要將太虛作爲氣的箇別屬性來對待，爲虛體，不具有生化義，也不具有本體義。或者說，張載思想以太虛爲本體，而船山則重在以氣爲本體作出解釋。〔註10〕

　　船山改造太虛內涵的原因並不複雜。首先，張載論太虛有不一致之處，以致於太虛和氣的關係常會引起爭論。例如，太虛與氣有時可通用，似有兩個宇宙之本體；太虛有時可具有生成論意義，代替了氣的作用，類似於道家的生成論；太虛的「虛」存在「無」的指向，易爲誤用；等等。其次，船山強調陰陽二氣在世界構成中即體即用，而陰陽與太極是一組慣用的概念，故

〔註 8〕 1950 年代之後，出現了不少討論船山虛氣關係的研究成果，例如蕭萐父《船山哲學初探》。

〔註 9〕 唐君毅，《中國哲學原論‧原教篇》第 664 頁。關於「氣」的內涵的複雜性，較早做出「物質」之解的侯外廬也只是認爲船山之氣「頗近於哲學上的『物質』範疇」，而絕非等同於「物質」。（見《中國早期啓蒙思想史》第 58 頁，《船山學案》的內容相同。）然而，此後的較長時間內的諸多研究者都直接將「物質」與「氣」完全等同。

〔註10〕 牟宗三認爲「即」爲相即之義，是從體用的角度立論，完全以形上、形下區分太虛與氣，略顯絕對。見《心體與性體》上冊第 383～385 頁。丁爲祥《虛氣相即——張載哲學體系及其定位》依據橫渠思想的脈絡，試圖分析並連貫其全面論述，對「即」字的解釋有創新，但也未能完全消除太虛與氣的模糊。

多用太極而不是太虛來表達世界的「一」〔註11〕太虛多指氣的空間屬性，偶而沿用張載之說，指整個宇宙，但基本保持一致。

一、太虛皆氣

　　船山對太虛的態度存在較為明顯的變化。〔註12〕他早年著作《周易外傳》有：「太虛者，本動者也。」〔註13〕太虛依然保有張載思想中的本體之義，但晚年的《正蒙注》則努力去除本體論意義，而統一為空間性意義。〔註14〕這使其含義較張載更為一致，故本節的論述主要依據《張子正蒙注》和《思問錄》兩部著作。

（一）空間性的太虛

　　太虛之「太」強調虛之極致或虛的否定。張載因佛道二家的刺激而重新發現「太虛」這一概念，賦予其本體論意義。《正蒙》中的「虛」分為兩種：「氣本之虛」與「氣量之虛」，前者體現本體論意義，後者體現空間意義。《正蒙・太和》的「太虛無形，氣之本體」〔註15〕中的太虛是氣之本，並無空間之義。但船山認識有所不同，他認為：

　　　　於太虛之中具有而未成乎形，氣之自足也，聚散變化，而其本
　　體不為之損益。（敬案：理具陰陽，陰陽具理，理氣渾然，是為本體。）

　　〔註16〕

〔註11〕 在船山著作中，太虛看似與太極、太和為相同層面的概念，實則不同。此處多
　　　　 有誤解者，參看吳龍川博士論文《王船山乾坤並建理論研究》的總結與歸納，
　　　　 認為：「太虛、太和、絪縕的意義，並非每次皆等同太極。」見全文第201頁。
〔註12〕 船山思想繁富，其間變化極其微妙，若直接以其著作為一統一的整體看待，
　　　　 難免會產生錯誤。例如，陳啟文認為：「船山的思想，並無所謂的前後期的演
　　　　 變與轉變。」（見《王船山「兩端而一致」之思維的辯證性及其開展》一文第
　　　　 5頁。）
〔註13〕 《周易外傳》卷六，（1）第1044頁。
〔註14〕 陳來認為：「太虛有二義，一是指廣大的太空空間，二是指此廣大的空間與其
　　　　 中所涵充的絪縕之氣。前者近乎物理的抽象，因為一般自然生活中沒有真空
　　　　 的空間，空間總是容納充滿著某種介質。後者則是實存的天空，此天空古人
　　　　 亦稱為太虛或虛空，但此太虛並非虛無，至少從漢代以來，不少中國哲學家
　　　　 都認為太虛是充滿氣的。」見《詮釋與重建──王船山的哲學精神》第441
　　　　 頁。他認為船山和橫渠也是從虛、空兩個方面說明太虛的含義。其中並未考
　　　　 慮船山前後期之間的變化，本文認識有些不同。
〔註15〕 張載，《張載集》第7頁。
〔註16〕 《張子正蒙注》卷一，（12）第17頁。

船山「於太虛之中」的「中」字表達了太虛的空間義，而不是本體論的意義。本體是具足萬理的陰陽二氣〔註17〕，顯然不同於張載。《正蒙・太和》又有：「由太虛，有天之名；由氣化，有道之名；合虛與氣，有性之名；合性與知覺，有心之名。」〔註18〕因太虛清虛一大而又不爲私意所能夠測知，故可以名之爲「天」。天與太虛本相等，是世界的本原，可以氣化，可以合和虛氣，可以和合性與人的知覺，分別言之爲道、性、心。船山的注解爲：

> 太虛即氣，絪縕之本體，陰陽合於太和，雖其實氣也，而未可名之爲氣；其升降飛揚，莫之爲而爲萬物之資始者，於此言之則謂之天。〔註19〕

就世界本體而言，張載突出太虛，船山突出氣。在註解過程中船山以「太虛即氣」作爲過渡，將張載的「太虛」本體轉換爲氣本體。

當然，太虛的空間性本爲張載思想所具有，非船山憑空創作。《正蒙・太和》有：「氣之聚散於太虛，猶冰之凝釋於水。」此「太虛」與「虛空即氣」之「虛空」相似〔註20〕，主要爲空間性。船山的解釋基本符合原義：「虛空者，氣之量，氣迷綸無涯而希微不形，則人見虛空而不見氣。凡虛空皆氣也。」〔註21〕同樣，張載強調太虛中涵納並充滿了氣，是爲了批評佛道重視空無的思想。船山沿用「太虛即氣」等說法，也與張載的目的保持一致。他批評「異端」佛學道：

> 西域愚陋之夷，本不足以知性命。中國之儒者，抑不能深研而體驗之，而淫於邪說。故聞太虛之名，則以爲空無所有而已，明則謂之有，幽則謂之無，豈知錯綜往來易之神乎！〔註22〕

太虛雖然主要指空間性，但並不離開氣而獨立存在，並非「空無所有」，只因氣有幽明，人因自身之見聞，而謂之有無。佛學、道家因此主張空無之論，只因未能「深研而體驗」虛氣不離之旨。

船山對張載「太虛」的改造使得「太虛」的內涵更爲純一，體現出更高的思想水準。

〔註17〕 王敔以「理氣渾然」爲本體，符合船山本義，故不能直接說船山是氣本論者，只能說是「重氣」者。
〔註18〕 張載，《張載集》第9頁。
〔註19〕 張子正蒙注》卷一，（12）第32頁。
〔註20〕 張載，《正蒙・太和篇》，《張載集》第8頁。
〔註21〕 《張子正蒙注》卷一，（12）第23頁。
〔註22〕 《張子正蒙注》卷九，（12）第374頁。

（二）太虛一實

張載以太虛爲「氣之量」，能夠且必然容納實在之物，即所謂「虛空皆氣」，如此方能討論「太虛即氣則無無」的問題。船山立論與張載無異，主張「太虛一實」。〔註23〕他說：

> 陰陽二氣充滿太虛，此外更無他物，亦無間隙，天之象，地之形，皆其範圍也。散入無形而適得氣之體，聚爲有形而不失之常，通乎生死猶晝夜也。〔註24〕

太虛之中除了陰陽二氣之外別無其他，不存在無陰陽之太虛，也不存在無太虛之陰陽。世間萬物只是陰陽二氣聚散所致，聚則可見，散則無形。但不管如何變化聚散，氣之本體並不受影響，即「本體不爲之損益」。太虛是就氣之渾淪整體而言，世界本原只是氣，太極只是氣：「蓋太虛之中，無極而太極，充滿兩間，皆一實之府。特視不可見，聽不可聞爾。」〔註25〕

其次，船山不僅接受張載「太虛一實」的思想，還繼承了張載以幽明、隱顯解釋有無之說：

> 凡虛空皆氣也，聚則顯，顯則人謂之有；散則隱，隱則人謂之無。〔註26〕

> 明有所以爲明，幽所以爲幽；其在幽者，耳目見聞之力窮，而非理氣之本無也。……屈伸者，非理氣之生減也；自明而之幽爲屈，自幽而之明爲伸，運於兩間者恒伸，而成乎形色者有屈。〔註27〕

船山認爲有無只是從人的認識能力（即「耳目見聞之力」）方面說。氣的屈伸變化干擾了人的聞見能力，眼見耳聞則有，否則就無。既然聞見能力不完全可靠，則需要另一條路來獲得眞知。這條路主要是存神盡性以知天的修養工夫。有學者認爲傳統儒學中並無獨立的自然宇宙論，原因也在於此。〔註28〕船山觀察物理世界的現象，目的並不在客觀理解自然，而在於修養或社會問

〔註23〕《思問錄·內篇》，（12）第 402 頁。
〔註24〕《張子正蒙注》卷一，（12）第 26 頁。
〔註25〕《張子正蒙注》卷四，（12）第 153 頁。
〔註26〕《張子正蒙注》卷一，（12）第 23 頁。
〔註27〕《張子正蒙注》卷七，（12）第 272～273 頁。
〔註28〕傅偉勳鑒於中國哲學的此種混淆，在《儒家思想的時代課題及其解決線索》一文中說：「我們生命中的種種價值取向中，『善』的創造體現（『人倫道德』層面）與『眞』的探索展現（『知行探索』層面）是必須嚴於分辨的兩種事體。」見《批判的繼承和創造的發展——哲學與宗教（二集）》第 30 頁。

題，這與張載並無分別，他說：

> 一甌之飲，濕熱之氣，蓬蓬勃勃，必有所歸；若盒蓋嚴密，則
> 鬱而不散。汞見火則飛，不知何往，而究歸於地。有形者且然，況
> 絪縕而不可象者乎！未嘗有辛勤歲月之積一旦悉化爲烏有，明矣。
> 〔註29〕

「一甌之飲」的蒸汽現象與密盒中汞的「鬱而不散」，都是物理現象，本來應該屬於求眞方面。船山認爲「絪縕不可象者」（即本體之氣或理之氣）和「一甌之飲」和汞都是恒有，不因顯隱變化而喪失本有。他想說明君子堅持的信仰和原則，不會隨著生命的終結而消亡，且人身中之清氣（即神）依然會存在。他認爲：「太虛，一實者也。故曰『誠者天之道也』。用者，皆其體也。故曰『誠之者人之道也』。」〔註30〕船山本來已經限定太虛爲「量」（空間性），但在論述「太虛一實」問題時，卻回到了與張載相同的路子上，將太虛的屬性「量」內化爲人的內心的狀態「誠」，從而體現出倫理性。這根本是爲了維護儒家倫理。

另外，船山對「太虛」之說偶有批評之處，這關係到他與張載思想的關係，有必要理清。其中年著作《讀四書大全說》中有：

> 《中庸》一部書，大綱在用上說。即有言體者，亦用之體也。
> 乃至言天，亦言天之用；即言天體，亦天用之體。大率聖賢言天，
> 必不捨用，與後儒所謂「太虛」者不同。若未有用之體，則不可言
> 「誠者天之道」矣。捨此化育流行之外，別問冥冥空空之太虛，雖
> 未有妄，而亦無所謂誠。佛老二家，都向那畔去說，所以儘著鑽研，
> 只是捏謊〔註31〕

船山在論「誠」之時，對捨用而言體之「太虛」表示不滿，則此「太虛」是與「誠」相對之「太虛」，而非「太虛一實」之太虛。有學者即此認爲船山在著寫《讀四書大全說》的時候對張載的太虛說「尚有微詞」，而到晚年才歸宗橫渠。〔註32〕若眞如此，則無法解釋他在同一部著作中對張載的大力推崇。〔註33〕

〔註29〕《張子正蒙注》卷一，（12）第22頁。

〔註30〕《思問錄·內篇》，（12）第402頁。

〔註31〕《讀四書大全說》卷三，（6）第531頁。

〔註32〕陳來，《詮釋與重建──王船山的哲學精神》第104頁腳註。作者著實抓住了船山用語的模糊之處，對文獻考訂可謂細緻，但因更加注重船山在「四書學」方面對程朱理學的繼承，故未能充分重視與張載的思想關聯，有蔽於成見之嫌。

其實，船山批評「太虛」的類似說法在更早的《周易外傳》中已經存在：「聖人者，亦人也；反本自立而體天地之生，則全乎人矣；何事墮其已生、淪於未有，以求肖於所謂『太虛』也哉？」〔註34〕在此批評有體無用、離體言用的「肖於太虛」者，實則針對是沾染佛老空無思想的儒者。這種內容不僅不是「微詞」，反而是對張載的模仿與繼承。《正蒙・乾稱篇》在批評釋氏時說：

> 釋氏語實際，乃知道者所謂誠也，天德也。……彼欲直語太虛，
> 不以晝夜、陰陽累其心，則是未見易，未見易，則雖欲免陰陽、晝
> 夜之累，末由也已。易且不見，又烏能更語實際！〔註35〕

雖然張載充分發展了「太虛」一概念，但在討論「誠」的時候，還是批評「直語太虛」者。船山也認為太虛為清虛一大之氣，不能為有限之人直接把握，故「直語」太虛，則必將捨棄陰陽之「有」與時間之「實」，而放棄人類社會的倫常生活，走向絕對的空無（其中包涵著船山對佛學的誤解）。可見，他所批駁的「肖於太虛」者的思路是為了澄清「太虛」說，而非反對「太虛」說。

二、二氣絪縕

船山偶而也以太虛代指整個宇宙，早年的《周易外傳》，有「太虛本動」之說，前已有述。強調宇宙健動、生生的狀態，與《易傳》之間存在關聯。這種思想在宋明儒學史中頗為顯眼，在明代中後期乃至成為一種明顯的社會思潮，日本學者島田虔次認為：

> 「生生」、「生生不已」、「不容已」在字面上是表現陽明以後明
> 代思想界基調的最具特徵的語言。在讀了嘉靖、萬曆時代的，特別
> 是陽明派思想家的著述之後，印象最深的，便是「良知」一語基本
> 上和萬物一體連在一起講。〔註36〕

島田的關注點在明中期後的思想，其實張載如何不重「生生」！船山繼承了張載的「生生」之學，在宇宙論中則體現為「太虛本動」的思想。這些內容

〔註33〕見第一章第一節「歸宗橫渠」部分的相關論述。
〔註34〕《周易外傳》卷二，（1）第882頁。
〔註35〕張載，《正蒙・乾稱》，《張載集》第65頁。
〔註36〕島田虔次，《中國思想史研究》第163頁。作者又認為：「迄今思想史都只關
　　　　注『心即理』、『良知』之類眾所周知的口號，但是如果忽視了這個問題是不
　　　　充分的。」

受到研究者的重視，被作爲辯證思想的體現之一。〔註37〕

　　船山認爲陰陽二氣交感絪縕，太虛無時無刻不在運動之中。整個世界是運動的，而不是靜止的：

> 　　太虛者，本動者也。動以入動，不息不滯。其來也，因而合之；其往也，因往而聽合。其往也，養與性仍弛乎人，以待命於理數；其來也，理數紹命而使之不窮。其往也，渾淪而時合；其來也，因器而分施。其往也，无形无色，因流以不遷；其來也，有受有充而因之皆備。摶造無心，勢不能各保其固然，亦无待其固然而後可以生也。〔註38〕

此處的「太虛」可以作爲氣的代名詞，其運動看似雜亂無章，實則充滿規律。引文中的四對「往」「來」各指氣化流行的不同方面：第一對指陰陽開闔不以人之意爲意，人在此時只能「因」任「聽」之。第二對就時命而言，時運不濟，人依然要堅守天在人之性，相信時命自有理數；時運通達，當按理數以盡性命。即「窮獨善、達兼濟」之義。第三對主要明瞭世間萬象的變化，氣往則器毀而回歸混沌，氣來則成器而象現。第四對指太虛變化只是幽明而已。往不可見，但不等於無；來可見，但有動力在幽處。總之，船山理解的太虛（即後來之二氣渾合之太極）是運動的動力，也是主體。

　　船山又以「太和絪縕」與「太虛本動」相呼應。「太和」出自《周易·乾·彖辭》：「乾道變化，各正性命，保合太和，乃利貞。」張載將其重新解釋，作爲與太虛同一層次的概念。船山則主要以太和作爲陰陽二氣渾合之代名詞，具有太極的渾合特點，又具備太虛的空間性，他認爲：

> 　　太和，和之至也。道者，天地人物之通理，即所謂太極也。陰陽異撰，而其絪縕於太虛之中，合同而不相悖害，渾淪無間，和之至也。未有形器之先，本無不和，既有形器之後，其和不失，故曰太和。〔註39〕

無論是「合同而不相悖害」，還是「其和不失」，都能夠體現出「和之至」，故有太和之名，實爲宇宙之本。它具有太極的渾合性，故陰陽二氣「渾淪無間」；

〔註37〕侯外廬等《宋明理學史》中已經將「主動、珍生、日新」等内容作爲船山思想的基本原則，見該書下册第909頁。

〔註38〕《周易外傳》卷六，（1）第1044～1045頁。

〔註39〕《張子正蒙注》卷一，（12）第15頁。

具有空間性，故陰陽二氣「絪縕於太和之中」。可見，太和體現了陰陽二氣作
為整體和諧關係，不僅是指混沌未分的狀態，也包括陰陽產生形器之後的和
諧狀態。太和是自始至終的和諧。

　　陰陽二氣之所以能夠達到和諧之至的「太和」狀態，是因為自身感應不
滯、生化不息。船山借用「絪縕」一詞將其納入自己的思想中，合為「太和
絪縕」。有太和就有絪縕，沒有無絪縕的太和，也沒有無太和的絪縕。從詞源
看，「絪縕」與「太和」一樣，也出自《易·繫辭》：「天地絪縕，萬物化醇。」
「絪縕」在張載和船山的哲學中，既可以作動詞，表示本體的運動，也可作
為名詞，表示運動的本體，有「絪縕者，天之氣」之說。〔註40〕

　　「絪縕」雖然出自《易傳》，但意思又和《莊子》密切相關，鍾泰在解釋
《莊子·知北遊》中「生者，喑醷物也」時說：

　　　　喑，借為醅。醅醷，猶醖釀也。《易·繫辭傳》曰：「天地絪縕，
　　萬物化醇。」醇即取譬於酒，此亦當同之。就造化本義言，曰絪縕；
　　就取譬與酒言，曰醅醷，一也。〔註41〕

一般認為《知北遊》早於《繫辭》，則「絪縕」一詞的源頭在《莊子》而不在
《繫辭》。但船山相信《繫辭》乃孔子所作，認為「絪縕」本於《周易》。他
解釋「喑醷」說：「喑音蔭，醷音愛，聚氣貌。……醷，毱聚氣也；又音倚，
梅漿也。毱聚氣是虛空之氣偶聚，梅漿是酸鬱之氣所聚，俱可釋。」〔註42〕
又說：「自其形體之蘊結而言，則為喑醷之物。」〔註43〕　則他已經將「喑醷」
作「蘊結」解。當然，「絪縕」可以概指氣化運動的全部，「蘊結」只是絪縕
之一種情狀。船山認為，從生化過程的開端可以說：「絪縕，太和未分之本然。」
〔註44〕其次，「『絪縕』，二氣交相入而包孕以運動之貌」〔註45〕，是指對大氣
運動狀態的整體描述。或者說，絪縕主要是強調氣的運動，指陰陽二氣生化
萬物的狀態和過程。

　　對比來看，張載將「絪縕」與「野馬」（出自《莊子》）並舉〔註46〕，糅

〔註40〕　《張子正蒙注》卷一，（12）第16頁。該語是王敔為《正蒙·太和》「不如野
　　　　馬、絪縕，不足謂之太和。」所加的注釋。

〔註41〕　鍾泰，《莊子發微》卷三，第495～496頁。

〔註42〕　《莊子解》卷二十二，（13）第338頁。

〔註43〕　《莊子解》卷二十二，（13）第339頁。

〔註44〕　《張子正蒙注》卷一，（12）第15頁。

〔註45〕　《周易內傳》卷六，（1）第597頁。

〔註46〕　「不如野馬、絪縕，則不足以謂之太和。」出自《正蒙·太和》，見《張載集》

合《易》、《莊》。〔註47〕這些都能能看出二者共同具備的開闊的學術視野，但船山直接注解《莊子》，在細緻處更勝於張載。他又試圖溝通太和與太虛，補充了張載思想，使得虛氣關係趨於縝密。雖然太和能夠化生萬物，一般不表達無形狀態，有別於太虛之「湛一無形」，但「太和絪縕」的根據在於「太虛本動」，他說：

> 言太和絪縕爲太虛，以有體無形爲性，可以資廣生大生而無所倚，道之本體也。二氣之動，交感而生，凝滯而成物我之萬象，雖即太和不容已之大用，而與本體之虛湛異矣。〔註48〕

船山以二氣溝通太和與太虛，就其化生萬物而言即爲太和絪縕，就其本體之「虛湛」而言既爲太虛。萬物之本體生爲萬物之後即與本體不同，因此需要不同的名稱。這種解釋較張載更嚴謹。

通觀本節，張載、船山在虛氣關係方面的不同，反映了二者本體論方面的差異，而後者對問題的解決更爲細密。張載的「太虛即氣」將太虛的清虛一大、生化不息等賦予了氣〔註49〕，船山繼承了這些思想，只是盡量消除了太虛的形上色彩，使虛氣關係與道家天道的生化論之間的區別漸趨明晰，劃清了（至少是自認爲）儒家與道家的界限。這使氣創造性地兼具了形上形下的雙重特性，一方面克服了氣虛二元的傾向，一方面又使氣的內涵複雜化，不得不趨向於陰陽二體論，爲二體與太極一元之間的衝突留下了可能性。

第二節　王船山的陰陽太極論

王船山吸收並發展了張載的氣論，形成了與程朱理學和陸王心學並立的「氣本論」。這一直是船山研究中的主流觀點，只是因爲需要解決的問題不同而有唯物論和實在論等具體提法。從思想結構看，陰陽二氣與太極的關係問

第 7 頁。

〔註47〕體現出張載的創造性，牟宗三在《心體與性體》中重點闡釋了張載「絪縕」中體現的創造問題。見該書上冊第 378～380 頁。

〔註48〕《張子正蒙注》卷一，（12）第 40～41 頁。

〔註49〕牟宗三認爲氣是「形而下者」，故認爲橫渠之太虛即氣而顯，本不爲氣。見《心體與性體》上冊，第 391 頁。牟宗三重視同情的解釋，考慮更多的是橫渠思想的內在一致，而不是矛盾。丁爲祥《虛氣相即》的思路也在於強調一致性。其實，從思想史的發展脈絡看，橫渠處於宋代理學的初創期，思想存在矛盾也合情合理。

題（在《易》學中表現為「乾坤並建」問題）是船山天道論的核心內容，涉及宇宙生成論、本體論、工夫論等不同而又密切相關的方面。

　　從理學史來看，宋明諸儒基本接受周敦頤《太極圖說》中「太極動而生陽，動極而靜，靜而生陰」的說法，認為太極因自身的動靜而派生出陰陽二氣，陰陽是太極的屬性。船山的思路有所不同，他主張「《易》為至命之書」、「盡性之學」〔註50〕，發揮《易》並建《乾》《坤》以為首出的微言大義，以陰陽二氣為實有，合之而為太極。這條思路不僅不同於程朱，也不完全同於張載，是其氣論最為突出的特點。然而，其中留下了異體二氣如何合一的難題。

一、陰陽異體而合一的難題

　　籠統來看，船山的太極陰陽論並不複雜，「太極」、「陰陽之合」、「太和」、「絪縕之實體」等同為宇宙實體的不同描述。〔註51〕這基本是既有研究的同識。但是，陰陽二氣作為異體之氣是否具有二元論嫌疑？若船山不是二元論者，陰陽二氣如何統一於太極？統一的動力或原因何在？這些問題異論紛呈。根據結論的不同，可以分為兩種傾向：一、船山是一元論者，完善地解決了太極與陰陽的關係問題；二、船山思想具有二元論嫌疑，未能妥善解決一元之太極與二元之氣的關係問題。

　　第一種傾向在相關研究中佔據主導地位，因概括方式的不同又包括分為辯證關係說和體用關係說兩種主張。論者鑒於西方哲學的「辯證」（dialectic，即「對立統一」的矛盾觀）與「陰陽太極」或「兩一」關係之間的相似性，以「辯證」來概括後者中的道器、理氣、體用等關係。〔註52〕體用關係說拒

〔註50〕《周易內傳》卷五上，（1）第 524 頁。

〔註51〕參見蕭萐父、許蘇民著《王夫之評傳》第 160 頁。類似概括已然很多，絕不僅限於此。只是應當指出，「太極」、「太和」、「絪縕」等在具體論述中可能會有小的差異，見上一節腳註徵引的吳龍川博士學位論文。

〔註52〕認同此觀點的學者很多，以蕭萐父的《船山辯證法論綱》一文為代表來看，作者認為：「王船山的辯證自然觀，以抽象而又蘊含著豐富內容的『絪縕』範疇作為邏輯起點，必然地從中引出『兩』與『一』、『分』與『合』等範疇。」分別見蕭萐父《船山哲學引論》第 59、61 頁。持此論者在中國內地不勝枚舉，僅就港臺地區看，許冠三也是辯證說的倡導者，故與蕭萐父有共鳴。見上書所收《與許冠三先生論船山史學書》。劉潤中《論王夫之「乾坤並建」易學理論及其哲學意義》一文考辨詳實，也是那個時代的代表性成果，見《北京大學學報》1988 年第 1 期。近來有張立文《正學與開新——王船山哲學思想》

絕沿用辯證說的格義方式，而是堅持使用傳統哲學乃至船山著作的詞彙解釋船山。其中又可分爲兩種：「體用相涵」說和「兩端一致」說。前者根據船山理氣、道器相涵的觀點，認爲太極與陰陽二氣之間是體用關係。〔註53〕兩端一致說的根據與前說相似，只是採用了船山《老子衍》中的「兩端一致」說明船山的二氣與太極關係，進而概括船山的整體思想特點。〔註54〕

　　這種傾向的研究往往對陰陽二氣如何統一於太極、兩端如何一致的原因缺少分析。從「辯證」一詞的內涵來看，此詞本爲舶來品，源自古希臘的柏拉圖哲學著作中的「對話」形式，後被進一步發展在近代哲學中則以黑格爾精神哲學爲典型，並經過黑格爾而進入了馬克思哲學。但此後則因「辯證」自身所包含的神秘性而受到嚴格審視。當然，「辯證」經翻譯進入漢語，經過數十年的發展已經具有了自身的獨立性，可以不計較其本義如何。因此，以「辯證」規定船山的太極陰陽論並無不可，只是應當進一步深入分析並界定「辯證」概念，除了表達「對立統一」之外，應該加入如何對立統一的內容，即對立統一的原因。這似乎是漢語中「辯證」所缺少的，故有必要借鑒西方

　　（2001年）一書第七章有「一物兩體」一小節，蕭萐父、許蘇民《王夫之評傳》（2002年）一書有「兩一觀」一小節。

〔註53〕勞思光認爲：「船山《易》之最有名之特色，在於視太極爲陰陽之渾合，而有乾坤並建之說。而此說又與其對體用之觀點有關。」見氏著《新編中國哲學史》第3卷下冊，第522頁。同此觀點者有：周芳敏發揮「體用相涵」而貫通船山哲學的博士論文、張學智《王夫之「乾坤並建」的詮釋面向》等。周芳敏《王船山「體用相涵」思想之義蘊及其開展》以「體用相即」解釋太極與兩儀之間的「共構性與互備互成性」的關係。（見該文第70頁）但文中強調太極統一的一面，卻忽視陰陽作爲實體性的二氣的一面，與船山解決太極陰陽的關係有較爲明顯的不同。

〔註54〕曾昭旭認爲：「這（本體宇宙論）層次的兩端一致論，訴諸船山原典，其最著名的便是他的『乾坤並建而捷立』之說。」見氏著《王船山兩端一致論衍義》，刊於《鵝湖月刊》總第241期。作者在《王船山哲學》的闡發在先，他認爲：「乾坤並建，實在一體之用下，抽象地分解而言者，非二元論也。其眞實存在而流行者，仍一實之氣體。」又有：「乾坤並建，實從用處說而非從體處說也。」見該書第341頁。根據本文的考察，船山言陰陽二氣、乾坤並建，實則並非只從用處說，也從體處說。這才與其即體即用之說相符。林安梧則將「兩端一致」和「辯證」融合爲一，以「兩端一致的辯證之綜合」來概括。他的《王船山人性史哲學之研究》第五章「人性史哲學的核心問題」中多處闡發了「兩端一致」的「辯證之綜合」說，將兩端一致和辯證結合起來。其弟子陳啓文《王船山「兩端而一致」之思維的辯證性及其開展》一文，發揮了相似的觀點。

哲學中黑格爾之後即當代哲學中的「辯證」。〔註55〕劉述先主張用「沒有計劃的辯證法」概括《周易》思維模式〔註56〕，則陰陽異體而一的思維不宜簡單稱為「辯證」思維，最好稱為《易》學思維。

第二種傾向沒有第一種那麼引人注意，是少數派。侯外廬與熊十力曾因船山思想是否為唯物論的問題而往復辯難，但在此問題上卻有類似結論。侯外廬奉船山為「明清之際的第一位哲學家」，甚為推重，但指出了他的思維「有障於超經驗的均衡理論」，含有「循環論的因素」。〔註57〕即認為陰陽二氣如何「均衡」地統一於太極，是超越於經驗之外的問題，並非完全可證。熊十力認為船山一方面突出太極的統一性，一方面強調陰陽二氣「異體」，勢必難以「圓明」地解決太極如何摶合陰陽的問題，故船山雖為一元論，但有二元論的嫌疑。〔註58〕二者只是觀點的陳述，並未展開分析。陳來《詮釋與重建》一書注意到這個問題，認為船山在陰陽二氣的方面「並非處處清楚」。〔註59〕雖然文中分析所選材料範圍有限，但仍能補前人之不足。

〔註55〕作為神學家的卡爾‧巴特抨擊了所謂掌握精神哲學辯證法者的狂妄與自大，而將「辯證」限定在對於無限者的規定方面。劉小楓在評論巴特的「辯證」時說道：「所謂 Dialektik（德語之「辯證」）只能理解為生命的悖論、人的存在的破碎和人的言說的結巴巴。」見劉小楓，《走向十字架的真》第72頁。船山的太極陰陽論中也涵蘊著對於終極存在的悖論式的體悟，若以卡爾‧巴特式的悖論式的「辯證」來做出規定也未嘗不可，陰陽二體解釋了本體與萬事萬物之間的關聯性與開放性，避免了理學中獨體的生化論的解釋方式，而太極的一元則保證了世界的統一性，這種二體一元的悖論最終反映在充滿內在矛盾的「神」上。

〔註56〕劉述先認為：「正因為《易經》的原理是『對立統一』（unity of opposites），表面上與西方黑格爾與馬克思的辯證法似有一相合。但我發現兩方面其實有根本差別。中國式思想是流動而開放的，西方則有嚴格的規律與確定的目標。」見《哲學分析與詮釋——方法的省思》一文，東方朔編《儒家哲學研究——問題、方法即未來開展》第249頁。

〔註57〕分別見侯外廬著《船山學案‧自序》第1頁、《中國早期啟蒙思想史》第217頁。

〔註58〕熊十力的論述較為零散，但觀點較為一致，晚年代表作《原儒》中有：「船山《易》學主張《乾》《坤》並建，故陰陽異體。余議其失之粗者，即此可見。但船山承認太極是陰陽之本體，究非二元論。只惜其解悟未透，理論欠圓明耳。」（見《原儒》，《熊十力全集》第6卷第631頁）他認為船山並未解決陰陽二氣的多樣性與太極的統一性之間的關係。因此，他的弟子牟宗三也認為船山思想不夠清晰，故算不上「好的哲學家」。（見《黑格爾與王船山》一文，收入《生命的學問》第76～77頁。）

〔註59〕陳來，《詮釋與重建——王船山的哲學精神》第454頁。

　　持第二種傾向的學者充分注意了船山思想的模糊之處，而不是曲爲迴護，當引起研究者的重視。但是，船山思想中兩體之陰陽爲何能夠合爲太極？是否能在「不清楚」之處尋找到原因？這些問題仍然有待解決。

（一）陰陽本異體，渾合即太極

　　船山的氣論承自張載，認爲萬物皆氣而氣分陰陽。分而言之：一、陰陽是不同的實體，即陰陽本爲二氣的專名，後來才藉以表達氣體的具體屬性。二、異體的陰陽二氣能夠並且一定和諧統一，二氣渾合即爲至大至極的本體太極。這兩點與「太極爲本體而陰陽爲本體之屬性」的解釋不同。〔註60〕船山認爲：

> 「太」者，極其大而無尚之辭；「極」，至也，語道至此而盡也。其實陰陽之渾合者而已，而不可名之爲陰陽，則但贊其極至而無以加，曰太極。太極者，無有不極也，無有一極也。惟無有一極，則無所不極。故周子又從而贊之曰：「無極而太極。」陰陽之本體，絪縕相得，合同而化，充塞於兩間，此所謂太極也，張子謂之「太和」。中也，和也，誠也，則就人德而言之，其實一也。〔註61〕

這是他解釋陰陽太極關係最爲清晰、全面的文字。太虛之中無非氣，人所見的「充塞兩間」者即爲陰陽二氣。「太極」一詞是對陰陽二氣絪縕合同的德化狀態的描述，是「無尚之辭」，體現了世界本原「極至而無以加」的狀態。「極」意味著涵納所有存在物，並時時刻刻都保持一種「開放的狀態」。〔註62〕同時太極又是實有的「渾合者」。「渾合」意味著不是太極生成陰陽，而是陰陽合成太極。故曰：「合之則爲太極，分之則謂之陰陽。」〔註63〕否定太極生陰陽主要是爲了杜絕道家式的生成論，進而劃清聖學與異端的界限。

〔註60〕此非船山獨創，劉宗周已有相似論述。參見陳榮捷《中國哲學文獻選編》第573頁，勞思光《新編中國哲學史》第3卷下冊第522頁。

〔註61〕《周易內傳》卷五下，（1）第561頁。

〔註62〕〔法〕弗朗索瓦・於連著，閆素偉譯，《聖人無意——或哲學的他者中》第10～11頁。作者由船山對《乾》卦的解釋得到啟發，認爲聖人與哲學家之間的存在較大區別，前者保持事物的開放性，而後者「在開始進行哲學思辨的時候，必然是盲目的，也是武斷的。不管是對經驗的某些方面，還是對他人的思想，哲學家一開始總是要視而不見，至少從某種觀點上是這樣」。（同上）作者實對聖人的有限性認識不夠，但他的「開放的狀態」一語用來表達太極與具體存在物之間的關係頗有可取之處。

〔註63〕《周易內傳》卷五上，（1）第525頁。

　　分解開看，船山太極陰陽論具有如下兩個方面。第一，陰陽二氣本體不同，判然有別，他在解釋《繫辭》中「《易》有太極，是生兩儀」時說道：

　　　　「兩儀」，太極中所具足之陰陽也。「儀」者，自有其恒度，自
　　　　成其規範，秩然表見之謂。「兩」者，各自爲一物，森然迴別而不紊。
　　　　爲氣爲質，爲神爲精，體異矣。爲清爲濁，爲明爲暗，爲生爲殺，
　　　　用異矣。爲盈爲虛，爲奇爲偶，數異矣。〔註64〕

在解釋《繫辭》「一陰一陽之謂道」時說：

　　　　「陰陽」者，太極所有之實也。凡兩間之所有，爲形爲象，爲
　　　　精爲氣，爲清爲濁，自雷風水火山澤以至蜎孑萌芽之小，自成形而
　　　　上至以未有成形，相與絪縕以待用之初，皆此二者之充塞無間而判
　　　　然各爲一物，其性情、才質、功效皆不可強之而同。〔註65〕

船山認爲陰陽爲太極所具足，並非承認太極先於二氣，而是強調它們同在。世界萬物無論形象如何不同，皆由陰陽二氣構成。陰陽二氣無所不在，又「判然各爲一物」，人無法「強之而同」。陰陽在構物時作用相對，故可謂「森然迴別」，可謂「兩儀」。體不同才有用不同，用不同才有數不同。這是自上而下的推論過程，他得出理論的過程可能恰恰相反，可能他爲了說明數的不同而強調氣的差異，因爲陰陽異體的理論能更好地解決世界的恒動性與多樣性的問題。

　　第二，陰陽二氣在船山哲學中具有複雜性，而非純一性，因爲只有作爲實體的陰陽二氣本身具有了不同的屬性，才能相互交感成爲動靜之源，成爲事物千變萬化的保證。《周易內傳》中有：

　　　　陽輕清以健，而恒爲動先，乃以動乎陰，而陰亦動。陰重濁以
　　　　順，非感不動，恒處乎靜；陽既麗乎陰，則陽亦靜。靜而陰之體見
　　　　焉，非無陽也；動而陽之用章焉，非無陰也。猶噓吸本有清溫之氣，
　　　　因噓吸而出入也。故可謂之靜生陰、動生陽，而非本無而始生，尤
　　　　非動之謂陽、靜之謂陰也。〔註66〕

他在解釋《正蒙・太和》「浮而上者陽之清，降而下者陰之濁」時說：

　　　　天地之法象，人之血氣表裏、耳目手足，以至魚鳥飛潛、草木

〔註64〕　《周易內傳》卷五上，（1）第561～562頁。
〔註65〕　《周易內傳》卷五上，（1）第524頁。
〔註66〕　《周易內傳》卷五上，（1）第525頁。

華實，雖陰陽不相離，而抑各成乎陰陽之體。〔註67〕

船山認爲健動爲陽氣之性，順靜爲陰氣之性，陰陽始終不離、相互感統，則陽氣也可靜，陰氣也能動。二氣靜之時，乃陰氣的本靜之體得以呈現；二氣動之時，乃陽氣的健動之用得以彰顯。同時，天地間之萬物皆有陰陽二氣構成。那麼，萬事萬物的動靜、屈伸之理都只是陰陽二氣本身所具之理，陰陽二氣渾合而成的太極也只是「理氣渾然」的「本體」。

（二）陰陽二氣因神交感

爲何陰陽二氣異體卻又能夠統一？這是船山哲學未能妥善解決的問題。首先，陰陽二氣爲太極所固有，且二者之間具有合一之動力，故二氣可以統一爲太極。《周易外傳》中有：「故合二以一者，既分一爲二之所固有矣。」〔註68〕船山認爲二氣本爲一體，並非指完全不可溝通的兩者。二者之間內涵著必能溝通的內容，即人「不可強之而同」的、由天使然的互通性，可以合陰陽二氣爲太極。《周易內傳》中的所謂「森然迴別而不紊」、「判然各爲一物」只是就二氣呈現的狀態而言，而非就內在而言，且二氣的「性情、才質、功效」雖然「不可強之而同」，即不能以人的意志而同一，卻能夠因天理之自然而同一。

其次，船山認爲「合二以一」的動力在於二氣自身具有的交互感應能力，《周易外傳‧咸》在討論人「初生之性」時說：「人之所自始者，其混沌而開闢也。而其現以爲量、體以爲性者，則惟陰陽之感。故溯乎父而天下之陽盡此，溯乎母而天下之陰盡此。父母之陰陽有定質，而性情俱不容已於感以生，則天下之大始盡此矣。」〔註69〕二氣相容的根本原因在於「陰陽之感」。「感通」之說在《周易‧繫辭》中已有：「易，無思也，無爲也，寂然不動，感而遂通天下之故。」漢代《易》學的卦氣說已有陰陽交感之義。這種思想在宋代初年的理學中也有體現。周敦頤《太極圖說》有「二氣交感，化生萬物」之說。張載也有陰陽「感通聚散」之說。程顥說：「天地之間只有一個感與應而已，更有甚事！」程頤說：「有感必有應。凡有動皆爲感，感則必有應，所應復爲感，所感復有應，所以不已也。感通之理，知道者默而觀之可也。」〔註70〕這些文字都被朱熹收入《近思錄》開卷的「道體」卷中，進

〔註67〕《張子正蒙注》卷一，（12）第27～28頁。
〔註68〕《周易外傳》卷五，（1）第1027頁。
〔註69〕《周易外傳》卷三，（1）第903頁。
〔註70〕分別見朱熹編、張伯行集解《近思錄》卷一，第2、25、20、8頁。

而影響了此後理學的發展。朱熹主張太極之動靜生化陰陽二氣，故二氣交感或感應的動力問題只需要歸入太極（即天理）即可。這不難解釋，但在船山之處並非如此。

船山為了辟除道家生化論的因素，否定理學傳統中的太極因動靜而化生為二氣的思想。他主張太極本具有陰陽，陰陽二氣異體，渾合即為太極。陰陽二氣之間異體而交感融通的關係是自然而然的。如果繼續追問「感」的動力何在，只能以「不測之神」來解釋。船山認為陰陽二氣因不測之「神」而完全相容、不相悖害：「神者，聖之大用也。合陰陽於一致，進退生殺乘乎時，而無非天理之自然，人不得以動靜、剛柔、仁義之迹測之，聖之神者也。」〔註71〕以不測之神溝通異體之陰陽二氣，使之歸本於天理之自然。陰陽二氣能夠化生萬物，其動力也在於神的功能，故又可說：「神者，化之理，同歸一致之大原也；化者，神之迹，殊途百慮之變動也。」〔註72〕

這種解釋方式看似能夠解決二氣如何交感的問題，實則不然。神本為天所有之物，而天又有可測、不可測之分，則神也有可測不可測的兩面性。人能夠測知的一面只是神化的一貫性以及具體體現，而不測之神即在天之天理，則非人的能力可以測知。《張子正蒙注·太和篇》有：

　　太和之中，有氣有神。神者非他，二氣清通之理也。不可象者，
　即在象中。陰與陽和，氣與神和，是為太和。〔註73〕

船山主張理氣渾然，則「清通之理」即為清通之氣。陰陽二氣千變萬化，世間事物也千變萬化，其中有「一以貫之」之神存在，即所謂「氣之聚散無恒而神通於一」。〔註74〕神通於一，則萬事萬物和諧之至，故有「太和」之稱。神貫通於陰陽二氣凝成的萬事萬物，也同樣垂降於人心，人心安定、存養神氣即具備了窮盡人性而與天理相合。〔註75〕他堅持以《繫辭》中「不測之謂神」、「神無方」等內容來規定神之性，則陰陽異體而渾合為太極的悖論，最

〔註71〕《張子正蒙注》卷三，（12）第 160 頁。

〔註72〕《周易內傳》卷六上，（1）第 592 頁。

〔註73〕《張子正蒙注》卷一，（12）第 16 頁。

〔註74〕《張子正蒙注》卷一，（12）第 31 頁。

〔註75〕這是本文第四章工夫論的內容之一。陳來認為：「『神』是張載哲學，也是船山哲學的一個非常重要的概念，如何理解船山哲學中的『神』，是其哲學中比較複雜的一個問題。」（見《詮釋與重建——王船山的哲學精神》第 464 頁）船山之神貫通於其天道論、心性論與工夫論的各個方面，但神又可因人的修養而被感知，因工夫而顯明。

終只能用「人不能測知但仍存在」來作解釋。〔註76〕

　　船山哲學的這個理論起點本身就具有內在的邏輯矛盾，因爲他的思想焦點在人世間的問題，而非與人無關的自然問題。本節第一段引文的最後一句已經透露這種信息：「中也，和也，誠也，則就人德而言之，其實一也。」他的陰陽太極論根本目的在於論證「人德」之中的「中」、「和」、「誠」等內容如何達到體與用的交相互涵。他想要論證的內容已經包含在理論起點之中，這就形成了超越於經驗之上的「循環論」。〔註77〕將人倫問題的關注擴大至整個世界，難免泛道德主義的指責。〔註78〕

　　總之，船山的太極陰陽論中確有不合邏輯之處，這看似與其不同思想資源之間的齟齬有關，但根本在於儒家思想的內在矛盾。船山以非理性的體悟作爲思想基點，以道德規則作爲整個世界的普遍原則，這樣，儒家終極理想的超越性與現實人的有限性之間的衝突難以協調，成爲自然理性與道德信仰之間矛盾的一種表現。

二、太極陰陽論的理學資源

　　關於船山太極陰陽論的思想淵源問題，許冠三論道：「其說非止遠宗《周易》乾坤並建之旨，近承宋儒太極、太和一陰一陽之義，抑且兼祧《莊》、《老》彼此兩行、雌雄雙端之辯；而橫渠『兩一』、『一兩』之說則爲之媒介、爲之樞紐焉。」〔註79〕從既成思想看，這種說法囊括了船山太極陰陽論所涉資源的主要方面，但仍有問題不夠明確：船山最可能依據哪些經典？又與哪些時

〔註76〕天理（或神）具有的不可知一面，類似於康德的物自身不可知之說。許冠三因此強調船山思想的現代性，並有「道之自身」之創造性解說，他認爲：「其（船山）『道不可盡』、『聖人不盡』說，『君子之知天，知人之天』，似乎可與康德之物自身不可知說想通。」「在道之自身與聖智所知之道、所立之言之間，永遠必有一無知之眞空地帶。」分別見《王船山的致知論》第1、5頁。但是，船山畢竟不是康德，儒家思想中的聖人思想要求他不得不向著不可知的地帶前進，故有「存神盡性知天」、「大心」等說法。

〔註77〕見前引侯外廬語。

〔註78〕對傳統儒學泛道德主義的批評與反思已經很多，如傅偉勳《儒家思想的時代課題及其解決線索》一文，見《批判的繼承與創造的發展——哲學與宗教二集》第39頁。

〔註79〕許冠三，《王船山的致知論》第69頁。作者又認爲船山之太極陰陽論爲對立統一或兩端一致關係，如上的多種資源中以《老》《莊》尤其是《莊子》一書爲主要方面。（見上書第51頁。）

代思潮有關？結合邏輯和歷史的雙重可能性可以發現，他熟知的理學經典、當時的氣論思潮應該是其中關係較大的兩個方面。

（一）對張載陰陽論的吸收與改造

張載的「一物兩體」觀念直接影響了船山的「陰陽二體」思想，但二者之間又有不同。《正蒙》中有：

> 兩不立則一不可見，一不可見則兩之用息。兩體者，虛實也，聚散也，清濁也，其究一而已。

> 一物兩體，氣也；一故神，兩故化，（推行於一）此天地所以參也。

> 一物而兩體，其太極之謂與！陰陽天道，象之成也；剛柔地道，法之效也；仁義人道，性之立也。〔註81〕

張載的「一物兩體」思想與其太和（或太極）論關係密切，目的在於說明性由虛氣相合而成。太和融合了太虛與氣，虛即物之理，氣乃物之質，二者相合即爲「一物」。「一物」不僅僅或者主要不是指個別的事物，而主要是針對人性而言。〔註82〕但這也不妨擴展至太和而言，向世陵認爲：「太和既奠定了宇宙對立運動的性質，又同時是這對立運動所依託的氣的實體，故太和與側重於虛性一面的太虛概念是有所區別的。」〔註83〕太和在張載處是虛氣統一的實體，即所謂「一物」，而「兩體」即此統一體所具有的「虛實」、「聚散」、「清濁」等表徵和特性。船山認爲：

> 使無一虛一實、一動一靜、一聚一散、一清一濁，則可疑太虛之本無有，而何者爲一！惟兩端迭用，遂成對立之象，於是可知所動所靜、所聚所散、爲虛爲實、爲清爲濁，皆取給於太和絪縕之實體。一之體立，故兩之用行，如水唯一體，則寒可爲冰，熱可爲湯，於冰湯之異，足知水之常體。〔註84〕

從整體處看，船山對「太和」的理解，與張載並無不同，都是指「理氣渾然」

〔註81〕 分別見張載，《張載集》第9、10、48頁。

〔註82〕 參見林樂昌《張載成性論及其哲理基礎研究》一文，刊於《中國哲學史》2005年第1期。

〔註83〕 向世陵，《張載、王夫之的「保和太和」說議》，刊於《中國哲學史》2008年第2期。

〔註84〕 《張子正蒙注》卷一，（12）第36頁。

的統一體，即兩人對「一物」的理解是一致的。但二者對「兩體」的理解處卻有不相同：「兩體」在船山處爲具理之二氣，不單純爲表徵或特性。從冰、水、湯的比喻看，冰與湯都是水，但都是具有特殊形態之水，而虛實、動靜等則僅相當於冰與湯的寒與熱二種特性。當然，船山並非有意立異，其目的仍在疏解張載的文義。

　　從氣爲本的角度看，船山強調兩體即二氣，而張載並不強調，甚至給人以不具氣的傾向，也難怪牟宗三否定張載爲氣本論。〔註 85〕或者說，船山二體之說突出了氣爲實體，而張載則主要突出虛體。則前者比後者更加重氣。但船山與張載同樣突出神（或在神之理）在通二歸一過程中的作用，而神又具有清通、虛湛等特性，也不能說以氣爲本。

（二）對朱熹陰陽論的批判與吸收

　　船山對朱熹太極陰陽的關係問題批評頗多，表面看只是否定，似乎並未受其正面影響，實則不然。〔註 86〕朱熹一生勤於著述，又有門人整理的語錄，傳世著作極其豐富。時異地異，讀者對同一問題的理解難免齟齬，某些重要問題甚至成了理學史的公案，太極陰陽是否分離（或者說理氣是否分離）的問題即是如此。這反映了「氣」觀念的複雜性〔註 87〕。

　　朱熹說：「太極只是天地萬物之理。」「太極只是一個「理」字。」〔註 88〕「陰陽動靜，非太極動靜，理不可見，因陰陽而後知。理搭在陰陽上，如人跨馬相似。」〔註 89〕他又認爲陰陽爲太極動靜而生，《太極圖說解》有：

　　　　太極之有動靜，是天命之流行也，所謂「一陰一陽之謂道」。

　　……「動而生陽」，「靜而生陰」，「分陰分陽，兩儀立焉」，分之所以

　　　　一定而不移也。蓋太極者，本然之妙也；動靜者，所乘之幾也。太

　　　　極，形而上之道也；陰陽，形而下之器也。是以自其著者而觀之，

〔註 85〕　牟宗三，《心體與性體》上冊，第 386 頁。

〔註 86〕　關於這方面的論述已經不少。陳來《詮釋與重建——王船山的哲學精神》多處闡發了此義；前引向世陵《張載、王夫之的「保和太和」說議》一文，認爲船山最終選擇了朱熹的思路。

〔註 87〕　熊十力對此有總結性的論述，《甲午存稿·與友人》中有：「故氣元之論，實非儒家本宗，當別出爲惟物一派。但此云『惟物』之惟，亦是『特殊』義，而非『惟獨』義。惟氣含靈，非濁闇故，爲萬化源。」見「熊十力論著集」之二《體用論》第 30 頁。

〔註 88〕　分別見朱熹，《朱子語類》卷一，第 1 冊第 1、2 頁。

〔註 89〕　朱熹，《朱子語類》卷九十四，第 6 冊第 2374 頁。

則動靜不同時、陰陽不同位，而太極無不在焉。〔註90〕

太極爲形而上之理；陰陽爲太極動靜所生，屬形而下者，則太極與陰陽似乎有上下之分。太極爲本然之妙，超乎動靜，但陰陽二氣具備動靜，化生萬物。如果從此出發進行理解，難免會產生如明儒曹端（號月川）一般的「死人乘活馬」的疑惑。〔註91〕這種批評在整個明代從未斷絕。以王廷相爲例，他的太極陰陽論受張載影響較大，突出陰陽二氣不離〔註92〕，與船山有同有異〔註93〕。前者有元氣之說，以陰陽爲元氣之屬性，以陽氣主導陰氣；後者則陰陽二氣皆爲實有，渾合而爲太極。廷相認爲：

陰陽終竟不能相離，凡以爲神者，皆陰陽之妙用也，故曰「陰陽不測之謂神」。……大抵陰陽論之極精處，氣雖無形，而氤氳煮蒿之象即陰，其動蕩飛揚之妙即陽，如火之附物然，無物則火不見是也。〔註94〕

陽動而陰靜，氣變化的神妙即是陽，生化所呈之象即爲陰。陰陽與氣的關係，如同火與薪；陰陽不離氣，如同火不離薪。這些都與船山不同。廷相之元氣說與道體論直接相關：「道體不可言無，生有有無。天地未判，元氣混涵，清虛無間，造化之元機也。有虛即有氣，虛不離氣，氣不離虛，無所始、無所終之妙也。」〔註95〕道體即本體。廷相以道體統攝陰陽，道體因爲具有生化功能，所以不是無。造化元機爲元氣所有，是道體在生化功能上的體現。無只是氣化不爲人所見，實際上否認了「無」的存在。船山強調陰陽二氣實有，也使「無」無容身之處。總之，廷相整合太虛、太極、道體元氣等概念，使氣論更爲嚴密。他對朱學「理能生氣」的批駁皆以此爲基礎。〔註96〕

〔註90〕朱熹，《太極圖說解》，《朱子全書》第13冊，第72～73頁。

〔註91〕黃宗羲，《明儒學案・諸儒學案中四》，下冊第1173頁。

〔註92〕黃宗羲《明儒學案》中有：「先生（廷相）主張橫渠之論理氣，以爲『氣外無性』，此定論也。」見《明儒學案》卷四十四，下冊第1061頁。

〔註93〕有學者鑒於廷相與船山論氣的相似性，直接討論前者後者的影響。但從後者的著述幾乎未提及過前者，這很讓人懷疑二者思想是否具有直接關聯。因此，本文主要是從社會背景的間接原因來討論此問題。

〔註94〕王廷相，《王氏家藏集》卷二十七，《王廷相集》第二冊，第488頁。

〔註95〕王廷相，《慎言・道體》，《王廷相集》第2冊，第751頁。

〔註96〕王廷相說：「世儒謂『理能生氣』，即老氏道生天地矣；謂理可離氣而論，是形性不相待而立，即佛氏以山河大地爲病，而別有所謂眞性情矣……由是，『本然之性超乎形氣之外』，『太極爲理而生動靜陰陽』，謬幽誣怪之論作矣。」見《慎言・道體》，《王廷相集》第3冊，第753頁。

明代中後期的這種思想傾向直接影響了船山對朱熹思想的理解。錢穆譏諷與曹端類似的看法爲「呆看」〔註97〕，即沒能同情而靈活地看待朱熹，因爲朱熹著述中不乏討論太極與陰陽二氣不離者：「太極不是別爲一物，即陰陽而在陰陽，即五行而在五行，即萬物而在萬物，只是一個理而已。因其極致，故名曰太極。」〔註98〕太極與陰陽相即同在，本爲一物，自然不是「死人騎活馬」。然而，「呆看」朱熹太極陰陽論的學者層出不窮，至明末清初尤甚。不僅黃宗羲在《明儒學案》中支持了曹端的見解，船山的看法也大概相似，足見這種「誤解」影響至深。有意思的是，船山反而認爲朱熹是誤解者：

> 誤解《太極圖說》者，謂太極本未有陰陽，因動而始生陽，靜而始生陰。不知動靜所生之陰陽，乃固有之縕，爲寒暑、潤燥、男女之情質，其絪縕充滿在動靜之先。動靜者即此陰陽之動靜，動則陰變於陽，靜則陽凝於陰，一《震》、《巽》、《坎》、《離》、《艮》、《兌》之生於《乾》、《坤》也；非動而後有陽，靜而後有陰，本無二氣，緣動靜生，如老氏之說也。〔註99〕

所謂「誤解《太極圖》者」主要是指朱熹。船山認爲：「陰陽之本體，絪縕相得，合同而化，充塞於兩間，此所謂太極也。」〔註100〕陰陽乃太極「固有之縕」，是動靜的主體，而不是對太極動靜形態的表示，更不是由太極生成。二氣本爲實有，陰陽渾爲太極，反言之，太極是陰陽的交融。

這種批評反映出二者理氣論的差異。船山主張氣爲實在，理氣渾然而不離，故反對兩種太極陰陽論：一、無中生有的生成論。以太極爲無、陰陽爲有，無中生有，則萬有終將歸於無。二、陰陽僅爲描述太極動靜的不同稱謂，雖可以「理」的形式存在，但無氣之陰陽（「象外之理」〔註101〕）終究是空無。這二者都無法保證天理在人的核心內容——倫理綱常的恒久性。這是一個兩難問題：若只強調陰陽的獨立性，將失去統一性（明代曾有氣論者否定太極的存在）。若以太極爲最高本體，生成兩儀，則暗合了老子「一生二，二生三，

〔註97〕錢穆，《朱子新學案》第一冊，第 304 頁。
〔註98〕朱熹，《朱子語類》卷九十四，第 6 冊第 2371 頁。該條記錄者輔廣是朱熹晚年高徒，他的錄語曾經朱熹手訂。
〔註99〕《張子正蒙注》卷一，（12）第 24 頁。
〔註100〕《張子正蒙注》卷一，（12）第 24 頁。
〔註101〕《周易内傳》卷五上，（1）第 506 頁。

三生萬物」的路徑，且終將出現孤立的太極。船山嘗試著避開兩個陷坑，決定取一條中道，也是極道：

> 自一畫以至於三，自三以至於六，奇偶著陰陽之儀，皆即至足
> 渾淪之《乾》《坤》所篤降，有生起之義焉，非太極為父，兩儀為子
> 之謂也。陰陽，無始者也，太極非孤立於陰陽之上者也。〔註102〕

陰陽之太極有「生起」之意，但又不是時間上的、如父子關係一般的生成，所以陰陽「無始」。太極在陰陽之中，但又不是空間上的、如屋子中有人一般的內在，所以太極與陰陽「無間」可以用「不析不聚」表達。〔註103〕他所理解的太極是整個世界的「混淪」，是無所不在、陰陽異體而又和諧的氣。

當然，船山雖然批評宇宙生成論，但並不否定太極對於陰陽的統一，此點與朱熹以天理言太極沒有不同。

通觀本節，船山吸收《易》及理學的相關內容，形成了自己特有的太極陰陽論，以解決倫理問題為目的，以人而不是天為落腳點。他討論太極陰陽問題，有時依靠觀察與推理，有時通過感悟，所用方法並不統一。其著作主要是注疏體，在隨文見義中，常有遷就前人之處。這些原因造成了某些論述的不協調。但是，從整體上看，船山對張載的一物兩體論略有改造，並批判朱熹太極論中陰陽二氣的分離傾向，強調太極與陰陽二氣的相即不離，發展出一條儒家思想史上的新路。

第三節　王船山的《乾》《坤》並建論

船山思想的形成過程可能與邏輯論證的次序相反，接受《乾》《坤》並建論應當是陰陽異體說的直接成因。〔註104〕熊十力「船山《易》學主張《乾》《坤》並建，故陰陽異體」一語，以「故」字連接前後二者，絕非泛泛之見。

船山《張子正蒙注》有：「張子之學，無非《易》也，即無非《詩》之志，

〔註102〕《周易內傳》卷五下，(1) 第562頁。

〔註103〕船山認為：「太極之在兩間，无初无終而不可間也，无彼无此而不可破也，自大至細而象皆其象，自一至萬而數皆其數。……要此，太極者混淪皆備，不可析也，不可聚也。以其成天下之聚，不可析也；以其入天下之析，不可聚也。」見《周易外傳》卷五，(1) 第1016頁。

〔註104〕曾昭旭認為：從船山的體用邏輯來看，陰陽異體是「《乾》《坤》並建」的基礎，故「乾坤並建實從用處而非從體處說」，《王船山哲學研究》第341頁。

《書》之事，《禮》之節，《樂》之和，《春秋》之大法，《孟》之要歸也。」〔註105〕這些話無異於夫子自道。《易》學是船山著作中最重要的內容，成爲搭建思想框架的關鍵，在根本上與「《乾》《坤》並建」說有關。作爲儒家五經之首的《易》之經部本來不含有陰陽辭句，《論語》、《孟子》二書也無陰陽之說，以陰陽解《易》實始自戰國中期的道家和陰陽家。〔註106〕故《莊子·天下篇》說「《易》以道陰陽」。〔註107〕《易傳》中「一陰一陽之謂道」等思想都是在這種背景下形成的。陰陽對應的思想自此進入儒家思想的血統，並深刻影響了宋代理學的產生。周敦頤《太極圖說》有「分陰分陽，兩儀立焉」之說，是理學宇宙論的開端。〔註108〕程顥說：「天地萬物之理，無獨必有對。皆自然而然，非有安排也。」〔註109〕對理學的天理論影響深遠。〔註110〕船山以《易》（除《序卦》外）皆爲儒家聖人之訓，重在體會微言大義。南明隆武丙戌年（1646年，清順治3年），船山始有志於讀《易》，後半生的理解漸深，但解《易》宗旨始終不離《乾》《坤》並建論。

　　《乾》《坤》並建問題一直是船山《易》學的重要問題，除了上一節提及的成果外，曾春海、蕭漢明、陳明遠等學者在整體研究的基礎上展開討論。劉潤中、張學智等學者也有專文論及。〔註111〕吳龍川有《王船山〈乾〉〈坤〉並建理論研究》的博士論文，主要研究「船山如何以卦爻整理出一套模式，說明道德踐履所以可能的緣故」，重在《易》學中象數之理的闡發。〔註112〕既有研究已頗深入，然仍存在兩種缺憾：借《易》學以談本體論或宇宙論，而對船山解《易》規則缺少分析性疏解；注重從象數內分析船山《易》學，無法貫通其立論之根本。其實，船山自述宗旨頗爲明晰，《周易內傳發例》中有：

〔註105〕《張子正蒙注·序論》，（12）第12頁。

〔註106〕朱伯崑，《易學哲學史》第1冊，第38～40頁。

〔註107〕《莊子解》，（13）第464頁。

〔註108〕周敦頤，《周敦頤集》第4頁。

〔註109〕黃宗羲等，《宋元學案·明道學案》第1冊，第550頁。

〔註110〕張岱之《二程怎樣將經學改造爲理學？》一文，討論了理學初創期的《易》學問題。見《儒學·理學·實學·心學》第106頁。

〔註111〕劉潤中《論王夫之「〈乾〉〈坤〉並建」易學理論及其哲學意義》，刊於《北京大學學報》1988年第1期。張學智《王夫之「〈乾〉〈坤〉並建」的詮釋面向——以〈周易外傳〉爲中心》，刊於《復旦學報》2012年第4期。

〔註112〕見該文「論文摘要」。作者係「國立」臺灣師範大學國文研究所2005年畢業的博士研究生，指導教師岑溢成教授。

大略以《乾》《坤》並建爲宗，錯綜合一爲象，《象》《爻》一致、
四聖同揆爲釋，占學一理、得失吉凶一道爲義，占義不占利、勸誡
君子、不瀆告小人爲用，畏文、周、孔子之正訓、闢京房陳摶日者
黃冠之圖說爲防。〔註113〕

其中的五條規則可合併爲三條，若進一步疏解，則從「《乾》《坤》並建」的
解《易》總綱領可衍伸成兩條規則：「即占以示學」和「占義不占利」。〔註114〕
本節主要從義理而非象數方面分析「《乾》《坤》並建」的解《易》綱領，闡
述其主要內容，分析以此爲基礎的對異端《易》學的批判。

一、《乾》《坤》並建的內涵

　　雖然張載的「一物兩體」啓發了船山的陰陽異體而統一之說，二者關係
緊密，但張載此論主要是宇宙論問題，作爲《易》學原則的「《乾》《坤》並
建」論體現了較強的創造性。船山在解釋儒家經典的過程中，並非以立異爲
本心，而是堅信發揮了孔孟之道。〔註115〕他注意到「《周易》之書並建《乾》
《坤》以爲首」的排序，並考慮到《易傳》「《乾》《坤》其《易》之門」、以
《乾》《坤》分配天地的訓示，可見「易」乃「互相推移以摩蕩之謂」，〔註116〕
《乾》《坤》雙方並立，才具有「推移摩蕩」的可能性，才有眞正的《易》。
他認爲：

　　　　《周易》者，順太極之混淪，而擬其動靜之條理者也。故《乾》
　　　　《坤》並建而捷立，以爲大始，以爲成物。資於天者，皆其所統；
　　　　資於地者，皆其所行。〔註117〕

　　　　陰陽者，定體也，碻然隤然爲二物而不可易者也；而陽變陰合，
　　　　交相感已成天下之亹亹者，存乎相易之大用。……《易》在《乾》

〔註113〕《周易內傳發例》，（1）第683頁。
〔註114〕朱伯崑將船山的易學原則總結爲三條，即《乾》《坤》並建、占學一理和占義
　　　　不占利，且以第一條最爲重要（見《易學哲學史》第4冊第15～16頁）。可
　　　　見，三條原則之間存在內在關聯，第一條可以統攝後兩條。
〔註115〕陳來指出：「船山對於儒家傳統，對於儒家經典，對於孔孟程朱，都懷有眞實
　　　　的尊重，其傳承發揚孔孟之志，亦其眞心而發，……」見《正學與開新——
　　　　王船山的哲學精神》第52頁。陳來這番話一則以明瞭船山對於程朱理學的繼
　　　　承，一則以糾正認定船山有心立異的研究誤區。
〔註116〕《周易內傳》卷一上，（1）第41頁。
〔註117〕《周易外傳》卷七，（1）第1093頁。

《坤》既建之後，動以相易。若陰陽未有之先，無象無體，而何所
易耶？〔註118〕

陰陽二氣交感則生化萬物，《乾》《坤》則分別表示陰陽。分開來看，有五層
意思。首先，萬物之化生無時無刻不需要天地，離天地則無所謂萬物，或者
說「至誠無妄」的天地才是「化生之主宰」。天爲陽氣顯現，也涵陰氣。地則
陰氣凝聚，也有陽氣。通過直接的觀察不難發現，天地無時無刻不在一起，
絕不存在有天而無地、有地而無天之時。

其次，天地並非分別由純陽和純陰之氣構成，而是陰陽二氣相互「渾合」
而成，天乃一太極，地乃一太極，合之爲一更大之太極。只因世間再沒有比
天地更接近純粹者，故以天地象徵《乾》《坤》。實則天地之間並無單陰或單
陽構成之事物，陰陽無時無處不交融在一起。船山認爲：

> 古今之遙，兩間之大，一物之體性，一事之功能，無有陰而無
> 陽，無有陽而無陰，無有地而無天，無有天而無地，不應立一純陽
> 無陰之卦；而此以純陽爲《乾》者，蓋就陰陽合運之中，舉其陽之
> 盛大流行者言之也。〔註119〕

有天地才有世間萬物，就《易》而言，有《乾》《坤》二卦才有其它六十二卦。
每一陽爻的呈現，在暗處都有一陰爻與之相配，反之亦然。《乾》《坤》並建，
陰陽不離。

第三層意思是上一層意思的深入闡釋。船山認爲：「《周易》之書，乾坤
並建以爲首，《易》之體也；六十二卦錯綜乎三十四象而交列焉，《易》之用
也。」〔註120〕《乾》《坤》二卦爲《易》之體，六十二卦爲用。二卦與六十二
卦整體不離。他在解釋《繫辭》中的「闔戶謂之坤，闢戶謂之乾」時認爲：「《乾》
《坤》謂陰陽也。凡卦之陰爻皆《坤》順之體，陽爻皆《乾》健之體；散見
於六十二卦者，雖《乾》《坤》之象不全，而體固具也。」〔註121〕《張子正蒙
注・大易篇》中有更明確表達：

> 三才之道，氣也，質也，性也，其本則健順也。純乎陽而至健
> 立，純乎陰而至順立，《周易》並建乾坤於首，無有先後，天地一成

〔註118〕《周易內傳》卷一上，（1）第42頁。
〔註119〕《周易內傳》卷五上，（1）第43頁。
〔註120〕《周易內傳》卷一上，（1）第41頁。
〔註121〕《周易內傳》卷五下，（1）第559頁。

之象也。無有地而無天、有天而無地之時，則無有有《乾》而無《坤》、有《坤》而無《乾》之道，無有陰無陽、有陽無陰之氣，無有剛無柔、有柔無剛之質，無有仁無義、有義無仁之性，無陽多陰少、陰多陽少、實有而虛無、明有而陰無之理，……六十四卦，六陰六陽具足，屈伸幽明各以其時而已。〔註122〕

天、地、人之道可從氣、質、性三方面看待，但從根本上看只是《乾》、《坤》的「健順」之道而已。無事非陰陽，無物非陰陽，無處非陰陽。六十四卦乃萬物之象，故具足六陰六陽，每一爻的背後必有一相對爻，則事事物物都體現天地之道。「兩端一致」、「性情相需」、「始終相成」、「體用相函」等主張〔註123〕，源頭皆在「《乾》《坤》並建」之處。因此船山思想之根本到底是「兩端一致」還是「體用相函」的爭論〔註124〕，似乎並無多少意義。

第四層意思，《乾》《坤》並建代表了人所能獲得天地之理的極限。船山說：「《易》之象數，天地之法象也。《乾》《坤》統其全，卦爻盡其變，其體與天地合也。」〔註125〕然而，《乾》《坤》二卦象徵了人認識的天地，並非天地本身。（許冠三因此創「道之自身」說，見上節注釋。）《乾》《坤》之道畢竟只是人道，不能完全等同於天地之道。他說：

人以天之理爲理，而天非以人之理爲理者也。故曰相因、曰相成、曰相反，皆人之理也。《易》本天以治人，而不強天以從人。〔註126〕

《乾》《坤》者，在天地爲自然之德，而天之氣在人，氣暢而知通，氣餒而知亦無覺；地之理在人，耳目口體從心知，心知之所不至，耳目口體無所見功，皆此理也。〔註127〕

人有耳目口體和心知方能感受事物，而天地只是「自然之德」，並無意志。人只能以自己的方式去感受天地所具之理氣（即太極）。即使是作爲人之極致的聖人所闡發之《易》學能體現天道，但是其目的在於「治人」，而非「治天」。或者說，《易》能夠在人的層面上體現天道，並以天理自我治理，但不能勉強天遵從人。船山在此問題上極度謹慎，爲批評象數《易》做了理論鋪墊。這

〔註122〕《張子正蒙注》卷七，（12）第 276 頁。
〔註123〕分別見《老子衍》，（12）第 18 頁；《周易外傳》卷五，（1）1023 頁。
〔註124〕周芳敏，《王船山「體用相涵」思想之義蘊及其開展》第 3 頁。
〔註125〕《周易內傳》卷五上，（1）第 519 頁。
〔註126〕《周易外傳》卷七，（1）第 1096 頁。
〔註127〕《周易內傳》卷五上，（1）第 510 頁。

層意思在於強調天人之分。

第五層意思在於強調天人之分基礎上的天地人三才之和諧。船山認為《乾》《坤》並建之道蘊涵著在人之天道，以及天理規定的倫理綱常，故可推演至心性論、工夫論的範圍，他認為：

> 《易》統天道、人道，以著象而立教，而其為天人之統宗，唯《乾》《坤》則一也。〔註 128〕

> 夫《易》，天人之合用也。天成乎天，地成乎地，人成乎人，不相異者也。天之所以天，地之所以地，人之所以人，不相離者也。易之則无體，離之則无用。用此以為體，體此以為用。所以然者，徹乎天地與人，惟此而已矣。〔註 129〕

天、地、人之體不「易」，各保持其自身的穩定性，三才方有分別；天、地、人又變「易」，有運動才能起「用」。《易》能夠「合」天人之用，徹乎三才之體，是天人之至理的體現。陰陽相合，天人合一，則「用此以為體，體此以為用」，體即用，用即體，體用不二。「盡三才之撰以體太極之誠」（船山讚揚張載《易》學之語），《易》可謂大哉！太極之條理為理，人得之即能範圍天地。其中《乾》《坤》能夠比擬天地之理，學《易》即可修己治人，進而與天地合一。所以船山主張：「極天人之理，盡性命之蘊，而著之於庸言庸行之間，無所不用其極，聖人之學《易》也如此。」〔註 130〕

二、解《易》宗旨

以下分析船山《易》學原則的內在義理，及《易》學形成的主要資源。

（一）「即占以示學」

船山《周易內傳發例》簡要分析了《易》學史，認為：

> 程子之《傳》（《伊川易傳》），純乎義理，固《易》大用之所以行，然有通志成務之理，而無不疾而速、不行而至之神。張子略言之，象言不忘而神化不遺，其體潔靜精微之妙，以益廣周子《通書》之蘊，允矣至矣，惜乎其言約，而未嘗貫全《易》於一揆也。〔註 131〕

〔註 128〕《周易內傳》卷五上，（1）第 533 頁。
〔註 129〕《周易外傳》卷五，（1）第 983 頁。
〔註 130〕《周易內傳》卷六上，（1）第 599 頁。
〔註 131〕《周易內傳發例》，（1）第 653 頁。

程頤《伊川易傳》爲代表的義理派缺少占驗應有的「不疾而速、不行而至」的神妙；而以朱熹爲代表的象數派又「矯正而不嫌於枉」，助長了謀利爲目的占卜；張載談《易》雖然高妙，可惜過於簡略。因此，他想在象數和義理中取一條中道，並發揮張載的《易》學，強調「以占存學」（「學」即學習《易》理）。他說：

> 若夫《易》之爲道，即象以見理，即理之得失以定占之吉凶，即占以示學，切民用，合天性，統四聖於一貫，會以言、以動、以占、以製器於一原。〔註132〕

又有：

> 故占《易》學《易》，聖人之用《易》，二道並行，不可偏廢也。故曰，「居則觀其象而玩其辭」，學也；「動則觀其變而玩其占」，筮也。〔註133〕

占卜與義理本爲《易》學的兩條路徑。從《易》象中發現義理，並以義理的得失確定象占的吉凶，此爲「即占以示學」。「學」理而非知曉吉凶才是《易》學占卜的目的，學、占二者孰輕孰重不難判斷。當然，占問吉凶不是目的，但作爲工具卻是必不可少的。明確了占卜的工具性和學理的目的性，則「二道並行、不可偏廢」，這是對傳統《易》學的發展，也是對朱熹以來《易》學論爭的調和。

在占學並行的基礎上，船山又倡導「四用合一」，是前一原則的細化。《繫辭》中有：「《易》有聖人之道四焉：以言者尚其辭，以動者尚其變，以製器者尚其象，以占筮者尚其占。」他解釋道：

> 夫子闡《易》之大用以詔後世，皎如日星，而說《易》者或徒究其辭與變以汎論事功學術，而不詳筮者之占，固爲未達；又或專取象占，而謂《易》之爲書止以前知吉凶，又惡足以與聖人垂教之精意！占也，言也，動也，製器也，用四而道合於一也。道合於一，而必備四者之用以言《易》，則愚不敢對讓。〔註134〕

「以文見義」的義理《易》學，容易流於隨意性，不合《易》學的本義；「前知吉凶」的占驗《易》學，容易流於功利性，違背儒家倫理。其中，回歸《易》

〔註132〕《周易內傳發例》，（1）第652頁。
〔註133〕《周易內傳發例》，（1）第654。
〔註134〕《周易內傳》卷五下，（1）第557頁。

學的「本義」是朱熹的倡導，而發揮義理、維護綱常則是程頤的路徑。船山糅合二者，選擇張載作爲第三條道路，《易傳》的四用合一之道成爲言、動、製器和占卜的結合。

其中又有兩方面含義。首先，「即占以示學」意味著船山相信占筮所體現的「不疾而速、不行而至」的神妙。在四十年的學《易》生涯中，占卜自然必不可少，他曾爲南明王朝的命運數次占卜。〔註135〕當然，相信《易》占，也和他的天道論有關。船山將天道區分爲在天之天道和在人之天道，即天理和人道，天道（或天理）是變動不居的，非人能掌握，而人道則恒常不變。占卜是聖人爲測知天道而做出的符合天之神妙的創造。《易》占有詳密的過程，每步都有象徵意義，皆可因與天通。〔註136〕占卜是補充存養省察和格物致知等道學基本工夫的一條途徑。〔註137〕可見，占卜本身對於船山思想和生命具有將重要的啓示作用。

其次，「即占以示學」則需要肯定象數的作用，船山認爲：

> 引陰陽之靈爽以前民用者，莫不以象數爲其大司。夫象數者，天理也，與道爲體，道之成而可見者也。道非無定則以爲物依，非有成心以爲期於物。予物有則，象數非因其適然；授物無心，象數亦非有其必然矣。適然者尊鬼，必然者任運。則知有吉凶，而人不能與謀於得失。〔註138〕

他對象數的態度看似模棱兩可，恰恰表現了他的謹愼。他不能否認象數的有效性，因爲這是儒家傳統經典的內容之一，但他又要保持人的能動性，故必

〔註135〕據《章靈賦》，見《薑齋文集》卷八，（15）第183頁。

〔註136〕王新春在討論朱熹的解《易》時，分析其占卜過程說：「（朱熹）四營之前的操作，接通的是太極之理與天地尚未分化的渾然一氣；四營所接通的，則是人置身於其中的、以天地爲造化之本的、處於往復循環的、春生夏長秋收冬藏過程之中的大千世界。」見《朱熹的〈周易〉觀》，刊於《哲學研究》2011年第10期。船山雖對朱熹《易》學多所批駁，但對《繫辭》占卜程序的認識則無不同。

〔註137〕陳來認爲廣義的道學工夫分爲兩種：存養和學問，並未將《易》學之占卜考慮在內。（見《詮釋與重建——王船山的哲學精神》第42頁。）首先，占卜是《周易》本有的知道方式，具有工具性，學者需要學習經典才能掌握，故有學而致知的內容。其次，占卜而學得義理之後，需要通過靜時存養、動時省察的工夫，才算眞正完成占卜。因此，占卜在船山處是存養與學問交融相濟的工夫。

〔註138〕《周易外傳》卷五，第998頁。

須限制象數的有效範圍。他認爲象數屬於天理，並「與道爲體」。此處的「道」是指天道，有兩層含義：一、天道可以化成萬物，爲「物之依」。天道生息不止，本無定則，然據其所生之物則能發現其「非無定則」，而是「予物有則」，故象數並不因任萬物自然，而是有所指引與方向。二、天道「非有成心」，而是「授物無心」，區別於人格化的鬼神，人無法賄求天道，故不能因象數固定之理而授之己意。天道有定則，但無成心。有定則，故有象數與之相應；無成心，故不因人之私求而改易。象數無助於一己之私，卻能有助於天下蒼生的事業，若善用之則能造就「富有之大業」。爲天下之事是義，而爲一己之事乃私利，二者不可混同。其中暗涵了下一條原則——「占義不占利」。

（二）「占義不占利」

占筮的技術性特點，在倫理的世界中是中性的。船山要強調《周易》的教化方面，就要有所傾向，突破中性、限制占筮的技術性，給占筮這批野馬套上倫理的馬轡。他以「占義不占利、勸誡君子、不瀆告小人」詮釋張載的解《易》原則。〔註139〕張載認爲《易》占需要用「君子之義」作爲衡量的標準，只能爲君子的謀劃服務，而不能用於小人之事。此原則直接爲船山接受，化爲「占義不占利」的原則。當然，這種解《易》傾向是中國古代《易》學的基本傳統之一，春秋時期惠伯有占驗以「忠信之事」的議論，《易傳》則有「崇德廣業」之說。〔註140〕張載繼承了這個傳統，並重新闡釋。

船山做了與張載類似的工作，他說：「《易》爲君子謀，不爲小人謀。君子之謀於《易》，非欲知吉凶而已，所以知憂、知懼，而知所擇執也。」又有：「（《易》）指示占者使崇德而廣業，非但告以吉凶。」〔註141〕占卜自然要知道吉凶，但預知吉凶只是階段性的目的，而非終極目的。他將預知吉凶和修養工夫中的「知憂、知懼」相結合，進而關涉到其它倫理要求。其次，「崇德」

〔註139〕張載《正蒙·大易篇》中有：「《易》爲君子謀，不爲小人謀，故撰德於卦，雖爻有小大，及繫辭其爻，必論之以君子之義。」《張載集》第48頁。

〔註140〕翁元圻在注解《困學紀聞》時曾作考訂：「《左傳》僖二十年：南蒯之將叛也，筮之，遇《坤》之《比》，曰『黃裳元吉』。以爲大吉也，示子服惠伯曰：『欲有事，何如？』惠伯曰：『吾嘗學此矣。忠信之事則可，不然必敗。』即張子『不爲小人謀』之意。」見王應麟著，翁元圻等注，《困學紀聞》上冊，第24頁。惠伯之說亦有所受，則此傳統當更早，「《易》爲君子謀」的取向是中國《易》學的基本傳統之一。

〔註141〕《張子正蒙注》卷七，（12）第308頁。

和「廣業」本是並列關係，船山在二者之間加上一「而」字，使前者變成了後者的條件，並將這種倫理傾向解爲聖人作《易》的本意：「聖人作《易》，君子占焉，所以善用其陰陽於盡人事、贊化育之中，而非有一定之吉凶人不得而與也。」〔註142〕其實，這種作法爲宋明儒者慣用。朱熹以「周易本義」命名自己的書，陽明也有《大學》「古本」之說，都是傳統主義的表現。船山認爲「盡人事、贊化育」體現了天道之陰陽變化，由天主導，非人能夠改變。學者只要踐行君子之道，或吉或凶又有什麼重要的呢？那只是天命罷了！

最後，船山的一生也在踐行著他的思想，本文第一章已經論述了他體道的起點，分析了《觀》卦的重要性。《詩廣傳》有一段相似的文字：

> 《觀》之《彖》曰：「盥而不薦，有孚顒若。」陰長之世，佞倡
> 忠，淫蠹貞，君子孤行而無權，不能愛人，自愛而已矣；不能治人，
> 自治而已矣。故曰「有孚顒若」，勿自褻以全己也。〔註143〕

船山隱居之後，過著「孤行而無權」的生活，只能通過「自治」、「自愛」而達到「愛人」、「治人」，這是「崇德而廣業」，也是他親身踐履著的「君子謀」。他前半生歷經了亂世的險阻，後半生感受了孤隱的困苦，但依然眞誠而熱切地讚揚《易》道：「大哉，《易》之爲道！天地不能違之以成化，而況於人乎！」〔註144〕此非深有所得者不能言！

三、駁「異端」《易》學

船山以維護儒家正統爲己任，《易》學又是他鍾愛的學問，故著述中維護《易》學純正性的內容非常多。他的論敵主要有兩種：一、以王弼爲代表的玄學化《易》學；二、以京房、邵雍、朱熹爲代表的象數《易》學。

（一）對玄學化《易》學的批評

《周易》爲儒家五經之首，但作爲其義理核心的《易傳》則吸收了先秦時期的道家思想。二者之間有著難分難解的天然聯繫。王弼引老莊注解《周易》，繼續發揚了《易傳》的傳統，並影響了程頤。船山對於王弼的批評，一則暗含著對程頤的糾正，一則指涉當時的陽明心學。

〔註142〕《周易內傳》卷六上，（1）第612頁。標點有改動。原文爲「而非有一定之吉凶，人不得而與也」，中間斷開有礙文意，不妥。
〔註143〕《詩廣傳》卷一，（3）第330頁。
〔註144〕《周易內傳》卷一上，（1）第42頁。

船山認爲：「蓋王弼者，莊之支子，而假《易》以文之者也。」〔註145〕
這個評價基本符合王弼思想的實際。但他的根本用意並非爲了攻擊王弼，（他
甚至充分肯定了王弼解《易》的貢獻。）而是爲了批評對當時學界依然有影
響的類似的佛道化的《易》理（陽明心學）。

　　然而，道、佛思想和《易傳》中的文字往往一致，船山在解《易》過程
中也認識到這一點〔註146〕例如關於「易簡」之說，《繫辭》中有「易則易知，
簡則易從」、「易簡而天下之理得」等，老子也講「簡」：

　　　　聖人之論《易》也曰「易簡」，而苟且之小儒與佛老之徒亦曰「易
　　簡」，因依託於《易》以文其謬陋。乃《易》之言「易簡」者，言純
　　《乾》純《坤》不息無疆之知能也，至健而無或不健，至順而無或
　　不順也。小儒惰於敏求而樂於自用，以驕語無事多求，而道可逸獲；
　　異端則揮斥萬物，滅裂造化，偶有一隙之淨光，侈爲函蓋《乾》《坤》
　　之妙悟，而謂人倫物理之繁難，爲塵垢糠秕、人法未空之障礙、天
　　地之大用且毀，而人且同於禽獸，正與「知大始」、「作成物」之理
　　背馳。善學《易》者，於健順求至其極，則自「易」自「簡」，慎勿
　　輕言「易簡」也。〔註147〕

《易傳》中的「易簡」實則包括天地之道與人用兩個方面，但船山認爲「易
簡」主要表達《乾》《坤》所示的天地健順之德，而非人用之「易簡」。其中，
「小儒」指心學學者，「異端」指禪宗。心學通過「無事多求」的頓悟方式獲
知聖道，與禪宗無異，都不是眞正的「易簡」。

（二）對象數《易》學的批評

　　從表面上看，船山對於象數《易》學的批評泛及京房、邵雍、朱熹三家，
實則主要針對在當時影響最大的朱熹《易》學。之所以涉及三人，是因爲京
房象數學正面影響了邵，邵又影響了朱。在船山之前，王廷相已經開始反思
宋代理學的解《易》方式，他主張以理解《易》，否定象數《易》學，將矛頭
直指朱熹：

　　　　《易》卦不言數，惟《大傳》有「大衍之數五十」之說，蓋以
　　著求卦之數也。……夫《易》乃人爲，曆由天度；天運有常，《易》

〔註145〕《周易外傳》卷六，（1）第1040頁。
〔註146〕《周易外傳》卷六，（1）第1041頁。
〔註147〕《周易內傳》卷五上，（1）第513頁。

道變易。以天就人，是謂顛越；以常就變，安能符契？得卦由數，吉凶在卦不在數，又況吉凶之本之人事乎？得天由數，離合在天而不在數，又況離合出於數外乎？是數也，求天之死法具耳。學者不探其原，棄理以從數，執數以明義，於事無實，於道有乖，殊失聖人之旨。〔註148〕

廷相區分了天道和人道，天行有常，但人道在變。《易》屬於人道，《易》中之數只是蓍草數，與天道無關。象數之法只是「求天之死法具」，只有《易》的源頭──理才是活的。船山也主張區分天道與人道，但認爲人道是在人之天道，天與別中有通，否則完全割裂天人，就無所謂天人合一，《易》就失去價值。另外，廷相首先批評邵雍《易》學爲異端打開方便之門，進而批評朱熹。他認爲占卜都不足信，任何形式的占筮、星命、讖緯等都只是以謀利爲目的，相信占卜就意味著混入俗流。〔註149〕但是，《易》中不乏談論象數的內容，完全否認象數的作法很難成立。這點在船山處得以糾正。總之，二者都反對單純的占卜，但廷相對占卜的否定更徹底；二者都否定了《先天圖》的正統性，但船山對先天說的否定更徹底。〔註150〕這種傾向一直延續到清代《易》學之中。〔註151〕

　　廷相與船山在《易》學上的相似性，使思想史的脈絡更爲清晰。〔註152〕

〔註148〕王廷相，《雅述・上篇》，《王廷相集》第 3 冊，第 833 頁。

〔註149〕廷相批評朱熹道：「朱子稱張南軒（栻）不惑於陰陽、卜筮，奉其親而葬，苟有地焉，無適而不可也，天下之決者何以過之？及先生自處，則陰陽、卜筮、風水、星命無不信焉，豈賢者之見亦有未能拔乎流俗者耶？亦各有攸見耶？吾于欽夫（張栻）則敬服矣。」（見《雅述・下篇》，《王廷相集》第 3 冊，第 861 頁。）又有：「惑氣運者因之以盜國，信讖緯者因之以行刑，泥風水者棄親以謀利，尚術數星命者憑虛妄想而棄人事之實。嗟乎！天下何其囂囂也！爲之儒者方且靡然從之，恬不爲怪，不直身行之，又附會其說以訓經著論，俾後之學者少而習之，長而行之，老而安之，不知無理而爲邪，豈不大可哀邪！」（見《王氏家藏集》卷二十八，《王廷相集》第 2 冊，第 509 頁。）

〔註150〕其實，廷相不僅不反對先天說，而且主張先天說，只是與邵雍、朱熹有所不同：「天者，太極已形也，形則象數具而八卦章矣。先於天者，太虛之氣爾，無形也，無象與數也，故曰太極。」（見《雅述・上篇》，《王廷相集》第 3 冊，第 845 頁。）他的先天說是以道體、元氣論爲基礎，先天只是太虛之元氣，並無象數可言。

〔註151〕焦循總結說：「『納甲』、『卦氣』，皆《易》之外道，趙宋儒者，闢卦氣而用『先天』，近人知先天之非矣，而復理『納甲』、『卦氣』之說，不亦唯之與阿哉？」見《易圖略》卷八，《雕菰樓易學》第 671 頁。

〔註152〕船山與廷相同爲重氣的思想家，似應有前對後的直接影響，但實際上船山並

他的思想潛移默化地融入了學界，對明朝末年產生影響。船山認爲朱熹等以「《易》本卜筮之書」的作法爲功利性占卜術留下了餘地，邵、朱二人的宇宙生成論又與老莊思想撇不清干係，故他批評象數《易》學實際上主要針對融爲一體的功利性占卜與生成論宇宙觀。

　　船山注重解《易》的靈活性，故借用《繫辭》之「《易》不可以爲典要」概括自己的觀點，這是「占學並行」原則的衍化。他要在占卜與義理之間尋求一條中道，不輕易借就其它的、尤其是象數上的「典要」，而是充分重視現實的複雜性，試圖探索一條《易》學占卜與現實事理的融通之道。所以他認爲：「《易》之爲道本如是，以體天化，以盡物理，以日生而富有，故占者、學者不可執一凝滯之法，如後世京房、邵子之說，以爲典要。」〔註153〕數是死板的，理是靈活的。這是他反對象數《易》學、否定《序卦》的主要依據。象數雖然必不可少，但不能只依靠象數，即：「《易》具其理而神存乎其中，必知神之所爲，顯於象數而非徒象數，然後能學《易》而盡四者之用。」〔註154〕象數派易學家依靠簡單的比附解釋世界，而忽視世界的複雜性。清通之「神」的不測性給人與天之間劃清了界限。人若能夠依靠象數完全測知天，就等於抹煞了天人之間的界限。人當安於本分，而不應該爲私欲支配去褻瀆不測之神。占卜之所以靈驗，必然有人不能理解的內容，人只能選擇相信《周易》中的占筮，通過觀察「不測而神」的陰陽聚散之理來加強自己的修爲。

　　船山認爲如果占者試圖通過象數把握這個活生生的世界，最終只能流於機械與瑣碎。《易》並非爲了測知天意：「蓋象成而後義見，此方在經營成象之初，未嘗先立一義以命爻。《易》之所以以天治人，而非以人測天也。」〔註155〕象數《易》學的命門就在於試圖「以人測天」。

　　其次，朱熹建立在天理論或太極論基礎上的宇宙生成論，是其《易》學象數論的哲學基礎。船山批評朱熹的太極論，則必然反對其《易》學中的「加一倍法」。此法創於邵雍，《周易本義》全盤接受，用以解釋陰陽二爻到六十四卦的過程。邵雍在《觀物外篇》表達其義：

未論及廷相的思想。頗出人意料。這可能是因爲廷相主張性善惡混之說，且論氣冗沓之故。錢穆認爲廷相「於氣上又加一元氣」，無異於「架床疊屋」。見《朱子新學案》第1冊，第274頁。

〔註153〕《周易內傳》卷六上，（1）第605～606頁。
〔註154〕《張子正蒙注》卷七，（12）第280頁。
〔註155〕《周易內傳》卷六上，（1）第576頁。

陰陽生而分兩儀，二儀交而生四象，四象交而生八卦，八卦交而生萬物。故二儀生天地之類，四象定天地之體；四象生日月之類，八卦定日月之體；八卦生萬物之類，重卦定萬物之體。類者，生之序也；體者，象之交也。推類者必本乎生，觀體者必由乎象。生則未來而逆推，象則既成而順觀。是故日月一類也，同出而異處也，異處而同象也。推此以往，物焉逃哉！〔註156〕

程顥將這種方法稱爲「加一倍法」。〔註157〕其中包含有「類」和「體」等內容，絕非簡單的加倍所能涵蓋，在邵雍的生化《易》學又有「生」與「化」的意思，具有生成論和本體論雙層含義。這對後世《易》學影響巨大。〔註158〕船山認爲：

吉凶悔吝，辭之所著也。爻動，則時位與事相值，而四者之占應之。此以申明「動在其中」之意，而言發動之爻，爲所動之得失。

昧者不察，乃謂因動而生四者，吉一而凶三，欲人之一於靜以遠害，此《老》《莊》之餘藩，毀健順而戕生理，而賊名教者也。〔註159〕

船山將朱熹象數解《易》義的作法加以引申，歸結爲道家以退爲進等方法，進而加以批評。

再次，船山批評朱熹的「四聖四《易》」說。朱熹爲了展現《周易》一書的「本義」，在一定程度上做了歷史的考訂。他認爲伏羲、文王、孔子各有各自的《易》，孔子《十翼》的內容和文王的《周易》並無內在一致性〔註160〕。這種觀點的實際效果已經開始剝去聖典一致的外衣（雖非朱熹本意），在《周易》研究的發展史中具有革命性的意義。船山也認爲《序卦》並非聖人所作，但他依靠的主要是義理的推斷。他將《周易》作爲聖典研讀，重在闡釋其中的微言大義，若其內在義理缺乏一致性，如何體現聖人之道！因爲「《周易》

〔註156〕邵雍，《觀物外篇》中之上，《邵雍集》第113頁。

〔註157〕程顥、程頤，《河南程氏外書》卷十二，《二程集》上冊，第428頁。

〔註158〕朱熹認爲：「一每生二，自然之理也。易者陰陽之變，太極者其理也。兩儀者，始爲一畫以分陰陽；四象者，次爲二畫以分太少；八卦者，次三畫而三才之象始備。此數者，實聖人作《易》自然之次第，有不假絲毫智力而成者。」（見《周易本義·繫辭》，《朱子全書》第一冊，第133～134頁。）

〔註159〕《周易內傳》卷六上，（1）第577頁。

〔註160〕朱熹認爲：「有天地自然之《易》，有伏羲之《易》，有文王、周公之《易》，有孔子之《易》。自伏羲以上皆無文字，只有圖畫，最宜深玩，可見作《易》本原精微之意。文王以下方有文字，即今之《周易》。然讀者亦宜各就本文消息，不可便以孔子之說爲文王之說也。」見《周易本義》，《朱子全書》第一冊，第28頁。

者混成者也」。〔註161〕

　　另外，與象數解《易》較爲緊密的還有術數解《易》，在《易》學史上數量很大。其中不乏與傳統科學相結合的情況，但往往會流於僵化機械。船山一併反對〔註162〕，一定程度上反映了其思想的廣闊與細密。但如果認爲這些論述的基礎在於對客觀世界的觀察，已經完全不同於傳統的道學思維〔註163〕，則難免會忽視船山《易》學對宋代理學繼承性的一面。因爲他一方面反對術數、象數，另一方面卻相信《易》數與《河圖》之間的關係：

　　　　五十有五，《河圖》垂象之數也。陽曰天，陰曰地。奇數，陽也；偶數，陰也。天無心而成化，非有所吝留、有所豐予，斟酌而量用之，乃屈伸時行而變化見，則成乎象而因以得數，有如此者。陰陽之絪縕，時有聚散，故其象不一，而數之可數者以殊焉。以陰陽之本體而言之，一、二而已矣。專而直者，可命爲一；翕而闢者，可命爲二。〔註164〕

這並不難理解，因爲《河圖》的說法源於《易》和《論語》等的經典。他認爲天地造化之中有規律可循，並將陰陽的屬性歸納爲「翕而闢」和「專而直」，以配合一、二兩個數字，進而展開《易》中之數，這與象數並無根本不同。

　　通觀本節，船山在太極陰陽論的基礎上，衍伸出「《乾》《坤》並建」的解《易》總綱，進而分解出「即占以示學」、「占義不占利」等重要規則，整體勾畫出其解《易》的基本體系。他的《易》學以儒家信仰爲基礎，吸收並糅合了張載、程頤、朱熹等道學大家的有益思想。他對象數《易》和玄學《易》的批評是儒學內部的論戰，以維護《易》學純正性爲目的，而非以《周易》之本義爲標準，這充分體現了他作爲思想家而不僅僅是學問家的特色。

〔註161〕《周易外傳》卷七，（1）第1110頁。

〔註162〕例如，《尚書・洪範》中有五行之說，常用來與四時比附，船山批評道：「《洪範》者，大法也，人事也，非天道也，故謂之『疇』。『行』，用也，謂民生所必用之資，水、火、木、金、土，缺一而民用不行也。故《尚書》或又加以穀而爲六府。若以天化言，則金者，砂也、礦也，皆土也。人汰之煉之而始成金，亦泥之可陶而爲瓦、石之可煆而爲灰類耳，土生之，人成之，何能與木、水、火、土相匹也？」（見《周易內傳》卷五下，《船山全書》第1冊第546～547頁。）船山認爲五行並非「天行」，只是人道。而四時則是天道，天道如何能夠與五行相互比附！

〔註163〕這種傾向曾在中國內地的船山研究中占主流，至今影響未完全消退。

〔註164〕《周易內傳》卷五上，（1）第544～545頁。

第四節　王船山的理道論

　　船山對道與理的論述既延續了宋明理學的問題，又表現出自己的特點。在理學中，道、理表義有相同之處，皆可表達世界的內在規定性，故宋代道學又稱爲理學。二者的區別也較爲明顯，理氣與道器是思想家慣用的相對概念，雖皆可表示體用關係，但多不可混同使用。〔註165〕「理氣」多用以分析不可直接聞見的多變的陰陽二氣與渾淪本體之間的關係，而「道器」則多用以分析可聞可見的成形的萬事萬物與其中蘊涵之本體的關係。道和理存在齟齬不合的狀況。這能看出氣、器等所依據的經典內涵不同，也能看出思想家對本體問題的關注頗多，論述頗繁。船山以陰陽論支配並貫通道、理論，通過天人有別、變定不同的思路區分道理二者。這是他陰陽妙和、天人相分等重要思想的具體體現，反映了明代理學「牛毛繭絲，無不辨晰」〔註166〕的發展水平。

　　然而，既有研究焦點很少在此，而多集中在氣對理、器對道的決定作用〔註167〕，或者前後之間具備的體用相函、相即不離的關係〔註168〕，或者以船山論道理之別附會康德哲學的類似思想〔註169〕，多忽視了船山論述道、理差別的內容。

一、理道有別

　　船山認爲：「理者，天之所必然者也。」「理者，合萬化於一源，即其固然而研窮以求其至極，則理明。」〔註170〕天理具有必然性和統一性。理氣關係可由陰陽太極論推知，陰陽不離，有陰陽則必有太極，無陰陽則無太極；太極本爲理氣渾然之體，則理氣相即不離。故船山常「理氣」並稱，以強調理只是氣之理，氣具理，理治氣：「虛靈之宰具夫眾理，而理者原以理夫氣者也，（理治夫氣，爲氣之條理。）則理以治氣，而固託乎氣以有其理。是故捨

〔註165〕蒙培元指出：「『道器』也是理學的重要範疇。它同理氣有密切聯繫，在很多情況下屬於同一層次，但又不能完全等同。由於它們在理氣關係中，處於不同的地位，因而具有不同意義。不同的哲學家通過對道的不同解釋，表明了不同的哲學特點。」見《理學範疇系統》第34頁。

〔註166〕黃宗羲，《明儒學案・發凡》，該書上冊第14頁。

〔註167〕以船山爲唯物論、氣本論者多持此見解。

〔註168〕例如勞思光的《新編中國哲學史》、陳啓文的博士論文等。

〔註169〕許冠三曾提及此問題，見前引文。

〔註170〕分別見《張子正蒙注》卷二、卷四，（12）第87、172頁。

氣以言理，而不得理。」〔註171〕所謂「虛靈之宰」即是心，人以心中之理治氣。理氣不離，若不就外部事物討論事理，則心中之理難以體現。故氣爲理的依託：「氣者，理之依也。氣盛則理達。天積其健勝之氣，故秩序條理，精密變化而日新。」〔註172〕船山論道與論理略有不同，重在突出道與人的關係：「『道』謂化育運行之大用。自其爲人物所必由者，則謂之道。自其妙萬物而不主故常者，則謂之神。全肖其體，故曲盡其用。」〔註173〕道爲人物之所由，而理則爲「天之所必然」。他多處論及道、理之別，但最爲明晰的話在《讀四書大全說・孟子》中：

> 言理勢者，猶言理之勢也，猶凡言理氣者，謂理之氣也。理本非一成可執之物，不可得而見；氣之條緒節文，乃理之可見者也。故其始之有理，即於氣上見理。迨已得理，則自然成勢，又只在勢之必然出見理。雙峰（饒魯）錯處，在看理作一物事，有轍迹，與「道」字同解。道雖廣大，然尚可見，尚可守，未嘗無一成之例。故云「天下有道」，不可云「天下有理」，則天下無道非理，明矣。道者，一定之理也。於「理」上加「一定」二字方是道。乃須云「一定之理」，則是理有者而不盡於一定。氣不定，則理亦無定也。理是隨在分派位置得底。道則不然，現成之路，唯人率循而已。故弱小者可反無道之理而爲有道之理，而當其未足有爲，則逆之而亡也。

〔註174〕

此議論因解決理勢關係問題而發。首先，天理本與陰陽二氣渾然一體，具有事物的條理之義，即船山所謂「氣之條緒節文」。人能夠因事物之「例」而見理，但天理涵蘊無限廣大，具有化育萬事萬物之功，時時刻刻生生變化，整體上自「非一成可執之物」，故人「不可得而見」（即便是神妙的聖人也不例外〔註175〕）。船山論道則不一樣，認爲道有天道、人道之分，通常所謂的道皆是人道，而非天道。〔註176〕道乃「一定之理」，有一定之例，故人能夠依靠自

〔註171〕《讀四書大全說》卷八，（6）第925頁。
〔註172〕《思問錄・內篇》，（12）第419頁。
〔註173〕《周易內傳》卷五上，（1）第519頁。
〔註174〕《讀四書大全說》卷九，（6）第994頁。此段文字原被分爲三段，似乎過於細碎。
〔註175〕這是船山聖人觀的通常內容，存在特殊情況。
〔註176〕船山認爲：「道一也，在天則爲天道，在人則有人道。人之所謂道，人道也。」則他通常所說的道只是人道，而不是天道；即使他說天道，也多是指在人之

身之能力去認識並遵從它，是既「可見」又「可守」的。顯然，理與道的差別關鍵在於「不定」與「一定」，在於是否具有人能執持之例。理主要從天地蒼茫無限、造化萬能的角度說，而道則主要從人能有限的角度說，這充分反映了船山對天人之分的重視。

其次，道之根本在理之中。故有：「耳目口體之攻取，仁義禮智之存發，皆自然之理，天以厚人之生而立人之道者也。」〔註177〕但是，自然之理中也包涵「順而不逆」之勢，又進一步包括純粹因暴亂之力而產生者，往往與道德之力相對。若人在此時趨炎附勢，雖合於勢之理，但不合於人道。簡而言之，道皆是理之道，但理並非道之理。孔子說「天下有道」而不說「天下有理」，是因爲天下大治是由道而非由理。船山在此將倫理道德作爲本位立場，區分出「有道之理」，斥責不合乎恒常人道的暴亂行爲。他相信即使暴亂之力能夠改變時勢，能夠合乎「非道之理」，但因爲不合乎「人道之理」，也不值得推揚。

船山批評雙峰混同道、理，僭越了天人之分界。饒魯是朱熹高徒黃幹的弟子，也是南宋末年朱學的重要人物，再傳有元代吳澄（草廬）。有學者認爲吳澄「和會朱陸」的傾向自饒魯已經開始，〔註178〕實則饒魯仍是朱學，只是「不盡同於朱子」。〔註179〕也有學者不同意吳澄和會朱陸之說，認爲「晦翁之後，終是草廬」，強調吳澄之學乃朱學自然發展而成。〔註180〕但這些爭論都未否定饒魯屬於朱學。船山以饒魯爲朱學嫡傳，矛頭也指向朱熹。《中庸》中有：「誠者，天之道也；誠之者，人之道也。」其中包含著天人之分的思想，朱熹認爲：「誠者，眞實無妄之謂，天理之本然也。誠之者，未能眞實無妄之謂，人事之當然也。」這應該是注重天人之分了，但他接著又說：「聖人之德，渾然天理，眞實無妄，不待思勉而從容中道，則亦天之道也。」〔註181〕朱熹意在突出無思勉極致之功則無聖人之德，但人德能夠「渾然天理」的思想，則

天道。見《張子正蒙注》卷九，（12）第369頁。

〔註177〕《張子正蒙注》卷三，（12）第137頁。

〔註178〕侯外廬等主編《宋明理學史》認爲：「他（草廬）的理學思想是在『和會朱陸』中形成的，其所謂『發見』良知，所謂『知行兼該』等等，又多少透露出明代王學的消息。」見該書上冊第748頁。

〔註179〕全祖望語，見黃宗羲等《宋元學案》卷八十三，該書第4冊第2812頁。

〔註180〕陳來《元明理學的「去實體化」轉向及其理論後果》，見《詮釋與重建——王船山的哲學精神》附錄，第481頁。

〔註181〕朱熹，《四書章句集注·中庸章句》，第31頁。

開啓了饒魯的混同道、理之說。

　　船山的批評從氣論入手，而朱熹重視天理，二者對理、氣的孰爲輕重的認識有差異，但對天理本然的認識並無二致。只是船山拒絕渾淪地看待天理，並主張將天理進一步細化。當然，無論他對道、理的區分如何細緻，依然是以實現天人之間的和諧關係爲目的，即天人之分以天人相通爲目的。他爲了說明天人和諧的終極可能性，突出道、理之間的相通之處，《張子正蒙注》中有：「至誠，體太虛至和之實理，與絪縕未分之道通一不二，是得天之所以爲天也。」〔註182〕等同道理的論述在其整體著作中佔少數。他相信現實中的人事因不合乎天理，故不能眞實無妄；聖人之事合乎在人之天理，故眞實無妄。從現實人事到聖人之事，需要一個以個人修養爲基礎的發展過程。這是一個復歸的過程，無論是船山，還是理學家，並無不同。

　　總之，船山的道、理之分主要體現爲天人之分，可總結爲「變在天地而常在人」一語〔註183〕，即理在天地而道在人。這種區分是其思想的特色之一。〔註184〕當然，其道、理之別是以天理包裹著人道的相分，而並非完全相分，甚至其最終目的也爲了實現聖人境界的天人和諧，這與張載、朱熹等人的理學並無不同。〔註185〕。

二、理一分殊

　　船山「理一分殊」論的基礎，是理氣渾一即爲太極的思想。從理學史來看，程頤首先以「理一分殊」辨明張載《西銘》中的內涵。此後的理學家多沿用「理一分殊」討論體用、本末、一多等關係，使之成爲理學史的重要命題。此論受華嚴宗「力用相收」的影響，〔註186〕這基本是宋代理學研究中的

〔註182〕　《張子正蒙注》卷一，（12）第34頁。
〔註183〕　《周易外傳》卷六，（1）第1059頁。
〔註184〕　如在解《易》過程中，一般以《乾》卦指天，但船山強調二者的區別，實則延續了理道或天人之分，《張子正蒙注・大易篇》中有：「卦言《乾》而不言天，天無爲而運行有序，聖有功而成章始達，不得以天之渾成言《乾》，《乾》爲天而卦非徒言天也。」見（12）第293頁。
〔註185〕　船山對朱熹高徒陳淳在性、命諸方面的言論批駁頗多，但在討論天道、人道之分時，尤其服膺陳淳。（見《讀四書大全說》之「讀中庸說」）足見船山對於朱學分條縷析的修正態度。
〔註186〕　法藏《華嚴金獅子章》「論五教」有：「即此情盡體露之法，混成一塊，繁興大用，起必全眞；萬象紛然，參而不雜。一切即一，皆同無性；一即一切，因果歷然。力用相收，卷舒自在，名一乘圓教。」見方立天校釋《華嚴金獅

公論。〔註187〕船山論「理一分殊」直承太極陰陽論而來，注重修養工夫論的解釋取向，具有較爲鮮明的特色。

　　船山論「理一分殊」是爲了說明體用關係問題，明顯受宋明理學影響，但他突出以本貫末的「末」的重要性，又與宋明諸儒不同。〔註188〕《讀四書大全說》中有：

　　　　夫在天則同，而在命則異，故曰「理一而分殊」。「分」云者，理之分也。迨其分殊，而理豈復一哉！夫不復一，則成乎殊矣。其同者知覺運動之生，而異以性；其同者絪縕化醇之氣，而異以理。乃生成性，而性亦主生，則性不同則生亦異；理別氣，而氣必有理，則理既殊而氣亦不同。〔註189〕

他在涉及心性、修養等問題時尤其重視「分殊」，意在突顯人道的重要性。此處的論述雖然從天地神化萬物開始，卻以人性問題結束，突顯了人的重要地位。他又認爲：「神者，化之理，同歸一致之大原也；化者，神之迹，殊途百慮之變動也。致用崇德，而殫思慮以得貞一之理，行乎不可知之途而應以順，則『窮神』。」〔註190〕天下萬物都是造化所爲，世間各色事物隨天運變化而變化。他以神爲理一，以化爲分殊，神化之道「理一分殊」。他的理一分殊論也主要體現在倫理問題上：

　　　　道之大原惟天，萬物之大原惟天地，天下之大原惟君，人之大原惟父母。由一而向萬，本大而末小。本大而一者，理之一也；末小而萬者，分之殊也。理惟其一，道之所以統於同；分惟其殊，人之所以必珍其獨。故父母者，人道之大也。〔註191〕

子章校釋》第30頁。

〔註187〕牟宗三承認佛道二家對理學產生的刺激作用，但不承認理學對於二家的直接吸收，或者說不承認二家思想對於理學的正面影響。見《宋明理學綜述》之第三講（宋明理學）「興起之機緣與佛教之關係」、第四講「與佛教之關係」。

〔註188〕曾昭旭認爲船山思想的特點在於重視由體及用、由本貫末。「無論程朱陸王，其共同方向，厥爲逆求心性之本體，以確立道德之最高依據。而船山則重在以心性本體確立以後，更外發下貫以潤物成物，以極成一豐美篤實、日新富有之文明世界。故其方向乃非逆以立本，而更爲順以貫末。」（見《王船山哲學》之序言第4頁。）作者認爲船山較宋明儒者重用，但此「用」非逆求之「用」，而是由本而推知之「用」。

〔註189〕《讀四書大全說》卷十，（6）第1120頁。

〔註190〕《周易內傳》卷六上，（1）第592頁。

〔註191〕《尚書引義》卷四，（2）第323頁。

他以君親爲天下倫常的「大原」，推演開就能一毫不差地涵括所有社會倫理，是人道與天道關係的體現。

從注解的經典看，船山的理一分殊論主要借《繫辭》「天下同歸而殊途、一致而百慮」之說、《論語》「一以貫之」以及張載《西銘》等文獻而闡發。《西銘》一文以天地乾坤對應人之父母，描述了天地人一體的修養境界，語言渾淪，自來理解不一。程門高徒楊時「疑其有體無用」〔註192〕，程頤回覆：「《西銘》明理一分殊，墨氏則二本而無分，子比而同之，過矣！且彼欲使人推而行之，本爲用也，反謂不及，不亦宜乎！」〔註193〕楊時將《西銘》比作墨氏，自然過激，但《西銘》一文似乎只講了境界，而沒有講達到境界的具體方法，難怪楊時會有疑惑。程頤爲《西銘》疏解，突出了個體「推而行之」的必要，算是對《西銘》詳於言體而略於言用的補充。船山從體用一源的角度出發，疏解《西銘》一文，重點在於討論「用」，而不是「體」。但體用相即，明確了「用」，則「體」就在其中。他認爲《西銘》「理一分殊之義」繼承並補足了周敦頤《太極圖說》的「天人合一」之論，明確了「聖學爲人道之本」〔註194〕。他說：

> 張子此篇（《西銘》），補周子天人相繼之理，以孝道盡窮神知化
> 之致，使學者不捨閨庭之愛敬，而盡致中和以位天地、育萬物之大
> 用，誠本理之至一者以立言，而闢佛老之邪迷，挽人心之橫流，眞
> 孟子以後所未有也。〔註195〕

他不滿於程、朱對於《西銘》之用「引而不發」，更加看重其「致中和以位天地、育萬物之大用」，他不重視理一分殊在宇宙論方面的作用，而重視其修養論的功效，認爲：「程朱二子發明其體之至大、而未極其用之至切，蓋欲使學者自求之，而非可以論說窮其蘊也。」〔註196〕對《西銘》之用，學者需要「自求」，因爲其根本目的不在於解釋宇宙之體，而在於修身實踐。

船山注重「理一分殊」中的人之用，主張聖人之道本爲一。在「理一」的提下仍然可以有不同的表現，歷代聖人因爲時代的不同，所行之道自然不同，如此「分殊」恰恰是「理一」的表現：

〔註192〕《張子正蒙注》卷九，（12）第351頁。
〔註193〕見《張載集·後錄上》，第337頁。
〔註194〕《張子正蒙注》卷九，（12）第351頁。
〔註195〕《張子正蒙注》卷九，（12）第353頁。
〔註196〕《張子正蒙注》卷九，（12）第357頁。

> 堯、舜、禹、湯、文、武、周、孔，相師而道不同，無忌憚之
> 小人不相師而所行若合符節。道，理一而分殊。不學不慮，因意欲
> 而行，則下流同歸也。謂東海西海此心此理之同者，吾知之其所同
> 矣。〔註197〕

拋開其中對於心學的指責，不難發現，船山眞正主張的是因人因地因時而推
行聖人之道，而不能限於對「理一」的抽象把握。他認爲《繫辭》「天下同歸
而殊途、一致而百慮」之說乃「一本萬殊之謂也」〔註198〕，而引文中「下流
而同歸」的作法則誤解了此語，「借曰『殊途而同歸、百慮而一致』，則二本
而無分矣。」〔註199〕「殊途百慮」的致知方式必然無法窮盡天下之理，如何
能夠做到對聖人存道之言的「同歸」，如何能做到「一致」！明明半途而廢，
卻自以爲已達「歸一」，「半途而廢」之途必有多條，實爲「二本」，而非眞正
歸一。他也認識到只通過言語無法區分道與非道，或聖人與異端。他總結這
種情況說：「聖人之與異端，均言『一』矣。彼曰『歸一』，此曰『一貫』；彼
曰『抱一』，此曰『一致』。」〔註200〕其中的「彼曰」、「此曰」者不僅指佛道
思想、陸王心學等，也針對朱熹理學。

朱熹《西銘解》重點闡發了《西銘》的宇宙論方面的內容，也涉及學行
之道：

> 蓋以乾爲父，坤爲母，有生之類，無物不然，所謂「理一」也。
> 而人、物之生，血脈之屬，各親其親，各子其子，則其分亦安得而
> 不殊哉！一統而萬殊，則雖天下一家、中國一人，而不流于謙愛之
> 弊；萬殊而一貫，則雖親疏異情、貴賤異等，而不梏於爲我之私。
> 此《西銘》之大指也。〔註201〕

朱熹並不過分著意於「一統而萬殊」與「萬殊而一貫」之間的區分，認爲二
者行到極頂處是一回事。這種思路在其《四書或問》中也有體現，但船山頗
爲不滿，《讀四書大全說》中有：

> 乃其（朱熹）曰「一體該攝乎萬殊」，則固然矣；抑曰「萬殊還
> 歸乎一原」，則聖人之道，從無此顛倒也。《周易》及《太極圖說》、

〔註197〕《思問錄‧內篇》，（12）第 420 頁。
〔註198〕《周易外傳》卷六，（1）第 1050 頁。
〔註199〕《周易外傳》卷六，（1）第 1050 頁。
〔註200〕《周易外傳》卷六，（1）第 1041 頁。
〔註201〕朱熹，《西銘解》，見《朱子全書》第 13 冊第 145 頁。

> 《西銘》等篇，一件大界限，正在此分別。此語一倒，縱復盡心力
> 而爲之，愈陷異端。〔註202〕

船山將「一體該攝乎萬殊」與「萬殊還歸乎一原」的差異作爲聖學與異端之
區別的大界限，因爲：

> 親疏貴賤之不同，所謂順理也；雖周知博愛而必順其理。蓋自
> 天命以來，秩敘分焉。知其一源，則必知其分流，故窮理盡性，交
> 相爲功，異於墨、釋漫滅天理之節文而謂會萬物於一己也。〔註203〕

他列爲第一等的問題是「知其一原」，即知會或體會儒家聖道之本原，然後才
能盡悉聖道的分流。本原即包含著儒家的人倫綱常等內容的天理。由親及疏，
由貴及賤，則儒家的層級倫理在現實中就具有了普遍必然性，人道的實現即
爲天理的實現，即由人而及天。若不知此，只是試圖「會萬物於一己」而不
知其分殊，則難免與天理衝突，乃至漫滅天理。此批評的焦點是朱熹致知論，
船山強調「窮理盡性，交相爲功」，「窮理」即格致，「盡性」即存養，即以存
養、格致兩途交相併進，對治朱熹以格物爲始、豁然貫通爲終的致知修養論。

　　總之，船山理一分殊論究其根本境界與程朱理學並無二致：人由踐行人
道而與天道一體，因用而得體，由分殊及理一；由體悟天道而明人道，因體
而明用，由理一及分殊。即殊一相貫，體用一源。但是，船山更加凸顯了具
體修養方法的重要性，而這種差別足以劃清船山「正學」與程朱理學之間的
界限。〔註204〕

三、道不遠人

　　「道不遠人」一語出自《中庸》第十三章，影響了船山道論。因道不遠
人、理本於天，而有理道之別；因道不遠人、世事萬變，而有理一分殊。從

〔註202〕《讀四書大全說》卷六，（6）第819頁。
〔註203〕《張子正蒙注》卷三，（12）第116～117頁。
〔註204〕若以船山是「宗承」朱熹而來，則難以解釋以上差異。陳來認爲：「在《四書》
　　　　的思想宗旨和話語詮釋上，可以說後期的船山是『宗承』於朱子講的。」又
　　　　認爲：「（就目的看）船山不僅是宋明道學運動的繼承者、參與者，也經他之
　　　　手的發展，使得自張載以下到船山這樣一個宋明道學內部的發展形態，清晰
　　　　起來。」分別見《詮釋與重建──王船山哲學的精神》第19、47頁。這兩種
　　　　說法似有矛盾。船山宗承橫渠之說已是定論，但考慮到他與朱子在修養論上
　　　　的差別，則不宜直接說「船山宗承朱子」。大概是說船山對於橫渠的繼承需經
　　　　由朱子這一階段。

思想資源看，船山以張載思想爲宗承，但對此語的理解主要接受朱熹《四書章句集注》的解釋〔註205〕。

（一）「道不遠人」義解

船山認爲：「道一也，在天則爲天道，在人則有人道。人之所謂道，人道也。人道不違於天，然強求同於天之虛靜，則必不可得，而終歸於無道。」〔註206〕道通世界萬物而爲一，就源頭而言，道皆自天而來，則凡是道都屬於天道。但因具體分屬的不同，又可分爲「天道」與「人道」。天道中有玄妙不可知的部分，人不能體及，則通常說的道都只是人道。船山認爲：「君子之道非天地自然之道，而有其實事矣。」〔註207〕眞正的君子並非僅僅涉及天地自然，而主要與人事深切相關。這種思想在對「道不遠人」章的解釋中體現更爲明確，他認爲「道不遠人」之「道」只是君子之道：

> 大抵此章之旨，本言費之小者，故極乎淺易，然於以見斯道之流行，散見於生人情理之內，其得失順逆，無非顯教，與鳶飛魚躍，同一昭著於兩間。故盡人之類，其與知與能，與其所未知未能，皆可以觀察而盡乎修己治人之理。蓋以明斯道之充滿形著，無所遺略，無所間斷，而即費可以得隱。則其意原非欲反求之己而謂取之一心而已足也。〔註208〕

「費」，廣大之義，「隱」，精微之義。船山認爲：「『道不遠人』與上章所引《旱麓》詩詞（「鳶飛戻天，魚躍於淵」）原無二義。」〔註209〕「鳶飛魚躍」本爲天地自然之物，君子可以「觀物而論天理之行」，進而論道之廣大精微，這是《中庸》一書的主旨。〔註210〕「天理之行」與上「斯道之流行」（斯道指天道）意思相同，可以涵括天地自然之道與「修己治人之理」（即人道），或者說君子體察並踐行此流行之道的範圍主要是「生人情理之內」。這是「道不遠人」的第一層意思。第二、「道不遠人」之「人」包括他人與自己，則治人之道包

〔註205〕船山認爲：「此章（《中庸》第十三章）之義，章句盡之矣。」見《讀四書大全說》卷二，（6）第500頁。船山完全肯定《四書章句集注》解釋的準確與詳盡，但並不認可朱熹在其他著作中的解釋。

〔註206〕《張子正蒙注》卷九，（12）第369頁。

〔註207〕《讀四書大全說》卷二，（6）第496頁。

〔註208〕《讀四書大全說》卷二，（6）第502～503頁。

〔註209〕《讀四書大全說》卷二，（6）第499頁。

〔註210〕《讀四書大全說》卷二，（6）第503頁。

括治人與自治兩方面，〔註211〕涵括忠恕兩方面，可與前文之「理一分殊」、「一以貫之」之道溝通。第三、道如何流行於人之內心，或者道如何不遠人。〔註212〕船山將「道不遠人」與《尚書》中「人心道心」之說相結合，〔註213〕以道心即在人心之說，反對朱熹的格物致知論；以人心本具道心之說，反對心學之吾心即是宇宙。

　　同樣，船山對張載《西銘》「乾稱父，坤稱母」的注解，足見「道不遠人」是針對人倫道德，而非自然世界：

> 盡敬以事父，則可以事天者在是；盡愛以事母，則可以事地者在是；守身以事親，則所以存心養性而事天者在是；推仁孝而有兄弟之恩、夫妻之義、君臣之道、朋友之交，則所以體天地而仁民愛物者在是。〔註214〕

事父母即為事天地，仁愛人民即是事奉天道，由近而及遠，則人人皆知該做何事，社會中人倫之綱常由此展開，以達至秩序井然之境。這是船山「道不遠人」的目的，他認為程、朱雖重視《西銘》，卻未能闡發此意，即前文所說之「引而不發」。或者說，朱熹雖以道不離器，由格物而致道、理，但並未表明道不可離開人事（即器）而探求。

（二）道器與人

　　儒家道器論的源頭在《繫辭》「形而上者謂之道，形而下者謂之器」一段文字，其中以「形而上」和「形而下」說明道器關係問題。船山對此問題的討論首先見於《周易外傳》：

> 「謂之」者，從其謂而立之名也。「上下」者，初無定界，從乎所擬議而施之謂也。然則上下無封畛，而道器無異體，明矣。天下惟器而已矣，道者器之道，器者不可謂道之器也。〔註215〕

〔註211〕《讀四書大全說》卷二，（6）第502頁。

〔註212〕牟宗三認為，以《中庸》為代表的天人關係是一種「內在的（Immanent）遙契」，天道因此與人道相近不離。這與以《論語》為代表的「超越的（Transcendent）遙契」不同。見氏著《中國哲學的特質》第六講。

〔註213〕「道心人心」參見曾昭旭《王船山哲學》第420頁、陳來《詮釋與重建——王船山的哲學精神》第95頁，二者分別就《尚書》與《中庸》的材料展開分析。

〔註214〕《張子正蒙注》卷九，（12）第352頁。

〔註215〕《周易外傳》卷五，（1）第1027頁。

這是一段經常被引用的文字。曾有不少研究者將道、器分別解釋爲物質與精神，則「天下惟器」一語即成爲唯物論的表達。隨著時代的轉變，這種觀點已被人放棄。勞思光也即此認定船山爲實體論者。其實，形上、形下只是「謂之」的不同，並無絕對界限，道、器根本只是一體。「天下惟器」是在道器一體的前提下得出的。

許冠三重視認識能力問題在理解船山思想中的關鍵作用，論述頗精，此處僅有小補。首先，《繫辭》本義強調上與下因形而分，理學家以此表達體用關係，並以形而上者決定形而下者。船山認爲道、器異名而同體，實則不可分解，但可以根據人的認識來分解「上下」，即「謂之」之義。其次，「道器」和「理氣」關係共同具有體用之義，而非生成關係，即前者內在於後者之中，後者是前者表現的根據，即船山所說：「器而後有形，形而後有上。無形無下，人所言也。無形無上，顯然易見之理。」〔註216〕這樣，「天下惟器」一語只是強調器的基礎性，絕非承認存在無道之器，故船山在稍後即說：「苟有其器矣，豈患無道哉！」〔註217〕有器必有道，否則就無所謂「道器無異體」。道與器不僅沒有輕重之分，也沒有界限。道器分形之上下的做法，只是人「從乎所擬議而施之謂」。同樣的問題在晚年的《周易內傳》中意思則明確許多：

> 「形而上」者，當其未形而隱然有不可踰之天則，天以之化，而人以爲心之作用。形之所自生，隱而未見者也。及其形之既成而形可見，形之所可用以傚其當然之能者，如車之所以可載、器之所以可盛，乃至父子之有孝慈、君臣之有忠禮，皆隱於形之中而不顯。二者則所謂當然之道也，形而上者也。「形而下」，即形之已成乎物而可見可循者也。形而上之道隱矣，乃必有其形，而後前乎所以成之者之良能著，後乎所以用之者之功效定，故謂之「形而上」，而不離乎形。道與器不相離。〔註218〕

其中有三層意思：一、「道器無異體」表述爲「道與器不相離」。許冠三認爲船山早晚期之間有「道器合一」與「道物合一」之別，其實二者表意並無不同。〔註219〕二、「隱於形之中而不顯」更好地表達了「形而上」與「形而下」

〔註216〕《周易外傳》卷五，（1）第 1029 頁。
〔註217〕《周易外傳》卷五，（1）第 1028 頁。
〔註218〕《周易內傳》卷五下，（1）第 568 頁。
〔註219〕許冠三，《王船山的致知論》第 6～7 頁。

之間的體用關係，「隱」「顯」二字強調了形上、形下二者之間的差別主要指人的認知而言，「可見可循」是形而下，「隱而未見」即形而上，與前文所述的道之廣大精微相對應，非抽象與形象能涵括。三、這段文字使用的例證恰恰表明了「道不遠人」在道器關係中的作用。由車、器之用到父子君臣之理，從物理到人倫。車器之用不可見，由車器之形而生發，即所謂「形之所生」；有父子、君臣則必有孝慈、忠禮。足見其器道論主要是爲了論證孝慈、忠禮等人倫之理的必然性。建立在孝慈、忠禮基礎上的家國禮法即是大道，〔註220〕而要得禮法之「條理」，必須到聖人所留下的「名物象數」中去學習體味。

　　若「道器不離」，則有器有道，無器也無道；有人必有人道，無人必無人道。但船山的邏輯並未如此展開：「形而上，即所謂清通而不可象者也。器有成毀，而不可象者寓於器以起用，未嘗成，亦不可毀，器敝而道未嘗息也。」〔註221〕人道不因死亡而滅盡，「器敝而道不息」，有「清通而不可象」之神內在於其中（神不滅的內容見第四章第二、三節），這又與「道器不離」說矛盾。其實，道器不離之中本含有「理氣皆公」之義，〔註222〕則可以說「器敝而道不息」之「道」依然是器之道，而非無器的單純之道，因爲「清通不可象者」歸根究底依然是「理氣皆公」之物。（此「物」非具體器物）因此，船山主要以道器不離描述事物本來的狀態，但就人的認識而言，在變化中存在道器分離的情況，只有人通過必要的修養達到「器敝而道不息」的狀態，才能存養神氣，獲得不息之永生。總之，以符合人道的「不測之神」的不死性保證了倫常的永恆，這兩種表述之間的邏輯衝突顯現了道德在船山思想中的主導性。他爲了保證人倫道德的有效，而在一定程度上放棄了認識的統一性。

〔註220〕船山認爲：「詩、禮、樂之精微，非樂學者不能安意而曲體之，然形而上之道，即在形而下之器中，唯興於藝以盡其條理，則即此名物象數之中，義味無窮，自能不已於學而道顯矣。故教之有業，退之有居，必循其序而勉之不息，所謂『時』也。」見《禮記章句》卷十七，（2）第876頁。

〔註221〕《張子正蒙注》卷一，第21頁。

〔註222〕船山認爲：「『默而成之，存乎德行。』故德不孤，必有鄰。灼然有其幾而不可以臆測，無他，理氣相涵，理入氣而氣從理也。理氣者，皆公也，未嘗有封畛也。知此，則亦知生死之說，存事歿寧之道也。」（見《思問錄·內篇》，《船山全書》第12冊第413頁。）開頭節引《繫辭》「默而成之，不言而信，存乎德行」，本義指德行重於於言說。氣可相感而化，人默存神氣（即理）以爲德行，則必然與同樣默存者相通，並得以扶持並進。人能夠深切地（「灼然」）感受這種變化的原因（「幾」），由「幾」可以感知氣化的規則（「理」）。由此「理氣皆公」得以證明。

通觀本節，船山的理道論吸收了宋代理學中注重天人之分的有益成分，針對心學「心即理」引發的實踐問題，創造性地闡發了理、道分別針對天、人的不同，修正朱學偏頗，批駁心學之誤。他又認爲程朱「理一分殊」論對於張載本義缺少必要的闡發，易導致體用懸隔的狀況，並爲心學和佛道等異端留下口實，故減少「理一分殊」中的本體生化色彩，而發揮修養工夫意義。他的道論始終突出「道不遠人」的維度，是太極陰陽論的必要延伸。

小　結

船山繼承了從先秦儒學中的《易》、《庸》至北宋理學周敦頤、張載等由天道論人道的傳統，在邏輯上將天道的內容作爲人道問題的論證基礎，又受到明代思想中重氣與珍生等傾向的影響，自覺選擇以張載氣論爲正宗，進而突出了氣之本體中所具有的生生不息等內容的重要意義。

但是，船山爲了劃清與「異端」生化思想的界限，並未接受張載「太虛氣之體」的思想，而是將太虛「去實體化」，使得太虛失去了生化本體的意義，進而將其改造爲氣的屬性之一，實現了「以氣合虛」，實較「太虛本體」的氣論更爲簡明一致。這種做法必然使得氣兼具形上、形下兩方面的含義，內涵更爲複雜，在解決變動與化成等問題上尤其如此，因而體現出二體一元的、悖論式的「辯證」關係。陰陽二體渾合論在船山《易》學中表現爲「《乾》《坤》並建」之說，進而可以衍化出「即占以示學」、「占義不占利」等解《易》的主要原則，自覺形成了一條以象數爲手段、以闡發儒學義理爲主體和目的的解易路徑。船山在天道論的基礎上闡釋了人道的切近之義，爲實現天人之間的和諧關係而注重天人之分。他繼承理學的問題，進一步明晰了理、道二者體現出的天人二維的基本趨向。

船山的天道論只是其思想體系的開端，道以天命的形式轉化爲人之性，進而「因果歷然」〔註223〕地分解出「學、功相濟」的、以道德主義爲目的工夫論和人文化成的歷史論。

〔註223〕《華嚴金獅子章》語。

第三章　王船山心性論的傳承與創新

　　心性論可以區分爲廣、狹二義。廣義的心性論，「正爲中國學術思想之核心，亦是中國思想史中所有天人合德之說之眞正理由所在」〔註1〕，涉及到中國先秦儒道二家、魏晉玄學、中國化佛學以及宋明理學等相關內容。狹義的心性論則專指宋明理學的心性論，是指具體討論作爲人之稟賦於天者、同時也是人類世界的最高範疇的「性」的學問，是溝通天道與人道的關鍵。

　　從孟子開始，心性問題成爲中國儒學史的重要內容。孟子上承孔子「性近習遠」之說、《中庸》性命說，針對告子「性無善惡」說而倡言性善論。荀子認爲性善論無力解決現實惡的問題，而主張性惡。理學在佛道二家尤其是禪宗心性論的刺激之下產生，雖以孟子性善論爲基本主張，卻兼納了孟荀二人的思想。張載在論性過程中，創造性地區分了天命之性與氣質之性，再以人心兼統性、情。〔註2〕與二程提出的「性即理」共振，使得儒學中的「性」不再簡單地作爲人的屬性，開始具有了生命本體的意義，標誌著理學心性論的初步形成。後世朱熹、王陽明等思想家雖然在具體思路上有所不同，但皆以此爲基礎。

　　王船山的心性論在上述學說的背景下發生，尤其與張載、朱熹等思想家關係密切。他從天道闡發人道的合理性，以人性爲天之所命，作爲溝通天道

〔註1〕牟宗三、徐復觀、張君勱、唐君毅，《爲中國文化敬告世界人士宣言》，見張君勱《新儒家思想史》附錄第567頁。
〔註2〕「統」表達了可以融通的「兼」、「主」二義。「心統性情」說源於張載，大成於朱熹。詳見後文。

與人道的橋梁。性既是天道發生的必然方向，又是人道修養的基礎，即爲天人之際。〔註3〕因此，心性論一直是船山學術思想研究的熱土，從嵇文甫、張西堂、侯外廬、熊十力，一直到的唐君毅、蒙培元、張立文、陳來等學者皆有闡發。〔註4〕本章大體上從命、性、心三個層級論述：第一，命解決性的根源問題，人因「繼」天之命而具性，心則主持並體現性。船山因太極本體的生化不息而主張命的「日生日新」，太極（天理）的統一性而堅持命不可造，又區分「德」「福」二命，以說明現實世界的不合「理」之處。第二，在性論中，船山倡導「繼善成性」、「習與性成」，以突顯人的能動性的重要作用，強調變化氣質的必要性。第三，在心論中，船山繼承了「心統性情」說，爲「養心」、「盡心」等修養問題打下基礎。

其中，變動的性命論、不善（即惡）之根源等問題皆體現了船山思想的創造力，既有的相關研究多注重哲學方面的理解，故有曲爲疏解者，也有指責其不通者。〔註5〕曲爲疏解者無法看到船山思想因總結而產生的內在矛盾，指其不通者則忽略了船山出新的原因，也未能同情地體貼其付出的艱辛。又有命分德福、心體爲大等問題，研究相對薄弱。

第一節　王船山的天命論

天命是指源於天而降於人的、不可變更的必然性，通常包括自然與道德法則兩層意思。在理學史上，周敦頤《通書》首先開啓了由天言人性、並以人性爲生命本體的思路：「天以陽生萬物，以陰成萬物。生，仁也；成，義也。」〔註6〕張載明確了性、命之名，有：「天授於人則爲命（亦可謂性），人受於天

〔註3〕參考林安梧《王船山論「天人之際」》一文，見《王船山人性史哲學之研究》附錄第 113 頁。

〔註4〕嵇文甫《船山哲學》有「天人性命論」一節，較爲簡略。張西堂《船山學譜》有「心性論」一節，容納了「天命不息」、「繼善成性」、「習與性成」等主要內容，涉及問題較爲全面、搜尋材料較爲詳盡，堪稱船山性命論方面最早、最系統的研究，見該書第 63 頁始。侯外廬《船山學案》重在闡發船山天命論的近代意義。熊十力依據自己的思想主旨，發揮「天命不息」、「繼善成性」、「習與性成」等命題，修訂了船山相關思想的某些不圓通之處，著成《新唯識論（語體文刪定本）》第六章「功能」。

〔註5〕前一種研究較多，見唐君毅《中國哲學原論·原教篇》第 541 頁。後一種研究較少，見勞思光《新編中國哲學史》第三卷下冊，第 546 頁。

〔註6〕周敦頤，《通書·順化》，見《周敦頤集》第 23 頁。

則爲性（亦可謂命）。」〔註7〕即所謂「合虛與氣有性之名」，〔註8〕以氣的內在性統一人的內外。他的天命與氣質的之分，直接影響了後來的理學中命論的發展。朱熹一則明確指出：「天命，即天道之流行而賦予物者，乃事物所以當然之故也。」〔註9〕這條思路直接影響船山，也爲船山留下了需要解決的問題。

　　船山一方面接受命定論，體現了人對於天的敬畏，並進一步解釋人間倫常；另一方面又發展出天命不息、德福二命的新理論，拓展了命定論限制下的主體的能動空間，努力解決程朱理學以理氣分解天命而留下的理論難題。有不少學者認爲船山的動態天命論完善地解決了理學天命論的遺留問題〔註10〕，實則他只是將理學的相關思想的做了一些推進，使問題進一步顯明化。

一、天命不息

　　天命之義通常指人生之初所受於天者，但船山根據陰陽太極的絪縕變化、生息不止之義，主張天無時無刻不有天命，不只是在人初生之時一次性的給予，而是刻刻對人有所命，即人生不止則天命不息，《思問錄・內篇》有：

> 太極動而生陽，動之動也；靜而生陰，動之靜也。廢然無動而靜，陰惡從生哉！一動一靜，闔闢之謂也。由闔而闢，由闢而闔，皆動也。廢然之靜，則是息矣。「至誠無息」，況天地乎！「惟天之命，於穆不已」，何靜之有！〔註11〕

船山認爲太極變動不居，無論在人看來是開闔或是消息，在天之本然皆是運動。世界上並無絕對的靜可言，所謂靜也只是動之靜。人得天地之秀氣而生，則所受天命必然變動不息。《尚書引義》中有：

> 出王、游衍之頃，天日臨之，天日命之，人日受之。命之自天，

〔註7〕 張載，《語錄中》，《張載集》第 324 頁。
〔註8〕 張載，《正蒙・太和》，《張載集》第 9 頁。
〔註9〕 朱熹，《論語集注》卷一，見《四書章句集注》第 54 頁。
〔註10〕 這個觀點在中國內地非常普遍。其實，朱熹以天命兼具理氣，而氣又具生化之義，並未否定命的動態內涵。蒙培元《理學範疇系統》論述了程朱理學與陸王心學兩派在天命論上不同，而前者的靜態天命論遺留的問題由船山動態天命論而解決，見該書第 191～192 頁。
〔註11〕 《思問錄・內篇》，（12）第 402 頁。

受之爲性。終身之永，終食之頃，何非受命之時？皆命也，則皆性也。天命之謂性，豈但初生之獨受乎？〔註12〕

這種天命觀的確與傳統性命論不同，尤其便於解決人性之變化問題。「天命之謂性，率性之謂道，修道之謂教」一語，主要論及了天命根源於天，是人道之根本，但並未明確天命之於人的狀態。船山改變了中國思想史上初生瞬息有命的天命論，《讀四書大全說》中有：

> 愚於《周易》《尚書》傳義中，說生初有天命，向後日日皆有天命，「天命之謂性」，則亦日日成之爲性，其說似與先儒不合。今讀朱子「無時而不發現於日用之間」一語，幸先得我心之所然。〔註13〕

又有：

> 愚嘗謂命日受、性日生，竊疑先儒之有異。今以孟子所言『平旦之氣』思之，乃幸此理之合符也。朱子言『夜氣如雨露之潤』……亦明矣。〔註14〕

船山發揮了孟子平旦之氣中所暗涵的生化不息之義〔註15〕，並引申朱熹的話語來證明。其實，朱熹的意思自然不同：「性者，人生所稟之天理也。」〔註16〕又有：「天之明命，即天之所以與我，而我之所以爲德者也。常目在之，則無時不明矣。」〔註17〕他在闡明「常目」或「天理」的「無時不明」，依然將天命歸於人生之時。

船山的自得新意與孟子、朱熹不同，而與張載思想具有相似性，只是不能確知是否受到直接啓發。《正蒙》一書中有：「至誠，天性也；不息，天命也。人能至誠則性盡而神可窮矣，不息則命行而化可知矣。」〔註18〕張載天命不息之論對於整個宋明理學史意義重大〔註19〕，但其本義依然是針對所有

〔註12〕《尚書引義》卷三，（2）第301頁。
〔註13〕《讀四書大全說》卷一，（6）第407頁。
〔註14〕《讀四書大全說》卷十，（6）第1077～1078頁。
〔註15〕張岱之認爲浩然之氣是孟子思想最高境界，也就是誠的境界，包括三層意思：「夜氣」，神志清醒、心氣平和；道德倫理意義上的「正氣」；「浩然之氣」，真正的勇敢之氣。見《〈孟子〉與現代人生》一文，收入《張岱之自選集》第415～416頁。
〔註16〕朱熹，《四書章句集注》第325頁。
〔註17〕朱熹，《四書章句集注》第4頁。
〔註18〕張載，《正蒙·乾稱》，《張載集》第63頁。
〔註19〕蒙培元《理學範疇系統》徵引了這段文字，並且認爲：「（張載）命有流行不息的意義。天命流行不息，這是理學性命之說的重要思想。」（書中將此段文

人的初生之時立論，並非對於個體生命的每時每刻來說。前引《尙書引義》、《讀四書大全說》等都是船山早、中期著作，所受影響並不明顯他晚年的《張子正蒙注》則較明確，其中分別從天道論、性命論、修養論等多個角度闡發命日生日新之義：

> 天之命物，於無而使有，於有而使不窮，屈伸相禪而命之者不已。蓋無心而成化，無所依而有所止，方來不倦，成功不居，是以聰明可以日益，仁義可以日充。雖在人有學問之事，而所以能然者莫非天命也。惟天有不息之命，故人得成其至誠之體；而人能成其至誠之體，則可以受天不息之命。……天命不息，而人能瞬存息養，晨乾夕惕，以順天行，則刻刻皆與天相陟降，而受天之命無有所遺，於凡萬物變化，萬事險阻，皆有百順至當之理，隨喜怒哀樂而合於太和，所以感人心於和平而贊天地之化育者，自無間矣。〔註20〕

張載的原義並不完全同於注文，但至少已經蘊涵了天命刻刻不息的可能，這是船山闡釋的前提之一。因此，至晚到著述《正蒙注》之時，他的天命不息論已經受到了張載的正面影響。這段文字很有代表性，但並未引起研究者的足夠重視，此處有必要細緻剖析。

第一句說人所見之「無」皆可因天命之本有而「有」，既「有」（人所見之有）之後則因天命而不息，體現了對「有」的肯定。船山認爲世界之有無不是氣的本然形態：「天命，太和絪縕之氣，屈伸而成萬化，氣至而神至，神至而理存者也。」〔註21〕凡氣皆實有，則理、神、命都是氣化實有，而非空虛無依之物，並且世間千變萬化的人、物皆有天命，發展了《中庸》的觀點：「天命之人者爲人之性，天命之物者爲物之性。」〔註22〕天命乃天之所令，涵有人力無法變更之義。他認爲：「（命是）天之所有，非物之所欲；物之所有，非己之所欲，久矣。」〔註23〕天命不因爲人（即此處所謂物）之意願而變更，故常不如人意。第二句說天無心而成化，在人則可以表現爲「聰明」、「仁義」等，一則表現天人之別——主體的能動性，一則表明天命的主要內

字的出處標爲「同上」之《誠明》，實爲《乾稱》。）見該書第 181 頁。此論斷頗爲的當。

〔註20〕《張子正蒙注》卷九，（12）第 360～361 頁。
〔註21〕《張子正蒙注》卷四，（12）第 153 頁。
〔註22〕《讀四書大全說》卷二，（6）第 457 頁。
〔註23〕《君相可以造命論》，《薑齋文集》卷一，（15）第 88～89 頁。

涵——道德必然性。命從天而降，天無非善，則命也無非善，包含有仁、義、禮、智等德性，即所謂「正命」。第三句將這種道德必然性上昇爲本體的高度，即至誠之體。因天命不息，人在初生之時即具備至誠之體，並成爲此生每時每刻接受天命的條件。第四句說君子只有瞬息存養、朝乾夕惕，才能夠與天同調，健動不息，才能達至聖人「感人心」、「贊化育」的境界，突顯了修養工夫的重要。這段文字從天道到修養工夫，重重推出，眉目清晰，體現了船山性命不息論的基本內容。

　　另外需要補充三點：第一，人如何認識到天命不息？船山認爲：

　　　　夫天之生物，其化不息。初生之頃，非無所命也。何以知其有所命？無所命，則仁、義、禮、智無其根也。幼而少，少而壯，亦無非所命也。何以知其（更）有所命？不更有所命，則年逝而性亦日忘也。〔註24〕

天命是「太和絪縕之氣」，故天所命自然不息。如果天命在初生之時一蹴而就，則無法保證人生的剩餘時段的天命。

　　第二，船山認爲天命日生日新，人當刻刻受命，但絕不意味著人可以改變天命。德行完善的聖人「可以造萬物之命，而不能自造其命」。歷史上的聖人總有不如意之事，他不同意唐代李密的「君相可以造命」之論。〔註25〕他認爲人面對天命，只能被動的接受，所謂「晨乾夕惕」也只是勤勉的接受。從這個角度上講，他的天命與理學家的並無根本不同。

　　第三，張載認爲性、命二者名稱不同，實則無異；船山主張二者不僅名稱不同，實質也相異；這是天人相分思想在天命論中的體現。《讀四書大全說》中有：

　　　　天道之本然是命，在人之天道是性。性者命也，命不僅性也。若夫所謂『誠之者人之道』，則以才而言。才者性之才也，性不僅才也。惟有才，故可學。……有是性固有是才，有是才則可以有是學，人之非無路以合乎天也。〔註26〕

人無法完全合乎「天道之本然」，只能窮盡在性之命，因爲在性之命有路徑可

〔註24〕《尚書引義》卷三，（2）第299～300頁。括號內「更」字爲引者按文意所加。
〔註25〕船山《君相可以造命論》並未完全肯定李密的言論，見《薑齋文集》卷一，（1）88頁。
〔註26〕《讀四書大全說》卷三，（6）第532頁。

以通達，而天命則無可更改。性的基礎是命，但存在無性之命。人不能以人強天，體現了天人的分別。既要保持人的能動性，又不能削減天的神秘性，這是船山天人論的一貫主張。他既反對輕忽天命之神秘色彩而僅僅倚重人心的陸王心學，也反對丟棄人性而僅順任天命的道家（指涉程朱理學），故在發揮《孟子·盡心上》中「莫非命也」章時說：

> 此章以妄求者固是不「知命」，然一切歸之於命，全不盡人事，如莊子所言不得已而安於命、臧穀亡羊等，故言此非「知命」。「知命」者，知正命也。到當死時則死，未是可死時，天原不命之以死，而自趨死地，亦是逆天而不能受命。〔註27〕

在順任天命與放任人心之間有一條正途，即所謂「正命」，而聖人之「知命」是指知曉正命。船山以生死問題為例來說明，有生必有死本為生命中不可抗拒的天然法則，但因為在面對死或義選擇中，如何去死具有了可選擇性，並成為天命中之大者，儒家「舍生取義」之說將本來屬於自然法則的內容轉化成一種道德必然性。船山不反對舍生取義，但他反對不明就裏地捨棄生命，「到當死時則死」，強調舍生的慎重。〔註28〕這體現了生死問題在天命中的重要性，也與「生生不息」之《易》學保持一致，是其自身道統觀的思想表現。

儒者重視言行一致，從船山自身的經歷分析他的天命觀尤有深味。明末清初正是動盪年代，1653 年（順治十年），好友管嗣裘曾與船山謀圖舉兵抗清，相約再次入南明效力，為國捐軀盡忠。船山並非不重忠貞之行，但思索再三，並以《易》占決疑，終未同往。事後他著《章靈賦》以明志：

> 壬辰（順治九年，1652 年）元日，筮得《暌》之《歸妹》。明年癸巳，復筮如之。時孫可望挾主滇黔，有相邀赴之者（管嗣裘），久陷異土，既已得主而死為歆。託比非人，尤以遇巷非時為戒。〔註29〕

又有：

> 使為（孫）可望者，能如郼伯之為膏雨，俾得遂所託以西歸，則雖溘先晨露，固所願也。以今者所居非乾淨之土，所鄰而狎者皆

〔註27〕《四書箋解》卷十一，（6）第 362 頁。

〔註28〕船山的珍生思想似乎受到了《莊子》思想的影響。《莊子解·達生》有：「讀《莊子》者，略其曼衍，尋其歸趣，以證合於《大易》『精氣為物，遊魂為變』與《論語》『知生』之旨，實有取焉。」見該書卷十九，（13）第 294 頁。船山「珍生」與《莊子》「達生」之間具有相似性。

〔註29〕《薑齋文集》卷八，（15）第 183 頁。

化獸之人，則豈不欲學御而得以馳騁哉！乃其或爲良媒，或爲毒鴆

（當爲「鳩」字），沓離遙遙，胥不可測。既已覺其不可託是以逗留

而不往，則將使我終不得遂西歸之志者，斯幾先之覺也。〔註30〕

「豈不欲學御而得以馳騁哉」是指離棄今世，化用了《離騷》「吾方高馳而不
顧」一語。「良媒」、「毒鴆」等指周圍投靠清廷並殘害同胞之人。船山隱居後
的周圍環境極其惡劣，赤膽忠心無從依託，摯友共圖大事的邀請，也與自己
內心相契，但他考慮到「託比非人」，南明朝難成大業。他若爲明朝赴死，雖
然符合生爲明臣的初生之天命，卻糟蹋了此後的刻刻不息的天命，故他沒有
選擇「西歸之志」，而是保身以存道，實現思想與行爲的一致。

　　總之，「命日降、性日生」之說是船山主動氣論的必然發展，也是其「繼
善成性」論的基礎。

二、命分德福

　　船山將天命分爲「德命」和「福命」，以解釋現實中德福不一致的現象。
德因道而生，指必然之得；福即幸運所得，指偶然之得。此必然性與偶然性
皆就人的認識而言，若從天理的角度看，二者皆是必然性，皆是「命」。此義
在其思想形成過程中有較爲清晰的過程，最早的完整闡釋在《周易外傳·困》
中：

　　　人之有生，天命之也。生者德之成也，而亦福之事也。其莫之

　　爲而有爲者，陰陽之良各以其知能爲生之主，而太和之理建立而充

　　襲之，則皆所謂命也。〔註31〕

船山繼承了理學論命乃初生之義，從生命的發生開始討論命的成分。生命的
產生不完全具有必然性，而是必然與偶然的共同作用，即所謂德福雙運。德
福雙運的根本原因在於「陰陽之良」與「太和之理」渾合，即理氣渾然之太
極的作用。他在《周易外傳》的《乾》、《坤》二卦中也提及了德福的問題。
陰陽二氣，陽氣主導而陰氣隨之而化。同理，《乾》卦主用，《坤》卦被動。「《乾》
取象之德而不取道之象」，〔註32〕《乾》表現了天健動不息之德。「且《乾》
氣之施左旋，自《坎》、《艮》、《震》以至於《離》，火化西流以養子而土受其

〔註30〕《薑齋文集》卷八，（15）第192頁。其中，鳩和鴆是不同的兩種鳥，鳩無毒，
　　　而鴆有毒，此處因形似而誤。不知問題出在原本還是排版印刷。
〔註31〕《周易外傳》卷三，（1）第934頁。
〔註32〕《周易外傳》卷一，（1）第821頁。

富，則《坤》又靜處而德隄天之福矣。」〔註33〕《乾》氣主動，按照八卦的
方位而隨轉施化，若至於本位而化息，則《乾》自享自德，即所謂德福雙至；
若至《坤》之位而化息，《乾》之功爲《坤》接納，則《乾》有德而《坤》有
福。總之，所有的德皆爲《乾》之功，而福則未必完全爲《乾》所有，故有
德福不一致的現象發生。這是體上的必然，在用上則有德福雙命之說。船山
針對《困》之《大象》「澤無水，困，君子以致命遂志」說：

> 夫致者，其有未至而推致之以必至也。當與觀於虛實之數量，
> 則知：致德命者，有可及乎上之理；致福命者，當窮極乎下之勢；
> 而無庸曰自然。自然無爲以觀化，則是二氣之粗者能困人，而人不
> 能知其精者以自亨也。〔註34〕

乍看起來，船山的德福雙命好像將生命中的所有事情皆確立命定的形式，不
免流於順任「自然」之說，而喪失人的健動性，但他認爲這「無庸曰自然」，
是大道自然的體現，因爲致福的根本（《乾》元）能夠得太和之「精者以自享」，
而不會困於「二氣之粗者」。德福雙命說主要支持精神的自在，而不是主導道
家放任形骸的「自然」（這與道家的「自然」本義不同〔註35〕）。尤其是，所
謂「命日降」在初生之後也只是降德命，而不再降福命了，船山說：

> 抑太和之流行不息，時可以生，器可以生，而各得其盈縮者以
> 建生也，則福德俱而多少差焉。迨其日生而充其生，則德可充也，
> 福不可充也。非有侈德而無侈福之謂也，非堪於德者眾而堪於福者
> 寡也，非德貴而福賤，天以珍人而酌其豐儉也。〔註36〕

天在人初生之時所降之命包括德、福二命，但此後則只降德命而不降福命，
這不是說德命比福命更多，也不是說能夠承擔德命者更多，更不是說德命比
福命重要，而只是因爲天命有節，以及天珍視人。此論充分體現了船山堅持
以人爲中心的儒家傳統，並發展了以人倫道德爲終極目標的修養論思路。他
將人間之倫常以天之德命的形式固定下來，將宋明理學的核心問題進一步明
確化。他對此區分頗爲自得，《讀四書大全說》中有：

> 愚於《周易外傳》有「德命」、「福命」之分，推其所自來，乃

〔註33〕　《周易外傳》卷一，（1）第 832 頁。
〔註34〕　《周易外傳》卷三，（1）第 935 頁。
〔註35〕　勞思光對船山誤解前人思想之處（包括道家）多有批駁，見《新編中國哲學
　　　　　史》第三卷下冊第七章。
〔註36〕　《周易外傳》卷三，（1）第 936 頁。

> 陰陽虛實、高明沉潛之撰。則德命固理也；福命固或不中理也，乃
> 於人見非理者，初無妨於天之理。則或倘至之吉凶，又豈終舍乎理
> 而天地之間有此非理之氣哉！除是當世一大關係，如孔子之不得
> 位，方可疑氣之不順而命之非理。然一治一亂，其爲上天消息盈虛
> 之道，則不可以夫人之情識論之。若其不然，則死巖牆之下非正命
> 矣，乃巖牆之足以壓人致死者，又豈非理之必然者哉！故朱子云「在
> 天言之，皆是正命」，言「正命」則無非理矣。〔註37〕

按照人之理推知的天命即德命，不合於人之理但實則符合天理的命即福命。德命能爲人所控，福命則非人力所及。二命之分延續了命、性之別的思路，是天人之分在天命論中的又一體現。命的必然性有不爲人知的部分，可知的部分爲德命，不可知的部分爲福命。這是船山主張理氣不離的必然結果。德命是從有理必有氣看；福命是從有氣必有理看，現實中看似不合於理之氣也必然因天理主宰。德命之說並無特殊之處，但福命之提出是對現實與歷史的重視，是重氣的本體論在性命問題上的具體表現。

關於「命分德福」，可以從「命」與「德福」兩個方面分析。船山並未改變「命定」的傳統意義，也未體現出對某個思想家的較明顯的繼承；德福問題則不同。船山徵引了朱熹「在天言之，皆是正命」之說，說明此論的形成受過朱熹的啟發，但主要影響應在張載。《正蒙·至當》中有：「至當之謂德，百順之謂福。德者福之基，福者德之致，無入而非百順，故君子樂得其道。」〔註38〕有德者必有福，有福者必具內德。德福之間的「基」、「致」關係是應然又是實然，即德福二者不僅在理論上而且在現實中保持一致。張載主張《易》的占筮功能只能因高尚的事業而起作用：「《易》爲君子謀，不爲小人謀，故撰德於卦，雖爻有小大，及繫辭其爻，必論之以君子之義。」〔註39〕他將《易》的神化功能置於「君子之義」的統攝之下，以嚴格的倫理律令規範其工具性，使得倫理規範高於《易》占，在根本上杜絕了小人依靠《易》占「牟利計功」的理論可能。若現實眞如此，一切都變得簡單起來：《易》占能夠讓君子獲知天命，並主導小人，進而達至天下太平。但是，張載不可能忽視現實中善人受苦而小人得志，即德福不一致的情況，故提出解決方案：

〔註37〕《讀四書大全說》卷十，（6）第 1116 頁。
〔註38〕張載，《正蒙·至當篇》，《張載集》第 32 頁。
〔註39〕張載，《正蒙·大易篇》，《張載集》第 48 頁。

變其勢也，動其情也，情有邪正故吉凶生。變能通之則盡利，
能貞夫一，則吉凶可勝，而天地不能藏其迹，日月不能眩其明。辭
各指其所之，聖人之情也；指之使趨時盡利，順性命之理，臻三極
之道也。人能從之，則不陷於凶悔矣，所謂「變動易利言」者也。
然爻有攻取愛惡，本情素動，因生吉凶悔吝而不可變者，乃所謂「吉
凶以情遷」者也。能深存《繫辭》所命，則二者之動見矣。又有義
命當吉當凶、當亨當否者，聖人不使避凶趨吉，一以貞勝而不顧。
〔註40〕

張載相信《周易》保存了聖人之言。雖然吉凶的源於「情」、「勢」之變動，
但《易》中包涵著貞德勝吉凶（即德必有福）的眞理。人德之「貞」正能夠
改變情勢，也只有德「貞」之君子才能體察到《易》中之聖理，即所謂「《易》
爲君子謀，不爲小人謀」。人若「趨時盡利，順性命之理，臻三極之道」，必
能「一以貞勝」而「不陷於凶悔」，最終達至德福一致的完善境地。這與古代
希伯來文化中「好人約伯」的故事頗爲相似。約伯篤信上帝，兒女滿堂，家
業興旺，其德行亦廣受稱讚，是德福雙至的典型代表，但災難無故降臨，他
的兒女、家當喪失殆盡，自己又身患毒瘡。約伯坐在爐灰中一邊刮毒瘡、一
邊讚美上帝，只是他百思不解苦因何在。最終上帝向他顯現，肯定其堅貞的
德行，（但並未說明魔鬼試探的直接原因。）並賜給他同樣多的兒女、加倍多
的家當與幸福。最後，約伯享壽而終，完美地體現了德福一致。〔註41〕在此，
人格神的力量在解決德福問題上起到了關鍵作用，而張載思想並不如此。其
中沒有永恒之人格神作爲依據，而以氣化之情勢解釋貞勝吉凶的原因。「一以
貞勝而不顧」是他解決德福問題的關鍵，也是宋代理學的原則之一。

但「一以貞勝而不顧」之說以倫理指針說明天命的內涵，作爲處理實際
問題的信條自然可以，作爲哲理則略顯武斷又缺乏明晰性，實則無法解釋現
實世界中德福不一致的現象，可謂「勇」有餘而「智」不足。〔註42〕

船山作爲儒者，自然不會改變張載（甚至整個儒家傳統）重視道德踐履
的理論方向，也並未改變以氣釋命的理論基礎，他眼中的天命仍然是「陰陽
虛實、高明沉潛之撰」。但他充分重視現實中存在的德福不一致現象，嘗試作

〔註40〕張載，《橫渠易說・繫辭下》，《張載集》第 209 頁。
〔註41〕見《聖經・舊約・約伯記》。
〔註42〕程顥評定張載「勇於造道」，並非完全褒義。

出合乎義理的解釋。他重視氣的健動性，闡發出德福雙命說，使傳統的天命觀臻乎精細，在注解張載《正蒙・至當》論德福關係一語時寫道：

> 當於理則順，於事至當，則善協於一，無不順矣。居之安而志無不遂、事無所逆之謂福。以德致福，因其理之所宜，乃順也。無入而不順，故堯水、湯旱而天下安，文王囚、孔子厄而心志適，皆樂也，樂則福莫大焉。小人以得其欲爲樂，非福也。理者，物之固然、事之所以然也，顯著於天下，循而得之，非若異端孤守一己之微明，離理氣以爲道德。至德，天之德也。順天下之理而不鑿，五倫百行，曉然易知而簡能，天之所以行四時、生百物之理在此矣。〔註43〕

船山認爲無論是德命還是福命，都是「理之所宜」，是天之所命，這與張載一致。但是，他認爲「事無所逆」是福，在困厄中堅持人道而心志恬樂更是福。福命只是合於「物之固然、事之所以然」之天理，未必能夠以「順天下之理而不鑿，五倫百行，曉然易知而簡能」之人道來解釋，後者才是「天之所以行四時、生百物之理」的目的，即德命。雖然從天理論來看德命並不比福命更重要，但在修養論則不同。

另外，德福雙命之分又與船山的性論密切相關，這幾乎是既有研究的盲區。船山以德命爲性，即所謂「有質則有性，有性則有德」。〔註44〕人因天理之命而有天命，又因命而有性，即所謂道大而命小，命大而性小。〔註45〕他主張區分性、命，而命大於性者主要體現在福命上。

船山突出天至大至公的生命力、每時每刻命人以德命、福命之偶然性的思想，使天具有了一定的意志，甚至與《約伯記》中的意志神相似。約伯對上帝信仰的必然性相當於他所謂的「德命固理」，合乎有因必有果的邏輯；約伯所遭受的無故之災，因魔鬼之試探而起，人無法知曉其中的確切原因，即船山所謂「於人見非理者」；約伯最終也只是知道這一切都在上帝的掌控中，即船山所謂「無妨於天之理」。這種發揮引出了矛盾。船山繼承了原始儒家及

〔註43〕《張子正蒙注》卷五，（12）第 193～194 頁。引文夾雜分散在《正蒙》原文之間，此處將原文略去，而將船山注文合而爲一。
〔註44〕《張子正蒙注》卷五，（12）第 195 頁。
〔註45〕《莊子通・山木》中有：「命大，性小。在人者性也，在天者命也。既已爲人，則能性而不能命矣。在人者皆天也，在己者則人也，既已爲己，則能人而不能天矣。」見（13）第 512 頁。這是強調人既生之後，則具有了自性，而不全同於天，故有天人、性命之分。

宋明理學的一貫思路，否認神具有意志性，並不主張以天的意志解釋天命的偶然性。〔註46〕如果說孔子之「天何言哉」與「五十知天命」等議論，保持了天命的渾淪與自然，那麼，船山細緻分解天命的作法類似於為混沌鑿出七竅，使天命具有了較為清晰的眉目，讓人看到天本身所涵蘊的某些意志神色彩，似乎卻在根本上與強調人的道德能動性的本意相衝突。

通觀本節，船山天命論的特點可以概括為「命日降、性日新」以及「命分德福」兩個方面。二者都是在吸收宋代理學（主要是張載與朱熹），並結合明代中期以後的「主動」的思想潮流而形成。其中，「命日降、性日生」之說是其主動氣論的必然發展，也是「繼善成性」、「習與性成」等思想的基礎。「命分德福」之說雖然在天理論的層面並未區分德福二命孰輕孰重，但在修養論即人道層面突顯了主體的重要性。當然，無論船山如何分析周詳，都無法完全解決傳統命定論的內在矛盾。可見，其思想的總結性並不是徹底解決問題的總結，而是突顯問題的總結。

第二節　王船山的人性論

有動態的天命論，必有動態的人性論。崇尚健動是王船山人性論的主要特點。首先，他以健動解釋人性本善，主張天命不息、命日降而性日生，以《易傳》「繼善成性」進行概括。其對象通常只對人而言，不涉及物，這與朱熹等前儒不同。人的一生有每一瞬間之命，有每一瞬間之性。天命受之於天道，無不善，則人性亦無不善。其次，船山發展張載「氣質之性」之說，闡發「氣質中之性」的思想，以對治朱學中理氣分離的問題；又闡發「習與性成」之論，將健動的人性論發展到極致。他在解決性善論的惡的難題之時，並未超出以氣質或才情解釋現實惡的傳統套路。

一、繼善成性

心性論是船山學的熟土，而「繼善成性」論是這片熟土中更成熟的領域，似已沒有可供開墾之處，實際並非如此。〔註47〕「繼善成性」說源自《繫辭》，

〔註46〕船山多此討論「天地無心」、「摶造無心」等思想，詳見第四章第二節「鬼神觀」部分的內容。

〔註47〕顧炎武認為：「『維天之命，於穆不已』，繼之者善也。『天下雷行，物與無妄』，成之性也。是故『天有四時，春秋冬夏，風雨霜露，無非教也。地載神氣，神氣風霆，風霆

在宋明理學史上多有發明，在明清之際亦然。船山此論更多地體現出了思想的繼承性。〔註48〕

　　船山繼善成性論中有三個較爲明顯的層次：一、由命而性，故有性日生日新之說，與天道論一致。二、由道之善而命之善而性之善，即由善而性，故有性善之說；由命兼理氣，理善氣也善，故有性涵理欲之說。三、人之「繼」方能保證性之善，故有重「繼」之說，涉及格致、存養的等修養工夫。

（一）性之繼成與人之能動

　　由船山天命不息論不難推出性日生日成之說，《張子正蒙注・誠明》篇首有：

　　　《中庸》曰「天命之謂性」，爲人言而物在其中，則謂統人物而言之可也。又曰「率性之謂道」，則專就人而不兼乎物矣。物不可謂無性，而不可謂有道；道者，人物之辨，所謂人之所以異於禽獸也。故孟子曰「人無有不善」，專乎人而言之，善而後謂之道；汎言性，則犬之性、牛之性，其不相類久矣。盡物之性者，盡物之理而已。……禽獸，無道者也；草木，無性者也；唯命，則天無心無擇之良能，因材而篤，物得與人而共者也。張子推本神化，統動植於人而謂萬物之一源，切指人性，而謂盡性者不以天能爲能，同歸殊塗，兩盡其義，乃此篇之要旨。〔註49〕

船山認爲，雖然天命「無心無擇」，人與物得以共有，但從人性或人道的角度看，只有經過人的盡性之功，人與萬物才能稱得上「一源」，即人是天地的目的，故可以說：「言道者必以天爲宗也，必以人爲其歸。」〔註50〕成性之源頭

流形，庶物露生，無非教也。』」（見氏著、黃汝成集釋，《日知錄集釋》卷一，上冊第41～42頁。）他巧妙地糅合經典文獻中的材料，闡明天命的神聖，人與萬物皆受命而成性，所以人可以天地萬物的運行而受教。顧、王二人都以傳統思想資源爲依據闡發自己的觀點，故表現出較強的繼承性。

〔註48〕侯外盧從整個社會的尺度而不是從個人的角度去評量船山，故認爲船山的人性論中所包含的的命題「是宋儒以來『滅人欲』的反對命題，本質上是近代市民階級人文主義的自覺」。見《中國早期啓蒙思想史》第99頁，《船山學案》的內容相同。其中自有不容抹殺的貢獻在，如認爲繼善成性中「性和善都是在客觀和主觀的聯結中滲透反映的」，肯定了船山思想中的主體的挺立。但不宜將繼善成性作爲明末清初甚至是船山思想的特有內容來分析，只是這種研究傾向在船山學中影響巨大，至今仍存。

〔註49〕《張子正蒙注》卷三，（12）第112頁。

〔註50〕《尚書引義》卷五，（2）第381頁。

在天、在命，但其最終完成則離不開人的能動性，天與人在人性中是難分難解的二位一體，是人與天合一的原因。

　　首先，從性的生化不息義看，船山認爲：「夫性者生理也，日生則日成也。」〔註51〕人性爲天之命，天命伴隨著人的一生，但並非在初生之時一命而就，而是一生之中刻刻有天命。天自新不息，則天命、人性日生日成，故其《思問錄》中有：「性者生之理，未死以前皆生也，皆降命受性之日也。初生而受性之量，日生而受性之眞。爲胎元之說者，其人如陶器乎！」又有：「『成性存存』，存之又存，相仍不舍，故曰『維天之命，於穆不已』。命不已，性不息矣。謂生初之僅有者，方術家所謂胎元而已。」〔註52〕性不僅僅是人最初所具有而不可變更者，因爲只有時時刻刻接受天命，人性才可能「存之又存，相仍不舍」。表面上看，船山將人性刻刻都交付天命，類似於更嚴苛的命定論，實則不然：在人生的每一瞬間都強調人「受」的主動性，更加突出人的能動作用。天賜予的人性不是一成不變的、如同陶器一般的器物，而是內涵著一種可變的、主動的能力。船山將朱熹爲代表的性論與老子的復歸赤子之心說，甚至道教的胎元之說視爲同類，一併加以反對。

　　其次，船山充分發揮了「繼」的重要性，一則保證人性之善，一則突顯人的能動性。只有性日生日成，君子才需要朝乾夕惕，防患於未然。若性乃一出生即固定之命，主動的「繼」勢必無用，人似乎只需坐享天賜。《周易外傳》中有：

　　　人物有性，天地非有性。陰陽之相繼也善，其未相繼也不可謂之善。故成之而後性存焉，繼之而後善著焉。言道者統而同之，不以其序，故知道者鮮矣。性存而後仁、義、禮、知之實章焉，以仁、義、禮、知而言天，不可也。成乎其爲體，斯成乎其爲靈。靈聚於體之中，而體皆含靈。若夫天，則未有體矣。〔註53〕

人天之位有別，但人能效天，天道能「統同」萬物而有序，故人性中涵納仁義禮智等綱常。仁義禮智可以言人，而不能言天。天虛靈清湛，故無體可言，與人物之有體不同。天運行不息，化生萬物，故可說無體而有用。人繼承天命以爲性，只是「繼」天之用——靈。船山因「繼」而突顯了「靈」的重要

〔註51〕《尚書引義》卷三，（2）第299頁。
〔註52〕《思問錄・內篇》，（12）第413頁。
〔註53〕《周易外傳》卷五，（1）第1006頁。

性，解釋了人爲何具有心靈，具有能動性。〔註54〕

從船山氣論的角度看，人之心靈是天之在人的反映、類比或「模擬」，〔註55〕是太虛之具體而微者《張子正蒙注・太和》中有：「心函絪縕之全體而特微爾，其虛靈本一，而情識意見成乎萬殊者，物之相感有同異，有攻取，時位異而知覺殊，亦猶萬物爲陰陽之偶聚而不相肖也。」〔註56〕人心形體雖小，卻涵納了太和之中天地萬物之理，具有太和之絪縕。人在修養過程中，需要模擬太和之絪縕廣大，需要擴充、存養，即所謂「繼善者因性之不容掩者察識而擴充之」，〔註57〕將重視「察識」、「擴充」與人之性靈結合起來。或者說，船山將「繼」的能動性體現在人心之上，認爲：「天理之自然，爲太和之氣所體物不遺者爲性，凝之於人而函於形中，因形發用以起知能者爲心。」〔註58〕這種思維方式是對理學的繼承。

另外，「人物有性」之說與《讀四書大全說》中「天道之本然是命，在人之天道是性」的觀點略有差異。從上下文看，後面的文字中全在討論人性，而未見討論物性之處，似乎「人物」也僅限於人而言。〔註59〕因此，船山思想中的「性」通常是只對人而言，偶而涉及物。

（二）性善之徵

船山的性善論的證明主要包括兩個方面：一從「繼善成性」的角度，善與性爲體用關係，即由體證用的順推過程，前人論述已多；一從人的功能本

〔註54〕 有學者認爲中國哲學中缺乏自由意志，故難以產生自由、民主、平等等近代價值觀。僅就船山來看，無人能夠否認他對主體選擇性的強調，且這種選擇性並不完全依靠道德綱常的強迫力，雖然其選擇性中包含了儒學的價值取向。

〔註55〕 「模擬」一詞借用自陳來，《詮釋與重建──王船山的哲學精神》一書中有：「船山此種思想（即天的『本體清虛而通──客形礙而不通』），似爲一種模擬的系統論觀念，其意爲，一個系統若在狀態上與另一系統相似和一致，則此系統的功能和結構亦與之相同；只要使乙系統和甲系統之間具有某種模擬相似關係，便可認爲乙系統已經在結構和功能上達到了甲系統的狀態水平。」見該書第 422 頁。此處之「模擬」即中國傳統思想中大量出現的、以人類比天的思維，是天人之學的具體反映。

〔註56〕 《張子正蒙注》卷一，（12）第 43 頁。

〔註57〕 《張子正蒙注》卷三，（12）第 131 頁。

〔註58〕 《張子正蒙注》卷三，（12）第 124 頁。

〔註59〕 見蒙培元《理學範疇系統》第 226～227 頁，以及張立文《正學與開新──王船山哲學思想》第 149 頁。

善的角度，〔註60〕人之功能與性為用體關係，由用證體的逆推過程，前人鮮有論者。

首先，從「繼善成性」的角度看。在儒學中，由體推用的方法與《中庸》、《易傳》由天及人傳統的關係較為緊密，而與孟子關係較小。人性的善惡由世界之本體決定。船山為氣一元論者，但在涉及性問題時，卻與朱熹理氣二元的做法相似。他以性與氣相對，使得性具有了獨立於氣之外的自性，《尚書引義》中有：

> 今夫氣，則足以善、足以惡，足以塞、足以餒矣。足云者，有處於形之中而堪任其用者也。若夫恒而不遷，善而無惡，塞而不餒者，則氣固有待而足焉，而非氣之堪任也。故曰性衷氣也。氣非有形者也，非有形則不可破而入其中。然而莫能破矣，而絪縕摶散者足以相容而相為載，則不待破以入，而性之有實者，故與之為無間。

〔註61〕

船山規定了性乃純善，即「恒而不遷，善而無惡，塞而不餒」等，而現實中的不善（即所謂「遷」、「惡」、「餒」等）只能出自非性之氣。只有人性「恒而不遷」，人才能有規則可守；只有性實有，人才能通過「存性」、「養氣」而充實自己，達到至誠的境界，杜絕氣餒。氣具有「莫能破」的特性，與性（即理）相即不離，則有氣必有性，灑掃應對處處皆為修養之事。當然，船山此處只是從修養方法上說明了性善，而未能真正說明不善（即惡）的根源。這種理氣不離之天命為人所「繼」即體現為善性，《思問錄》中有：「盡性以至於命。至於命，而後知性之善也。天下之疑，皆允乎人心者也。天下之變，皆順乎物則者也。何善如之哉！」〔註62〕如果只看這些，很難發現船山與朱熹的異處。孟子以「四端」證明性善，船山認為「四端說」並非定論，只是孟子的「權辭」，並借機提出自己的新解，即「善大性小」之說。《周易外傳》中有：

> 故孟子之言性善，推本而言其所資也，猶子孫因祖父而得姓，則可以姓繫之。而善不於性而始有，猶子孫之不可但以姓稱，而必繫之以名也。然則先言性而繫之以善，則性有善而疑不僅有善。不

〔註60〕「功能」一詞借鑒了熊十力《新唯識論》的用語。熊十力以「功能」指「體用不二」之「用」，因本體所具有之能力與作用，故名功能。針對體用一源之體而言即性，若以性為體則也可指性之用。此處因後者立論。

〔註61〕《尚書引義》卷三，（2）第293頁。

〔註62〕《思問錄·內篇》，（12）第413頁。

> 如先言善而繫之以性，則善爲性，而信善外之無性也。〔註63〕

船山認爲孟子所論善與性的關係如同人姓與名的關係，善先於性而有如同人先有祖父之姓而後有己名。前人論性善者皆「先言善而繫之以性」，如同以姓稱呼子孫，故而主張「先言善而繫之以性」，即先稱姓而後呼名。或者說從善去追性，即「善外無性」；也就是以善爲姓氏，以性爲名字。《周易外傳》中有：

> 故成之者人也，繼之者天人之際也，天則道而已矣。道大而善小，善大而性小。道生善，善生性。道无時不有，无動无靜之不然，无可无否之不任受。善則天人相續之際，有其時矣。善具其體而非能用之，抑具其用而无與爲體，萬彙各有其善，不相爲知，而亦不相爲一。性則斂於一物之中，有其量矣。有其時，非浩然无極之時；有其量，非融然流動之量。故曰「道大而善小，善大而性小」。〔註64〕

這裡體現出人、天之間的相繼關係。船山以道爲天，涵納了在天之天與在人之天，人繼之不輟，方能達至絕對的無限。善承自道，然不具備時間維度的無限性；性又繼自善，然不具備善的「融然流動之量」，即性僅僅針對人而言，體現爲倫常規則的恒定性與可把握性。但是，船山以「道生善，善生性」解釋三者關係，又以祖父與子孫的姓氏爲類比，難免會出現有道而無善、有善而無性之時。這種後果恰恰與他反對的理生氣的道家式的生化論一樣。其實，他所謂的「生」並非時間性概念，「大小」關係也非空間性概念，二者都是表達一種內在化的關係。以上兩段引文都出自其早期著作《周易外傳》，這些表達問題在晚年的《周易內傳》中得以改善：

> 道統天道人物，善、性則專就人而言。……「繼」者，天人相接續之際，命之流行於人者也。其合也有倫，其分也有理，仁智不可爲名，而實其所自生。在陽而爲象爲氣者，足以通天下之志而無不知，在陰而爲形爲精者，足以成天下之務而無不能，斯其純善而無惡者。孟子曰「人無有不善」，就其繼者而言也。「成之」謂形已成而凝於其中也。……然則，性也、命也，皆通極於道，爲「一之一之」之神所漸化而顯仁藏用者。道大而善小，性小而載道之大以無遺。〔註65〕

〔註63〕《周易外傳》卷五，第1007頁。
〔註64〕《周易外傳》卷五，（1）第1006頁。
〔註65〕《周易內傳》卷五上，（1）第526頁。

這段引文首先明確天人之分的重要性，道針對天而言，而性、善針對人而言。其次以性「凝」於道中代替了道「生」善、性的說法。性命通於道，而道漸化而藏用於性中。船山在該文中刻意避免使用「生」，甚至對於早年「道大而善小，善大而性小」之說做出必要的修正。此處雖也有「道大而善小」之說，但卻認爲「性小而載道之大以無遺」，性只是具體而微的道，即性之中包涵著通極於道的所有可能性。從天道流行的角度證明性善，的確較以人之四端論證性善的靜態的方法更爲高明。

　　其次，從人的功能本善的角度看。孟子由仁義禮智四端逆推性善，以理學思維看，是以用證體。船山之法也可謂以用證體，但與孟子不同。他認爲四端本身並不具有穩定性，主張「學習產生悅樂」是人穩定而完善的一種功能。這是其性善論的獨特之處。《思問錄》的第一段文字爲：

　　　　「學而時習之，不亦說乎！有朋自遠方來，不亦樂乎！人不知
　　而不慍，不亦君子乎！」人性之善徵矣。故以言徵性善者，（知性乃
　　知善，不易以言徵也。）必及乎此而後得之。誠及乎此，則若火之
　　始然，泉之始達，道義之門啓而常存。若乍見孺子入井而怵惕惻隱，
　　乃梏亡之餘僅見於情耳，其存不常，其門不啓，或用不逮體，或體
　　隨用而流，乃孟子之權辭，非所以徵性善也。〔註66〕

《思問錄》是成於船山晚年的代表作，篇幅不長，但多直接表達自己的思想，與其它注疏性著作有所不同。此書似是隨筆，實亦注意謀篇布局。船山將上引文字置於《思問錄・內篇》之首，其中大有深意。孟子以「四端」證明性善在儒學史上影響最大，爭論也最多。告子是孟子批評的重要對象，主張人性如同原木，可爲杯也可爲棬，故無所謂善惡。荀子認爲人性中恰恰因爲缺少善，才會追求善，故以人性爲惡。楊雄有性善惡相混之論，韓愈也有人性三品說。這些觀點體現出思想家對性理解的差異，但也能看出孟子「性善說」的內在問題。船山認爲人性之善惡很難通過語言證明，故轉向對人的修養功能方面的考察。他認爲孔子把親身體驗告訴後人，好學、樂友、寬容等皆給人帶來愉悅歡暢，皆爲人性中必然具有者，皆是人性中所涵納的「不容已」的、自然的內容，《讀四書大全說》中有：

　　　　果其爲「學」，則「習」自不容中止，「朋」自來，「不知」自
　　「不慍」，德即成於不已。……故必「時習」而抑有以得夫「朋來」

────────────
〔註66〕　《思問錄・內篇》，（12）第401頁。

之「樂」，「樂」在「朋來」而抑不以「不知」爲「慍」，乃以有其
「說」「樂」而德以成，則「說」、「樂」、「君子」所以著「時習」、
「朋來」、「不慍」之效。然非其能「說」、能「樂」、能爲「君子」
要不足以言「學」，則亦以紀學者必至之功。〔註67〕

「說」、「樂」、「爲君子」等都是「不容中止」「成於不已」，都是「時習」、「朋
來」、「不慍」等修養工夫的必至之效果。前三者都是人與生俱來、刻刻不息
的自然功能，後三者是前三者的效果。效果的良好證明了人所具功能之善，
即人性之善。孟子曾有口甘於美味、心樂於理義之說，實是此論的源頭。船
山堅持孟子的性善說，但否定其論證方式。他認爲「乍見孺子入井」的「怵
惕惻隱」，只是人性「梏亡之餘僅見於情」者而已，但情是難以捉摸的。〔註
68〕若眞以情爲性善之征，必將導致其「存不常」，「其門不啓」，將修養的可靠
門徑堵塞，導致「或用不逮體，或體隨用而流」的後果。

　　總之，船山在以上兩種性善的證明途徑中都有創新，但在整體上並未超
出宋明理學的路數，這也昭示了命定論本身的理論局限。

二、性氣關係

　　性氣關係一直是理學的重要問題，二程《粹言》有：「論性而不及氣則不
備，論氣而不及性則不明。」已指明性氣不離的重要性，對此後的理學家影
響頗深。船山的性氣關係論主要目的在於訂正「貴性賤氣」之說〔註 69〕，此
處從氣中之性、習與性成、才性關係等三方面論述。

（一）氣質中之性

　　船山「氣質中之性」之說主要吸收了張載、二程、朱熹等人的相關思想

〔註67〕《讀四書大全說》卷三，（6）第 587 頁。

〔註68〕船山對於「四端」的理解並不完全一致，他在《讀四書大全說》中曾批評朱
熹以惻隱之心爲情之說，他說：「純蓋以性知天者，性即理也，天一理也，本
無不可合而知也。若以情知性，則性乎天也，情純乎人也，時位異而撰不合
矣，又惡可合而知之哉？故以怵惕惻隱之心爲情者，自《（四書章句）集注》
未審之說。觀《朱子語錄》所以答或問者，則故知其不然矣。」該書卷八，
見（6）第 967 頁。　此處以怵惕惻隱乃人性之僅見於情者，自與上論不合。
權爲做解爲：「怵惕惻隱」中所涵之恒定者爲性，而其變動者爲情。

〔註69〕船山認爲：「貴性賤氣之說，似將陰陽作理，變合作氣看，即此便不知氣。變
合固是氣必然之用，其能謂陰陽之非氣乎！」見《讀四書大全說》卷十，（6）
第 1057 頁。

而形成。陳來認爲：「在他（船山）看來，氣質之性的概念，不應當指人性的一種內涵、一種傾向，或一種作用，而是指人性與氣質的一種關係。」故「與朱子理氣觀的宇宙論構成論是一致的」。〔註70〕從氣性關係來把握「氣質中之性」自然是不移之論。

船山主要是改造了張載的「氣質之性」而形成「氣質中之性」的觀點。張載認爲：「天性在人，正猶水之在冰，凝釋雖異，爲物一也；受光有小大、昏明，其照納不二。」〔註71〕他以水冰之喻解釋性與人的關係，以光照的明暗解釋現實人性的種種不同。這些類比說明了天性的相同與現實中人的多變之間的關係，有一定價值，但也留下了巨大的解釋空間，極易讓人產生誤解。其次，張載有氣質之性和天地之性之分：「形而後有氣質之性，善反之則天地之性存焉。故氣質之性，君子有弗性者焉。」〔註72〕這是其性論中影響最大的觀點，經程朱的發展貫注於整個宋明理學史中。再次，張載主張性善論，有「性於人無不善」之說。〔註73〕但人達到善需要修養過程：「性未成則善惡混，故亹亹而繼善者斯爲善矣。惡盡去則善因以成，故舍曰善而曰『成之者性也』。」〔註74〕即將踐履工夫與人性的形成緊密聯繫結合，是其二性之分的眞正目的。

但是，人性無不善，氣質之性也是性，爲何其中又有君子「弗性者」？「性未成則善惡混」之說，本爲強調修養之功的必要性，若從存有論的角度思考很容易與性善論產生矛盾。船山的改造策略非常明確：限定氣質之性，地消除「善惡混」。

首先，張載將人的「剛柔」、「緩急」、「才與不才」等都歸入氣質之性。氣流動變化，形成世間萬象，以氣論性則性亦可變，終究難免不純。船山對「氣質之性」提出了不同的解釋，《讀四書大全說》中有：

> 所謂「氣質之性」者，猶言氣質中之性也。質是人之形質，範圍著者生理在內；形質之內，則氣充之。而盈天地間、人身以內、人身以外，無非氣者，故亦無非理者。理行乎氣之中，而與氣爲主

〔註70〕陳來，《元明理學的「去實體化」轉向及其理論後果》，見《詮釋與重建——王船山的哲學精神》附錄第506～507頁。
〔註71〕張載，《正蒙・誠明篇》，《張載集》第22頁。
〔註72〕張載，《正蒙・誠明篇》，《張載集》第23頁。
〔註73〕張載，《正蒙・誠明篇》，《張載集》第22頁。
〔註74〕張載，《正蒙・誠明篇》，《張載集》第23頁。

　　　　持分劑者也。故質以函氣，而氣以函理。〔註75〕

氣質是人的性質，是「範圍」，其中有氣充塞，而理氣本不相離，故人的氣質之性也涵有理。此前之「氣質之性」重在解釋「氣」字，故駁雜不純，與天地之理（即純粹之理）相對，終有君子弗性之說；而船山則重在「質」字，以質爲容納理氣之「函」，即人之形質只是容納天地理氣之皮囊，有人則必有天地之理在內，〔註76〕以此順利解決氣質與天地之性的關係問題。他又對傳統的二性之分進行批評，主張其根源在程頤，而非張載 。（這與他的道統觀有關。〔註77〕）他又主張氣質之性涵括人的感官能力，是人難以割捨的功能，故說：

　　　　程子謂天命之性與氣質之性爲二，其所謂氣質之性，才也，非
　　　性也。張子以耳目口體之必資物而安者爲氣質之性，合於孟子，而
　　　別剛柔緩急之殊質者爲才，性之爲性乃獨立而不爲人所亂。蓋命之
　　　於天之謂性，成於人之謂才，靜而無爲之謂性，動而有爲之謂才。
　　　性不易見而才則著，是以言性者但言其才而性隱。〔註78〕

感官能力源於天命，本是善的，但需要外物（氣）才能起作用，否則就只是內在的性，這種能力即爲氣質之性。他的解說很巧妙，但舊說更符合張載原意，否則就無需「善反」以爲功，也無法解釋「氣質之性君子有弗性」之說。船山進一步發揮「氣質中之性」之說：

　　　　氣質者，氣成質而質還生氣也。氣成質，則氣凝滯而局於形，
　　　取資於物以滋其質；質生氣，則同異攻取各從其類。故耳目口鼻之
　　　氣與聲色臭味相取，亦自然而不可拂違，此有形而始然，非太和絪
　　　縕之氣、健順之常所固有也。舊說以氣質之性爲昏明強柔不齊之品，
　　　與程子之說合。今按張子以昏明強柔得氣之偏者，繫之才而不繫之
　　　性。〔註79〕

〔註75〕《讀四書大全說》卷七，（6）第859頁。
〔註76〕船山認爲：「質以函氣，故一人有一人之生；氣以函理，一人有一人之性也。
　　　　若當其未函時，則且是天地之理氣，蓋未有人者是也。（未有人，非混沌之謂，
　　　　只如趙甲以甲子生，當癸亥歲未有趙甲，則趙甲一分理氣，便屬之天。）乃
　　　　其既有質以居氣，而氣必有理，自人言之，則一人之生，一人之性，而其爲
　　　　天之流行者，初不以人故阻隔，而非復天之有。是氣質中之性，依然一本然
　　　　之性也。」見《讀四書大全說》卷七，（6）第859～860頁。
〔註77〕由此可見，道統意識對於船山思想的廣泛影響。
〔註78〕《張子正蒙注》卷三，（12）第129～130頁。
〔註79〕《張子正蒙注》卷三，（12）第127頁。

此處論氣與質的關係主要從修養的角度談，即官能對於修養的必要性，而修養又能使感能提升。二者相互提升，相互關聯，若有一端萎縮，則另一端亦受影響。

其次，張載所說的善惡混，主要是說明在人性沒有形成之前，世界之本原無所謂善惡，強調了人性形成的重要性。這與陽明學的觀點相似。船山將張載的話解釋爲：

> 善端見而繼之不息，則始終一於善而性定矣。蓋才雖或偏，而性之善者不能盡揜，有時而自見，惟不能分別善者以歸性，而以偏者歸才，則善惡混之說所以疑性之雜而迷其眞。繼善者，因性之不容揜者察識而擴充之，才從性而純善之體現矣，何善惡混之有哉！〔註80〕

船山承認善惡混是疑惑之語，強調了性善的必然性，即前述「繼承成性」之證明。人之所以認爲性善惡相混只是不能分別性與才而已。他將氣之偏者歸入才，與性相對，將氣質之性分爲二，一方面肯定了感官能力的必要性，另一方面維護了性論的內在統一。但以才爲不善之根源，並不能完善地解釋現實之惡的問題。才有才德、能力之義，船山認爲「命之於天之謂性，成於人之謂才，靜而無爲之謂性，動而有爲之謂才」，故性才之間爲體用關係，才顯而性隱。才進入功能範圍，則必然具有時間性與偶然性，故人有千變萬化：

> 性者，氣順於理而生人，自未有形而有形，成乎其人，則固無惡而一於善，陰陽健順之德本善也。才者，形成於一時升降之氣，則耳目口體不能如一，而聰明幹力因之而有通塞、精粗之別，乃動靜、闔闢偶然之幾所成也。性藉才以成用，才有不善，遂累其性，而不知者遂咎性之惡，此古今言性者皆不知才、性各有從來，而以才爲性爾。〔註81〕

「陰陽健順之德」無不善，則性無不善，但不能解釋世人的差異。才「形成於一時升降之氣」，故不必然爲善，亦不恒久，但才之中結合了變化萬千之時與勢，形成世間的種種不同情狀，氣質之偏頗亦與之有關：「氣之偏者，才與不才之分而已。」〔註82〕才多依靠人的聞見能力，是氣質之性的體現。無才則性不能成用，才與性不離但也不相混合。船山認爲：

〔註80〕《張子正蒙注》卷三，（12）第130～131頁。
〔註81〕《張子正蒙注》卷三，（12）第129頁。
〔註82〕《張子正蒙注》卷三，（12）第134頁。

性者善之藏，才者善之用。用皆因體而得，而用不足以盡體，故才有或窮，而誠無不察。于才之窮，不廢其誠，則性盡矣。「多聞闕疑，多見闕殆」，「有馬者借人乘之」，（借猶請也，未有馬而自不能御，則請善御者爲調習，不強所不能以徼幸，玩「之」字可見。）皆不詘誠以就才也。充其類，則知盡性者之不窮于誠也。〔註83〕

性與才因善而相即不離，性是善之源，而才是善源之發用。無善則無才，才無誠則不足以盡善體。若只將才、性放在體用關係的封閉圈內理解，自然會批評其矛盾。〔註84〕只有從修養論來看，才不盡性之說才能顯出其本來目的。船山認爲人若只是依靠聞見等能力（即才），顯然不能窮盡天理，而必須依靠存誠方能盡性，以盡性之後的外推過程明晰世界，即所謂「才有或窮而誠無不察」。這與船山的學功雙行的工夫論一致（見下章相關論述）。他將誠作爲極頂字，故認爲：「顯性之有而自言之，《易》謂之『縕』，《書》謂之『衷』，《孟子》謂之『塞』，求其實則《中庸》之所謂『誠』也。」〔註85〕以誠「顯性」，進而溝通「縕」、「衷」、「塞」等人性所函之氣，這與「氣質中之性」的思想一致。

（二）習與性成

船山重視「習與性成」的俗語，認爲它能夠「折中」自古以來人性論的紛爭。〔註86〕「習」分爲習氣與習成二義，故可兼有存有論與修養論兩層含義。首先，從習氣之義來看，習可包括世間所有可見可感之形氣，善惡皆有，《思問錄》中有：

〔註83〕《思問錄・內篇》，（12）第 428～429 頁。
〔註84〕勞思光在《新編中國哲學史》第 3 卷下冊對船山思想的矛盾之處多有指謫，關於「習與性成」者乃其中重要方面，他在摘引《尚書引義》中「天命之謂性，命日受而性日成」的文段後，認爲：「習與性成，可使性亦『成乎不義』，乃一常識上之說法，全未經陶煉者。」見《新編中國哲學史》第 3 卷下冊第 530 頁。應該說勞氏點出了船山思想的混沌及循環之處，對於某些過度沉迷傳統思想者自有其警省的作用，只是不利於理解船山思想的整體指向。林安梧曾撰文《對於船山哲學幾個問題之深層反思──從勞思光對於船山思想的誤解說起》（刊於《船山學刊》2003 年第 4 期）批評勞氏的觀點，並重新疏解船山思想的系統，有利於對船山思想的整體把握。但無論林氏如何闡發，也無法否認船山在哲學用語上的某些模糊渾淪之處，這不是船山個人的現象，而是整個傳統思想的問題。
〔註85〕《尚書引義》卷三，（2）第 293 頁。
〔註86〕侯外廬較早指出了船山對於「習」的重視，見《船山學案》，後收入《中國早期啓蒙思想史》，見該書第 105 頁。蒙培元也有相關論述，見《理學範疇系統》第 246～247 頁。

習氣熹然充滿於人間，皆吾思齊、自省之大用，（用大則體非妄
可知。）勿以厭惡之心當之，則心洗而藏密矣。「三人行必有我師」，
非聖人灼知天地充塞無間之理不云爾也。〔註87〕

此處化用《論語》中「見賢思齊，見不賢而內自省」一語。需要「思齊」的
「習氣」自然是賢的、善的，而需要「內自省」的則是不賢的、不善的。君
子鑒於習氣，用砥礪、洗刷之功，終能達至完善。

其次，習成是「習」字的主要意思，故有「習與性成」之說。習與學不
同。「學，謂窮理精義以盡性之功。」〔註88〕其對象是道，是善，目標是盡善。
學僅含有主動義，而習則有被動沾染與主動學習雙層意思，「習與性成」之習
則明確體現出善與不善之義：

習與性成者，習成而性與成也。使性而無弗義，則不受不義；
不受不義，則習成而性終不成也。使性而有不義，則善與不善，性
皆實有之；有善與不善而皆性，氣稟之有，不可謂天命之無。氣者
天，氣稟者稟於天也。故言性者，戶異其說。今言「習與性成」，可
以得所折中矣。〔註89〕

對習性關係的不同認識造成了不同的人性論。習中有不善之氣，而氣稟所有
則「不可謂天命之無」。由氣稟推知內涵的作法，也為船山所常用，故他無法
按此否認「言性者戶異其說」。他轉而選擇從生成論（或者修養論）的角度分
析人性，並選取常識中的「習與性成」之說。（見上頁腳註）他強調「繼」對
於「成性」的必要性，這與繼善成性說一致。又主張「命日降而性日成」之
說，則人性論之關鍵問題轉向了修養工夫方面，故可以「折中」歷代之紛爭。

應該說，氣、性即氣質之性與天地之性之間矛盾，是理學傳統中性論的
癥結所在。船山對此的做了大膽創新，雖不能說完滿解決了問題，但作了有
益的探索。

（三）性涵理欲

船山以理氣渾然規定人性，故有「氣質中之性」之論。從理欲問題看，
性中涵理也涵欲，不同於理學傳統重理輕欲的傾向。〔註90〕朱熹並不反對正

〔註87〕《思問錄・內篇》，（12）第424頁。
〔註88〕《張子正蒙注》卷四，（12）第175頁。
〔註89〕《尚書引義》卷三，（2）第299頁。
〔註90〕前輩學者中常有因此而論定船山為反理學者，實則此說只是反映了一小部分

當的人欲，故有「天理人欲，同行異情」之說；但是，「欲」字若作爲不正當
之欲望（即私欲）解釋之時，則有「遏人欲而存天理」、「天理人欲，不容並
立」等說。〔註91〕後者影響更大，其中有後人選擇的問題，也與他對性、氣
的存有論規定有關。他認爲：「性者，人之所以得於天之理也；生者，人之所
得於天之氣也。性，形而上者也；氣，形而下者也。人物之生，莫不有是性，
亦莫不有是氣。」〔註92〕人性只是天理，而不與人欲交雜，二者並行。〔註93〕
這種傾向同樣體現在心學中，陽明以物欲爲遮蔽日光之烏雲，故必須消除方
能見得此心之光明。〔註94〕

船山肯定氣爲善，承認欲對性有必要性：「蓋性者，生之理也。均是人也，
則此與生俱有之理，未嘗或異；故仁義禮智之理，下愚所不能滅，而聲色臭
味之欲，上智所不能廢，俱可謂爲之性。」〔註95〕天理與人欲對於人性來講
都是必備的，故「俱可謂之性」。這首先是對於朱熹「理欲同行」的繼承，但
認爲欲可稱爲「性」，則在肯定欲望的路上走得更遠。

首先，人性之中所涵之理即儒家之全德──仁，即人之所以爲人者，《張
子正蒙注》中有：

> 仁者，生理之函於心者也：感於物而發，而不待感而始有，性
> 之藏也。……義者，心所喻之物則也；知者，仁所發見之覺也。誠
> 之明，知之良，因而行之，則仁之節文具而變動不居，無所往而非
> 仁也。〔註96〕

以性包涵所有倫理綱常並非船山之新創，新意在於更加突顯人的獨特性：「乾
道變化，各正性命，理氣一源而各有所合於天，無非善也。而就一物言之，
則不善者多矣，惟人則全具健順五常之理。善者，人之獨也。」〔註97〕朱熹
主張萬物皆能分有善之「本然性」，船山則強調只有人才能夠具有善，而物之

　　　　內容，無法概括船山思想的全體。

〔註91〕分別見朱熹《孟子章句》卷二、五，《四書章句集注》第219、254頁。

〔註92〕朱熹，《孟子章句》卷十一，見《四書章句集注》第326頁。

〔註93〕其實，朱熹論性有夾雜氣質之性與本然之性（天理）之分，現實之中活生生
　　　　的人性皆有氣之功用在，而非完全的本然狀態。參見陳來《朱子哲學研究》
　　　　第204～205頁。

〔註94〕見王陽明《傳習錄》卷三，《王陽明全集》上冊第93頁。

〔註95〕《張子正蒙注》卷三，（12）第128頁。

〔註96〕《張子正蒙注》卷五，（12）第203頁。

〔註97〕《張子正蒙注》卷三，（12）第126頁。

善則只是體現了人道之善。人具有獨一無二的地位。

其次，船山認爲聲色臭味的欲望與生俱來、人人皆有，可稱爲公欲：「天下之公欲，即理也；人人之獨得，即公也。道可達，大人體道，故無所不可達之於天下。」〔註98〕公欲之說也並非船山獨創，而是對於孟子「大欲」的發展，指普遍而基本的欲望。他反對人欲與天理的對立，承認「人人獨得即公」、「公欲即理」等說法，又有：「無理則欲濫，無欲則理亦廢。」〔註99〕另外，他的理欲觀具有較強的批判性，一方面針對理學中的某些思想，另一方面針對佛道二氏。他說：

> 天理充周，原不與人欲相爲對壘。理至處，則欲無非理。欲盡處，理尚不得流行，如鑿池而無水，其不足以畜魚者與無池同；病已療而食不給，則不死於病而死於餒。……此聖學、異端之大界，不可或爲假借者也。〔註100〕

佛教徒需出家、素食，道教有辟穀、隱修，都是對公欲的叛離，故二氏並未眞正把握天理。

船山「公欲」一詞在不同的著作中有所差異。《讀四書大全說》中有：「於此聲色臭味，廓然見萬物之公欲，而即爲萬物之公理。」〔註101〕但《思問錄》中有：「有公理，無公欲。私欲淨盡，天理流行，則公矣。」〔註102〕陳來認爲這是船山中、晚年思想的變化之一，並分析了晚年對周圍壞習氣的認識更爲痛切，且可能受到了周敦頤《通書》「公於己者公於人，未有不公於己而能公於人者」的某些影響。〔註103〕這種說法不失爲解釋之一。然而，其中也有難通之處。《讀四書大全說》固然是船山中年著作，但《思問錄》的成書過程很長，乃點滴積累而成。且前引「天下之公欲即理也」出自晚年著作《張子正蒙注》，與《思問錄》的理欲論相反。王敔認爲二書足以相互發明，這似乎更難以說清。因此，只能放棄迹同義同的思路，而選擇迹同義不同的思路，即「公欲」一詞在不同的文獻中字面相同，但表意可以不一樣。這種情況不符合哲學表述的嚴密性要求，但在船山著述中並不少見。對「公欲」之「公」

〔註98〕《張子正蒙注》卷四，（12）第191頁。

〔註99〕《周易內傳》卷二下，（1）第155頁。

〔註100〕《讀四書大全說》卷六，（6）第801頁。

〔註101〕《讀四書大全說》卷八，（6）第913頁。

〔註102〕《思問錄‧內篇》，（12）第406頁。

〔註103〕陳來，《詮釋與重建──王船山的哲學精神》第332～333頁。

的不同理解可以產生兩個方向：一爲絕對的「公」，即與天理一致的「公欲」是普遍性的、基本的欲望；二爲大部分人的「公」，即與天理不一致的「公欲」只是大眾化的、多數人具有而與少數聖賢相對的欲望。這種解釋不僅與陳來的最終結論並不矛盾，而且與船山通過思齊、自省等途徑，對治「熹然充滿於人間」之習氣的一貫做法保持一致。

當然，船山性涵理欲說是對於傳統理學的發展，意在於解決人性問題，說明善惡產生的原因。〔註 104〕程朱理學一般將惡歸於與物相感和人欲，船山的做法有所不同，但也存在對於人欲的輕視現象。《思問錄》中有：「人欲，鬼神之糟粕也。好學、力行、知恥則二氣之良能也。」〔註 105〕以人欲爲糟粕，與人自身優良的功能相對。侯外廬在《船山學案》中認爲對個人欲望的重視體現出近代思想的萌芽，影響了諸多船山學學者。〔註 106〕其實，船山「欲即天之理」之論並非毫無規定的理欲一致，而是具有人性完善的前提，即人只有成爲聖人之時才能達到真正的理欲一致，他認爲：「聖人有欲，其欲即天之理。天無欲，其理即人之欲。學者有理有欲，理盡則合天人之欲，欲推即合天之理。」〔註 107〕可見，「欲即理」是對聖人而言，而非對常人。常人只有經過修養工夫窮盡天理，才能達到理欲一致的狀態。這與近代世俗化的道德理想不同。

總之，船山的性涵理欲說是天人之分的必然發展，其重視人爲的做法是對宋代理學以天理論人性的發展與改進。

三、變幾生惡

自理學產生之後，性善論一直在儒者中占主導地位，但惡如何產生就成爲難題。周敦頤從氣化的角度立論，有「五性感動而善惡分」之說，〔註 108〕即以五行變合之「幾」爲善惡產生的源頭。〔註 109〕程顥以對於天理的「或過

〔註 104〕陳來，《詮釋與重建——王船山的哲學精神》第 334～335 頁。
〔註 105〕《思問錄・內篇》，（12）第 405 頁。
〔註 106〕侯外廬的觀點在《早期啓蒙思想史》中得到進一步發展，見該書第一章「十七世紀的中國社會和早期啓蒙思潮的特點」。嵇文甫在 1950 年代之後也接受了資本主義萌芽說以及階級說，但並不承認船山思想的近代性，見《王船山學術論叢》之「序言」（寫於 1962 年）。
〔註 107〕《讀四書大全說》卷四，（6）第 641 頁。
〔註 108〕周敦頤《太極圖說》，見《周敦頤集》第 6 頁。
〔註 109〕周敦頤《通書》有：「幾，善惡。」朱熹注釋爲：「幾者，動之微，善惡之所

或不及」解釋惡的產生。〔註110〕後世無論是從理氣的角度還是從心性的角度，大多受二者思路的影響。

　　船山討論惡的問題與理學各初創者同中有異，體現出時代性。從明代的人性論史能夠更好地看出此點。陽明主張「只是一個性」，又根據人「所見有深淺」分爲「源頭」與「發用」，但主張「性之本體原是無善無惡的」。〔註111〕這就是「陽明四句」第一句中表述的「無善無惡心之體」。其本意在於從本體的層面說明良知的「明瑩無滯」，〔註112〕但船山等後人卻將其作爲性無善惡的表達。與陽明同時代的王廷相堪稱當時儒者的異類，他闡發程顥之性論，進而主張性有善有不善。氣有善有不善，則「性有善有不善」，這也氣一元論內在思路的一個開展方向。〔註113〕廷相認爲氣質之性也屬於性，不能只承認天地之性是性，因爲聖人只說「人心道心」、「性相近」等。性「有善有不善」恰是「性相近」之明證。〔註114〕否定孟子性善論，在當時無疑會遭受批評。〔註115〕船山對性善證明的修正也是從孟子開始，但開展不同於廷相。

　　船山認爲：「無惡之謂善。」〔註116〕善惡之間並無中間態，非善即惡，非

〔註110〕　程顥認爲：「天下善惡皆天理。謂之惡者，非本惡，但或過或不及，便如此。」又有：「事有善有惡，皆天理也。天理中物，須有美惡。蓋物之不齊，物之情也。但當察之，不可自入於惡，流於一物。」見黃宗羲等編著《宋元學案》第1冊第551頁。

〔註111〕　王陽明，《傳習錄》卷三，《王陽明全集》上冊，第115頁。

〔註112〕　參見陳來《有無之境──王陽明哲學的精神》第231頁。

〔註113〕　王廷相認爲：「性生於氣，萬物皆然。宋儒只爲強成孟子性善之說，故離氣而論性，使性之實不名於後世，而起諸儒之紛辯，是誰之過哉？明道先生曰：『性即氣，氣即性，生之謂也。』又曰：『論性不論氣，不備；論性不論氣，不明。二之，便不是。』又曰：『惡亦不得不謂之性。』此三言者，於性極爲明盡，而後之學者，梏於朱子本然氣質二性之說，而不致思，悲哉！」見《雅述‧上篇》，《王廷相集》第3冊，第837頁。

〔註114〕　王廷相，《慎言‧問成性篇》，《王廷相集》第3冊，第766頁。

〔註115〕　黃宗羲認爲：「但（廷相）因此而遂言『性有善有不善』，並不信孟子之性善，則先生仍未知性也。」又有：「先生受病之原，在理字不甚分明，但知無氣外之理，以爲氣一則理一，氣萬則理萬，氣聚則理聚，氣散則理散，畢竟視理若一物，與氣相附爲有無，不知天地之間，只有氣更無理。所謂理者，以氣自有條理，故立此名耳。亦以人之氣本善，故加以性之名耳。」分別見《明儒學案》下冊第1173、1174頁。

〔註116〕　《張子正蒙注》卷四，（12）第175頁。

惡即善，這否定了無善無惡之物存在的可能。他既然主張性善論，則惡的根源自然不能在性（或理）上；他又有氣善之說，則惡的根源也不能在氣上。他首先將不善（惡）之生歸於陰陽變合之幾，延續了周敦頤的思路，《讀四書大全說》中有：

> 人有其氣，斯有其性；犬牛既有其氣，亦有其性。人之凝氣也善，故其成性也善，犬牛之凝氣也不善，故其成性也不善。氣充滿於天地之間，即仁義充滿於天地之間；充滿待用，而爲變爲合，因於造物之無心，故犬牛之性不善，無傷於天地之誠。（在犬牛則不善，在造化之有犬牛則非不善。）氣充滿於有生之後，則健順充滿於形色之中；而變合無恒，以流乎情而效乎才者亦無恒也，故情之可以爲不善，才之有善有不善，無傷於人道之善。〔註117〕

船山以氣凝聚的「變合無恒」解釋世界的千差萬別，說明了犬牛爲何不善而人爲何善的問題。犬牛之不善並不能證明造化不誠，也不能證明人道之不善。「造化無心」之說與程顥「善惡皆理」並無二致，也即陽明「無善無惡」之本體良知。善惡的原因在於人是否能動地「繼」天所命之善。《周易外傳》中有：

> 繼之則善矣，不繼則不善矣。天無所不繼，故善不窮；人有所不繼，則惡興焉。……故專言性，則「三品」、「性惡」之說興；溯言善，則天人合一之理得；概言道，則無善、無惡、無性之妄又熺矣。〔註118〕

人主動「繼」天所之命即爲善，反之則惡生。這是以修養工夫代替本體，類似的說法在《思問錄》中有：

> 五性感而善惡分（周子），故天下之惡無不可善也，天下之惡無不因乎善也。靜而不睹若睹其善，不聞若聞其善，動而審其善之或流，則恒善矣。靜而不見有善，動而不審善流於惡之微芒，舉而委之無善無惡，善惡皆外而無所與，介然返靜而遽信爲不染，身心爲二而判然無主，末流之蕩爲無忌憚之小人而不辭，悲夫！
> 〔註119〕

〔註117〕《讀四書大全說》卷十，（6）第 1056 頁。
〔註118〕《周易外傳》卷五，（1）第 1008 頁。
〔註119〕《思問錄・內篇》，（12）第 407 頁。

船山引用了周敦頤的話，善惡只是因爲五性所感而產生。「天下之惡無不可善」是改過遷善的老生常談，也是船山立論的目的所在。「天下之惡無不因乎善」是主張善大而性小，人性中只有善，而惡無自性，故因於善。這似乎是從本體的角度闡述（甚至與西方哲學「惡乃善之匱乏」思想相似），其實是爲了討論修養問題。他所說的「惡因於善」的實然只是修養方面的應然，而非本體的實然。他認爲在日用中，只要晨乾夕惕，刻刻對善若聞若睹，時時審思明辨「善之或流」，則自然會達到「恒善」。

如果對於船山的論惡的分析從存有論方面出發，再以近代倫理學作比對，自然不難發現其內在矛盾。只是此研究思路缺少一點同情精神，並不利於理清船山論惡的內在目的。〔註120〕或者說，他的方法是較爲單純的邏輯方法，卻缺少一些史學精神。

當然，船山的直接目的是抨擊當時的陽明學的「無善無惡」之說，指責其「末流之蕩爲無忌憚之小人」，類似批評在其著作中頗多，《尚書引義》中有：

> 儒之駁者亦曰，「無善無惡心之體」，要亦此（以無爲宗）而已矣。有者不更有，而無者可以有；有者適於無，而無者適於有；有者有其固有而無其固無，無者方無若有而方有若無；無善則可以善，無惡則可以惡；適於善而善不可保，適於惡而惡非其難矣。若無而俄頃之縛釋，若有而充塞之妄興，炭炭乎有不終朝之勢矣。故曰危矣。〔註121〕

船山將性無善惡說歸結爲以無爲宗，與以有爲本相對。這段文字看似玄妙多變，其實並不複雜。他認爲若以無爲宗，則有者都歸本於無，無者自然還是歸本於無，則無所謂有無了，則爲善者終不可常保，爲惡者不會有任何麻煩，世間之倫常終將崩塌。其實，他並未抓住陽明性論的要點，只是按照自己的理解批評，甚至貶斥「天泉證道」是在刻意模仿禪宗的衣缽之傳統：「王龍溪、

〔註120〕勞思光認爲：「蓋以上云云只能說明何以能繼，而不能說明何以不繼也。如此則『道德二元性』，（原腳註：按此即前章所論之『Ethical Duality』。任何道德理論如不能立此觀念，即不能解釋『善惡』矣。……）在此尚不能安頓。」又有：「如此則船山以爲，物有不善，乃因『陰陽變合』而成。如此則陰陽二氣本身無不善，但變合有不善。然則，變合即二氣之運行，有規律乎？無規律乎？何以又能有不善乎？此處問題叢出……」分別見《新編中國哲學史》第3卷下冊，第534、537～538頁。

〔註121〕《尚書引義》卷一，（2）第260頁。

錢緒山天泉傳道一事，乃摹仿慧能、神秀而爲之，其『無善無惡』四句，即『身是菩提樹』四句轉語，天下繁有其徒，學者當遠之。」〔註122〕這種貶斥只是情感的爭執罷了。

總之，船山論習性、才性關係較理學家細密，是吸收並改造了理學思想的緣故，但其矛盾也多源於對傳統思想的改造不夠徹底，並未完全化解氣質之性和天地之性的內在衝突。

通觀本節，船山發揮「繼善成性」之論，重視了人的能動性，並創造性闡發張載「氣質之性」爲「氣質中之性」，確立其性氣關係的基礎。他結合常識中的「習與性成」一語，突顯「習」對於人性形成的作用。又以氣之變合作爲不善的起源，又以能否「繼」進一步解釋人間之惡。然而，船山並未完全解決傳統性善論的固有難題，他只是將問題顯明化。

第三節　王船山的心論

船山論心以陰陽太極論爲基礎，承接性命論諸問題，發展出工夫論的格致、存養等內容，是其心性論的關鍵。從思想的傳承看，心論最能顯示船山發展朱熹思想，也最能顯示他批評心學。〔註123〕他選擇張載之學爲「正學」，嘗試發展一條異於朱熹理學、陽明心學的第三條道路。

從詮釋的經典來看，船山心論涉及《尚書》道心人心、《大學》正心、《孟子》存心、《正蒙》大心、朱熹（和張載）心統性情等內容。從具體問題看，其中包括道心人心、心通性情、存心養性等。此處主要論述道心人心和心統性情兩個問題，而將存心養性作爲修養工夫的內容，留待下章論述。船山將張載「合性與知覺有心之名」思想作爲心論的宗旨，〔註124〕以性爲道心，以知覺爲人心，合人心道心而爲心，即可說心得以統攝性、情，先後發展出人心道心、心統性情之說。

〔註122〕《俟解》，（12）第488頁。

〔註123〕侯外廬等認爲，船山保留了理學的某些基本觀念，主要涉及心論方面。見侯外廬、邱漢生、張豈之主編《宋明理學史》下冊「王夫之與理學」一章，該書第933～934頁。這種提法部分延續了唯物、唯心的區分方法，但似乎並未妨礙其結論的有效性。

〔註124〕船山認爲：「原心之所自生，則固爲二氣五行之精，自然有其良能（良能者神也），而性以託焉，知覺以著焉。（性以託，故云『具眾理』；知覺以著，故云『應萬事』。）」《讀四書大全說》卷十，（6）第1113頁。

一、人心道心

　　「人心道心」說源於《尚書・大禹謨》中：「人心惟危，道心惟微，惟精惟一，允執厥中。」〔註125〕理學家將其充分闡發，成為理學的基本問題。其中尤以朱熹的論述最為典型，《中庸章句序》中有：

> 　　心之虛靈知覺，一而已矣，而以爲有人心、道心之異者，則以其或生於形氣之私，或原於性命之正，而所以爲知覺者不同，是以或危殆而不安，或微妙而難見耳。然人莫不有是形，故雖上智不能無人心，亦莫不有是性，故雖下愚不能無道心。二者雜於方寸之間，而不知所以治之，則危者愈危，微者愈微，而天理之公卒無以勝夫人欲之私矣。「精」則察夫二者之間而不雜也，「一」則守其本心之正而不離也。從事於斯，無少間斷，必使道心常爲一身之主，而人心每聽命焉，則危者安、微者著，而動靜云爲自無過不及之差矣。
> 〔註126〕

朱熹認爲「一」體現了心的統一性，而人心道心因根源和本原之不同而有區別。道心得「性命之正」，而人心限於「形氣之私」，故需「精察」二心界限之清晰「不雜」。以道心「主」於人心，或以人心「聽命」於道心，達至本心之「正」。人心雖需聽命與道心，絕不意味著人心是可有可無之心，故朱熹說：「道心是義理上發出來底，人心是人身上發出來底。雖聖人不能無人心，如饑食渴飲之類；雖小人不能無道心，如惻隱之心是。」〔註127〕王陽明雖然也主張「心一」，但不同意朱熹性命之正與性氣之私「雜於方寸之間」的說法，他認爲：「心一也，未雜於人謂之道心，雜於人謂之人心。人心得其正者即道心；道心之失其正者即人心；非初有二心也。……今日道心爲主而人心聽命，是二心也。」〔註128〕陽明以性命之正者爲道心，而不正者則是人心，道心與人心本爲一心而已。故進一步修訂了心爲主和聽命的方式，使立論更爲一致。

　　船山的心論受朱熹影響較大，與陽明「心正不正」的視角不同。他一方面根據「心一」闡發人心、道心，二者因「互藏交發」而「不可謂之有別」，

〔註125〕後人雖將此文定爲僞書，但此義古已有之，在《荀子・解蔽》中已有徵引。具體考訂見蒙培元《理學範疇系統》第285～286頁。

〔註126〕朱熹，《中庸章句・序》，見《四書章句集注》第14頁。

〔註127〕朱熹，《朱子語類》卷七十八，該書第5冊第2011頁。

〔註128〕王陽明，《傳習錄上》，見《王陽明全集》上冊第7頁。原文「今日」爲「今日」，表義滯礙，據蒙培元《理學範疇系統》的引文校改，見該書第290頁。

一方面吸收張載《正蒙》「大心」之說，分析二者在修養次第之先後，進而分析二者在本體上的主次之別。前者又與「心統性情」互通，後者因涉及人的聞見能力，表現爲心大知小之論。《尚書引義·大禹謨》有：

> 人心括於情，而情未有非其性者，故曰人心統性。道心藏於性，性抑必有其情也，故曰道心統情。性不可聞，而情可驗也。今夫情，則迥有人心、道心之別也。喜、怒、哀、樂（兼未發），人心也。惻隱、羞惡、恭敬、是非（兼擴充），道心也。斯二者，互藏其宅而交發其用。雖然，則不可謂之有別已。〔註129〕

船山不以「主宰」義解釋「統」，而採用「統攝」之義，這與朱熹不同。就二心而言，則表現爲「互藏其宅而交發其用」。「各明其純」則有道心人心之別，「凝合論之」則「互藏其宅而交發」。〔註130〕這種思想避免了朱熹道心爲主、人心聽命的二心之嫌，義理更爲圓融；也與陽明以「心正不正」區分道心人心的做法不同。船山肯定了人心的正當性，因情驗性，避免了「性不可聞」的隱秘性，也避免了陷入虛無、盲目的可能性。

當然，船山肯定人心的正當性，並非指人心道心同等重要，道心依然重於人心。人心道心互藏爲一，既包含喜怒哀樂等情緒，也兼有仁義禮智等德性；此統一體既可統攝耳目口體等聞見能力，又包涵擴充存養等功能。二者在修養次第上有先後，故心、知二者在本體上有大小。心與知的關係決定了修養方式。《張子正蒙注》中有：

> 心者，湛一之氣。所含湛一之氣，統氣體而合於一，故大；耳目口體成形而分有司，故小。是以鼻不知味、口不聞香，非其所取則攻之；而一體之間，性情相隔，愛惡相違，況外物乎！小體，末

〔註129〕《尚書引義》卷一，（2）第262頁。

〔註130〕曾昭旭，《王船山哲學》第429頁。其中又論船山之道心人心「互藏交發」有：「吾人即可知人心之危終不危，其中實自有不亡之神體，爲其動靜之主，以貞定其道德之方向。而道心之微，則亦正可藉實存之物力以自凝定，以成其貞固實存之性，而有其存在上之保證也。由是道心人心互相貞定（道心在方向上予人心以貞定，人心在存在上予道心以貞定）而實成一體，即只是一心，而不必復分爲道心人心矣。」船山以道心爲性，故道心實不因人心之不貞定而失其「存在」意義，即有離人而復歸於天地之神氣存在，以貞定人之生死，詳見本文第四章「船山的死亡觀」一節。則「互相貞定」一說只能針對道心人心之融合狀態而言，統而言之則並不妥當，故在後文中又有「道心自我貞定」（見上書第432頁）一說。另外，曾昭旭論船山過於注重其「天人合一」方面，而對其重視「天人之分」以突顯人對天的敬畏之心的方面注意不夠。

也。大體，本也。〔註131〕

心乃湛一之氣，清通虛靈，故能「統氣體而合於一」，成爲人之大體；「耳目口體」等聞見能力因有形而有限，爲人之小體，被大體之心統攝。這明顯吸收了張載「合性與知覺爲心」的思想，並發展了「不以小害大、末喪本」的修養路徑，也與朱熹的性命之正和性氣之私的區分方式一致。

船山認爲大體小體皆爲體，皆具有必要性。大體爲本，而小體爲末，無本之末或無末之本皆爲偏頗。「耳目口體」雖能爲心提供有益的支持與證明，但不能過多依靠「耳目口體」等小體，仍當以存心涵養爲本。他說：「物之有象，理即在焉。心有其理，取象而證之，無不通焉。」〔註132〕如果捨棄聞見能力，則難免陷於崇尚虛無的「異端」，與陽明心學混爲一路，《尙書引義》中有：

> 抑天下之言道者，蔑不以安心爲教也，而本與末則大辨存焉。……然從其本而求之，本故不易見也。本者非末也，而非離末之即本也。已離於末，未至於本，非無其時也，非無其境也。……故異端之求安其心者，至此而囂然其自大也。〔註133〕

自本體而言，心與聞見能力合一構成人的功能，而人之功能非大體即小體，非本即末。但在修養過程中，由本及末需要一定的過程，並非離末即本。若以爲離末即本，則勢必脫略聞見之知的參證，走向「囂然自大」，只知有人心，而不知有道心（即天理）。船山重視小體，將其作爲聖學與心學之區別。（其實，陽明所謂「致吾心之良知於事事物物」與此相似。）總之，他意在尋找一條兼統大體小體、道心人心的中道。

二、心統性情

船山以道心人心「互藏其宅而交發其用」，認爲：「情便是人心，性便是道心。」〔註134〕心能兼有人情和天性，即所謂「心統性情」。「心統性情」一

〔註131〕《張子正蒙注》卷三，（12）第124頁。標點有改動。原爲：「心者，湛一之氣所含。湛一之氣……」按此，則心只是「湛一之氣」所含的部分，但是下一「湛一之氣」和「耳目口體」相對，當專指心，而不應該包括心之外的「湛一之氣」，可知原斷句不妥，故改在「所含」之前斷句。

〔註132〕《張子正蒙注》卷四，（12）第145頁。

〔註133〕《尙書引義》卷五，（2）第366頁。

〔註134〕《讀四書大全說》卷十，（6）第1068頁。將船山思想中的性、情等同於西方哲學中的理性、感性的觀點，曾在研究史上佔有重要地位，後來漸爲學者反

語源自張載，但論述較詳細者是朱熹。他將此論與程頤「性即理」並舉爲理學的「顛撲不破」的核心命題，加以重視。〔註135〕

「統」字在朱熹處具有兼、主二義，〔註136〕而船山不取主宰而取統攝之義。這並非有心與朱熹不同，而是爲了與陽明心學劃清界限。但主張「統攝」之義，只是放棄了心意對性的主宰地位，絕非放棄心在人身中的主宰地位。他選擇了心中之性的作爲主宰。這看似容易流入道德的放任，實則較朱熹的思想更爲嚴苛。船山說：

> 「心統性情」，「統」字只作「兼」字看。其不言兼而言統者，性情有先後之序而非並立者也。實則所云「統」者，自其函受而言。若説個「主」字，則是性情顯而心藏矣，此又不成義理。性自是心之主，心但爲情之主，心不能主性也。〔註137〕

心能兼統內性、外情二端（內外是以表現而言），心能主情，但不能主性，反而被性所主。分開看。首先，「統」字有次序之義，而「兼」字沒有；「統」能表達心、性、情互涵，而「主」字不能。其次，若以心爲主，則往往忽略性，而只是以情、意爲主，難免流入「異端」（指陽明後學）。性涵仁義理智四德，故有「仁義之心」和「知覺運動之心」的區分。〔註138〕若按照情爲人心而性爲道心的説法，再以心體兼具性情，則似乎與朱熹沒有大的不同，實則並非如此，《尚書引義》中有：

> 心，統性情者也。但言心而皆統性情，則人心亦統性，道心亦統性情矣。人心統性，氣質之性其都而天命之性其原矣。原於天命，故危而不亡；都於氣質，故危而不安。道心統情，天命之性其顯，而氣質之性其藏矣。顯於天命，繼之者善也，惟聰明聖賢知達天德

思。近來仍有持此觀點者，如萬里《王夫之「性情合一」論及其理論貢獻》一文，刊於《哲學研究》2009 年第 12 期。

〔註135〕 朱熹認爲：「性對情言，心對性情言。合如此是性，動處是情，主宰是心。大抵心與性，似一而二，似二而一，此處最當體認。（可學錄）」又有：「伊川『性即理也』，橫渠『心統性情』二句，顛撲不破！（劉砥錄）」（分別見《朱子語類》卷五，第 89、93 頁。）相關研究參見蒙培元《論朱熹的「心統性情」說》一文，刊於《天水師範學院學報》2011 年第 3 期。又有郭齊勇《朱熹與王夫之的性情論之比較》一文，刊於《文史哲》2001 年第 3 期。

〔註136〕 參看上引蒙培元一文。

〔註137〕 《讀四書大全説》卷八，(6) 第 947～948 頁。

〔註138〕 《讀四書大全説》卷九，(6) 第 996 頁。

者知之。藏於氣質，成之者性也，舍則失之者，弗思耳矣。無思而
失，達天德而始知，介然僅覺之小人（告子、釋氏。）去其幾微之
庶民，所不得而見也。故曰微也。〔註139〕

人心、道心之分只是區分心體的一種角度，性、情之分又是另一角度。如此
則人心、道心可以分別統攝性情。這與情爲人心而性爲道心的說法有所不同。
陰陽太極論中有理氣渾然之說，則心體必爲理氣渾然之體。「日生日新」的繼
善成性論中有性涵理欲之說，則道心人心相互發明。道心、人心交相互涵，
人情、天性交相互涵，都是體用互涵的表現，是一種渾然而又動態的人心說。
〔註140〕。

　　船山的目的在於選擇一條不同於朱熹與王陽明的道路，從而保證聖學不
流入異端：首先，人心有性、道心有情，這比朱熹理學更爲強調人和情的地
位。其次，心通性情，而性必爲善，這在本體上回應了陽明「無善無惡心之
體」之論。再次，人心所統之性微妙幽隱，沒有自身的不斷修持砥礪，則不
能使善性顯現。這也回擊了佛家和告子等「異端」思想。

　　當然，船山「心統性情」之「性」與「情」並非同等重要，性壓倒情。「心」
並不是中性的，而是以綱常爲指向的。明確了這一點，就明確了船山「道心
之中有人心，非人心之中有道心」的思想。〔註141〕他在解釋《大學》「正心」
時說：「『欲修其身者先正其心』，聖學提綱之要也。『勿求於心』，告子迷惑之
本也。不求之心，但求之意，後世學者之通病。」〔註142〕正心是聖學修身的
綱領，而異端思想（告子指所有無善無惡論者，此處主要指陽明學）以「勿

〔註139〕《尚書引義》卷一，（2）第261～262頁。
〔註140〕當然，這與《讀四書大全說》中的「人心爲情、道心爲性」的說法並不一致，
　　　　反映出船山思想的含糊之處。陳來已經指出了這種情況：「船山早在《尚書引
　　　　義》中曾專論道心人心的問題，《讀四書大全說》的以上講法，與《尚書引義》
　　　　有相同處，但也有不盡相同處，……」見《詮釋與重建——王船山的哲學精
　　　　神》第98頁。作者並未進一步分析產生這種差異的原因。
〔註141〕船山認爲：「惟性生情，情以顯性，故人心原以資道心之用。道心之中有人心，
　　　　非人心之中有道心也。則喜怒哀樂固人心，而其未發者，則雖有四情之根，
　　　　而實爲道心也。」見《讀四書大全說》卷二，（6）第475頁。陳來認爲這是
　　　　以體用關係解釋性情，與理學一致。確爲的當。但他又認爲：「船山所謂『道
　　　　心之中有人心，非人心之中有道心也』，似嫌粗略，意義非明。」（見《詮釋
　　　　與重建——王船山的哲學精神》第97～98頁。）實則船山只是表達了道心高
　　　　於人心之義。
〔註142〕《思問錄·內篇》，（12）第412頁。

求於心」爲指要,最終只能求於意。因此,他吸收朱熹的「正心」說的指向性,以限制求意之心。他說:

> 蓋「心統性情」者,自其所含之原而言之也。乃性之凝也,其形見則身也,其密藏則心也。是心雖統性,而其自爲體也,則性之所生,與五官百骸並生而爲之君主,常在人胸臆之中,而有爲者則據之以爲志。故欲知此所正之心,則孟子所謂志者近之矣。〔註143〕

朱熹《中庸章句序》中有「道心爲主人心聽命」之說,《大學章句》中也有「心者身之所主」之說。〔註144〕船山主張具性之心具有一定的獨立性,心「自爲體」,雖「與五官百骸並生」,但不與身體相雜,而「爲之君主」,這與孟子的「志」相近。志正則人正,人心需要時時警省而不能懈怠:「求放心則全體立而大用行。若求放意,則迫束危殆,及其至也,逃於虛寂而已。」〔註145〕他區分了心、意二者之不同,心可通於湛一之氣,而意只是一己之私意。「意」近情而遠性,並不具有方向性,求放心就能夠通於太和之氣的「大用」,而「放意」則只能失去人性的方向。

心兼具性情,則心性相即而不可謂二,船山認爲:「道者率乎性,誠者成乎心。心性故非有二,而性爲體,心爲用,心涵性,性麗心。」〔註146〕心、性、情在既成狀態中互相涵蘊,不可分離。若分開來看,性不僅高於情,也高於心,即前文所謂「性主心而心主情」,是因爲性包含著源於天理的人間倫常,與其道德主義的終極目的保持一致。船山認爲:「天理之自然,爲太和之氣所體物不遺者爲性;凝之於人而函於形中,因形發用以起知能者爲心。性者天道,心者人道,天道顯而人道隱。」〔註147〕理氣渾然而體於萬物之中即爲性,人中具有良知良能者即爲心。性源於天道,心發自人道。天道因萬物之形質而顯明,但人心內在於人形體之中則幽隱難見,需修持方可顯現。

從體用關係看,性爲體,心爲用。船山認爲:

> 若張子所謂「心統性情」者,則又概言心而非可用釋此「心」

〔註143〕《讀四書大全說》卷一,(6) 第402~403頁。
〔註144〕朱熹,《大學章句》,見《四書章句集注》第3頁。
〔註145〕《思問錄·內篇》,(12) 第413頁。
〔註146〕《讀四書大全說》卷三,(6) 第557頁。
〔註147〕《張子正蒙注》卷三,(12) 第124頁。

字。此所言心，乃自性情相介之几上說。《(四書章句) 集注》引此，
則以明「心統性情」，故性之於情上見者，亦得謂之心也。「心統性
情」，自其函受而言也。此於性之發見、乘情而出者言心，則謂性在
心，而性爲體、心爲用也（仁義禮智體，四端用）。〔註148〕

仁義禮智是體，四端是用。此處「心統性情」論的目的並非在於存在論，而
是在於論證倫理的合理性。「性情相介之幾」即性情並立並行之時機與狀態，
但此狀態絕非一種簡單的相雜，而是相互「函受」，性「乘」情而情「見」性，
故可謂「心統性情」。另外，此處的隱顯關係並非實體與功用的體用，而是本
體與顯現的體用。

　　船山主張心統性情，也認可「性即理」，但他思想中的「心具理」並不等
於「心外無理」，不同於「心即理」、「心一理」的心學。他認爲：

　　　　如其云「心一理」矣，則是心外無理而理外無心也。以云「心
　　外無理」猶之可也，然而固與釋氏唯心之說同矣。父慈子孝，理也。
　　假令有人焉，未嘗有子，則雖無以牿亡其慈之理，而慈之理終不生
　　於心，其可據此心之未嘗有慈而遂謂天下無慈理乎？夫未嘗有子而
　　慈之理固存於性，則得矣；如其言未嘗有子而慈之理具有於心，則
　　豈可哉！故唯釋氏之認理爲幻而後可以其認心爲空者，言「心外無
　　理」也。〔註149〕

心學所說的「心即理」、「心一理」、「心外無理」之心，本身含有超越之義，
而非完全現實化、具體化之心，其中包涵了儒家的倫理綱常。但是，「無子則
無慈理具於心」的例證，說明船山所理解的心是具體而現實之心，而非超越
之心。無子之時，慈理存於性，但因爲現實條件的限制，則終不能生於心。
心統性情只是指心統攝性情的端緒、具備了性情的可能性，而不是指實然之
心完全具備了性中之理。「心即理」之心主要是就潛在性而言。因此，他的反
駁則是從現實而言，是建立在誤解上的反駁。其實他也並不否認心具性的可
能性，反而主張心乃「具體而微之太虛」。

　　當然，船山反對「心一理」之說，主要是爲了反對人的過分膨脹，防止
人失去對天的必要的敬畏。他甚至反對程頤（包括朱熹）「天，理也」之說。
因爲天乃無所不包的至大者，而太極最初之「渾淪齊一」，並不具有條理之義，

〔註148〕《讀四書大全說》卷八，(6) 第 948 頁。
〔註149〕《讀四書大全說》卷十，(6) 第 1114 頁。

不得謂之有「理」，故不得以理言天。〔註150〕即使心能夠統攝性情、具有萬理，也不能與天齊一。

　　通觀本節，船山通過吸收宋明儒者中心論的相關成果，以理氣渾然爲天道基礎，發展健動不息的性命論，形成異於朱學王學的、以張載爲宗承的心論，心論是其工夫論進一步展開的直接基礎，在整個心性論中發揮著承上啓下的關鍵作用。

小　結

　　心性論是船山天道論與人道論之間的橋梁。本章從命、性、心三個方面展開論述，展現了船山心性論的基本面貌，補充既有研究的不足，並訂正某些偏見。

　　首先，船山「天命不息」和「命分德福」思想，是其天命論的主要特點，受到了宋代理學和明代「主動」思潮的雙重影響。其次，他爲體現人的能動性，重點闡釋「繼善成性」之「繼」字，又將張載「氣質之性」創造性地闡釋爲「氣質中之性」，以此確立其性氣關係的基礎。吸收周敦頤、程顥等對惡的解釋，形成了自己善惡論。他又在理氣渾然論的基礎上，形成了以張載爲宗承、異於朱學王學的心論。

　　然而，無論船山的分析如何周詳，都無法解決傳統命定論、性善論的內在矛盾，無法使心論中的問題變得明晰，最終往往需要依靠體悟式的神解來說明問題。宋明道學泛道德主義的內在矛盾因此顯明化，同樣的問題也延續到了人道工夫論之中。

〔註150〕《讀四書大全說》卷十，（6）第1112頁。

第四章　王船山人道論的傳承與創新

　　王船山學術思想的終點在人道論，即「以天爲宗、以人爲歸」之「歸」。從廣義而言，人道論也可以包括心性論的部分內容，如天道如何命於人、人道完善的可能性等問題。此處則主要從狹義而言，討論人自身完善的方法和目的等問題。

　　首先，人如何完善的問題即工夫或修養論問題。船山的工夫論繼承張載、朱熹，並受到明代心學的影響，故主張「學功相濟」，包括格物致知和存養省察兩個方面的內容，不同於程朱理學與陽明心學。其次，他爲了更好解釋生死、祭祀等問題而提出鬼神不滅說，也不同於先儒。再次，他認爲人道論的終極問題是生死問題，主張「貞生死以盡人道」。神不滅說雖與理學主流觀點不同，但並未改變船山作爲儒者的本色。

第一節　王船山學養相濟的工夫論

　　在理學史的研究中，關於人如何認識和踐行人道的問題，一直存在著工夫論與認識論（epistemology）兩種概括方式，二者在研究方法與目的上都有不同。船山學中也有類似情況。有學者鑒於船山對主體認識能力的重視，認爲他已經具有了獨立的認識論或知識論〔註1〕。這忽視了一點：不論船山討論

〔註 1〕 這種觀點在船山學發展中佔有重要地位。從上世紀 40 年代侯外廬《船山學案》中的「王船山的知識論」一章開始，到蕭萐父《船山思想初探》中的「王夫之的認識理論」（見《船山哲學引論》第 32 頁），到許冠三《王船山的致知論》一書，再到近年來蕭萐父、許蘇民合著《王船山評傳》「王船山的認識論思想」（見該書第 162 頁）。這條由本體論（ontology）、認識論（epistemology）到

心物關係，還是能所問題，所用方法都包涵修養體悟的內容，其根本目的不在於認識客觀世界，而在於保證人倫道德，與客觀的認識論不同。如果說這是以體用關係爲框架的、自我反省爲中心的認識，則充其量可稱爲「反思型的自我認識」〔註2〕。因此，對船山思想中討論認識和實踐的內容，用傳統的工夫論來概括較爲合適。宋明理學中的工夫論（或修養論）因路徑的不同而存在廣義、狹義之分，狹義的指向內的心性方面的存養省察工夫，廣義的則包括存養省察以及向外的學問方面的格物致知等內容。本節所論工夫是就廣義而言。

船山以張載之學爲正統，批評陽明學，也不完全認可朱學。這種取向在工夫論中體現尤爲明顯，在工夫路徑與目的方面不僅不同於朱熹的「格物致知」說，也不同於陽明心學的「致良知」說。他認爲人心道心「互藏其宅而交發其用」，性情本來和諧交融於心，故心兼具道心的存省功能與人心的感知能力。〔註3〕從用功的對象概括，可分爲向內的、以存養省察爲主的（存養主要指靜時工夫，省察則指動時工夫，故包含實踐內容）「心性工夫」與向外的「學問工夫」。〔註4〕從所獲之知概括，存省工夫對應德行之知，學問工夫對

〔註1〕方法論的分析思路影響頗爲廣泛，雖然並不完全符合船山學的基本內容，但無法否認它曾經產生的重要學術價值，尤其在涉及中西哲學彙通的方面，至今仍有指導意義。張學智將心性論與知識論結合使用，似乎是在糅合兩條研究思路，見氏著《王夫之的格物致知與由性生知》一文，刊於《北京大學學報》2003 年第 3 期。

〔註2〕蒙培元認爲：「理學家雖然普遍重視認識論問題，有的甚至深入地考察了認識過程以及主體的認識結構和功能，但因爲理學的根本目的是實現人性的自覺，實現人的自我價值，因此，所謂認識，歸根結底是一種反思型的自我認識；所謂實踐，歸根到底也是自我實現的道德踐履。」見《理學範疇系統》第 318 頁。

〔註3〕他沿用理學工夫論的眾多條目，再加上相應的發揮，以致修養方法的名目繁多。唐君毅在《中國哲學原論・原教篇》中討論到船山的工夫（「修爲路徑」），包括思誠正心、持志存省、養氣、忠恕等條目。（見該書第 587~620 頁。）陳來在分析《孟子說》的工夫論時，概括有養氣、知言、持志、集義、夜氣、知性盡心、存心養性、求放心等。（見《詮釋與重建——王船山的哲學精神》第 289~316 頁）再加上《大學》中的格致、誠正，《中庸》中的戒懼慎獨，《論語》中的學問思辨，《正蒙注》中的存神盡性、大心，《莊子解》中的恬知交養……可謂名目繁多。

〔註4〕陳來認爲：「宋明道學的爲學工夫論可有狹義和廣義兩說，以船山爲例，狹義的工夫論是存養省察，廣義的工夫論則加上格物致知。當然也可以把狹義的工夫論稱爲『工夫論』，而把格物致知稱爲『爲學論』。總起來看，船山的工

應聞見之知。德性之知是致知的根本，聞見之知輔助德性之知，故須以存省工夫爲主、學問工夫爲輔。學問與存省二工夫相因相濟，不可偏廢，可以「學、養相濟」表達。爲了體現船山與張載的工夫論關聯，本節主要根據《張子正蒙注》的工夫論框架，並結合其它著作的內容展開論述。

一、大心體物

　　船山認爲心統性情，性自天而情自人，擴充心即可獲知天地間萬物之理，心也須通過萬物之象而顯明。這種思想直接來自張載的「大心」說：「大其心則能體天下之物，物有未體則心爲有外。」又有：「耳目雖爲性累，然合內外之德，知其爲啓之之要也。」〔註5〕大心並非就本體而言，而是就工夫而言。

　　船山發揮「大心」思想，認爲致知的方法在於「大其心而體物、體身」，目的在於與天道相通〔註6〕。但天道健動，功能無限，非人力所及，人只能依靠「察識擴充」，以天能爲體，而人能爲用。〔註7〕要窮盡天理，聞見能力遠不夠，而只能察識擴充天所賦予的心，他認爲：

　　　　言道體之無涯，以耳目心知測度之，終不能究其所至，故雖日之明，雷霆之聲，爲耳目所聽睹，而無能窮其高遠；太虛寥廓，分明可見，而心知故不能度，況其變化難知者乎！是知耳目心知之不足以盡性道，而徒累之使疑爾。心知者，緣見聞而生，其知非眞知也。〔註8〕

聞見能力不能窮盡自然界的事物，推理能力（「心知」）也不能測度寥廓的太虛。以之窮盡道體本身，難免會有莊子「生有涯，知無涯」之歎！船山主張以心神爲內，以耳目所得的萬物法象爲外，統合內外則「心象歸一」。他在解釋「聞見爲性累」時說：

　　　　累者，累之使御於見聞之小爾，非欲空之而後無累也。內者，

夫論的基本框架是存養、省察。」又有：「船山把工夫分爲兩大類，一類是心性工夫，一類是學問工夫。」見《詮釋與重建——王船山的哲學精神》第42頁。既然工夫分爲兩大類，爲何又以存養省察爲「基本框架」？其中存在表述問題。仔細理會作者的意思，似乎是指以存養省察爲主導。

〔註5〕張載，《正蒙·大心》，分別見《張載集》第24、25頁。
〔註6〕《張子正蒙注》卷四，（12）第155頁。
〔註7〕船山認爲：「天能者，健順五常之體；人謀者，察識擴充之用也。」見《張子正蒙注》卷三，（12）第117頁。
〔註8〕《張子正蒙注》卷四，（12）第146～147頁。

> 心之神；外者，物之法象。法象非神不立，神非法象不顯。多聞而
> 擇，多見而識，乃以啓發其心思而會歸於一，又非徒恃存神而置格
> 物窮理之學也。此篇力辨見聞之小而要會歸於此，張子之學所以異
> 於陸、王之孤僻也。〔註9〕

物之法象之所以能夠呈現，是因爲心神的主導作用，故無心神則無法象；心神之所以能夠顯現，是因爲物之法象，也可說無法象則無心神。只有使得心神與法象會歸於一，才是聖學正途。他認爲陸王心學同樣重視心，但完全以心覆蓋聞見能力，使後者處於不必要的地位，與張載的「大心說」不同。〔註10〕

其次，船山「大心說」不僅不同於陸王心學，也與程朱理學的格物致知不同。格物致知是程朱理學的典型問題之一，發端於程頤，完善於朱熹。朱熹強調格物在整個工夫中的首要性，致知是格物積累到一定階段的必然結果。船山則將格物、致知二者都作爲工夫手段，《尚書引義》中有：

> 夫知之方有二，二者相濟也，而抑各有所從。博取之象數，遠
> 證之古今，以求盡理，所謂格物也。虛以生明，思以窮其隱，所謂
> 致知也。非致知，則物無所裁而玩物以喪志；非格物，則知非所用
> 而蕩智以入邪。二者相濟，則不容不各致焉。〔註11〕

以博觀外物、參照史實的學問之功獲取事理爲格物，他與朱熹並無多大不同。而以「虛以生明，思以窮隱」的存養之功爲致知，則與朱熹不同，〔註12〕「知至」以後的各條目也因此而不同。致知而不格物則易流於異端，格物而不致知則易玩物喪志，故需致知與格物相濟爲用。這體現出一種調和朱、王二學

〔註9〕《張子正蒙注》卷四，（12）第147頁。

〔註10〕這只是說明船山對心學的態度，而他的批評則常常不能中理。船山認爲：「象山於此（此心此理）見得疏淺，故其論入於佛。其云『東海西海』云云，但在光影上取間架、捉線索，只是『三界唯心』一籠統道理，如算家之粗率。乃孟子之言『一揆』也，於東夷西夷、千歲前後，若論心理，則何有於時地！」見《讀四書大全說》卷九，（6）第1011頁。其實，象山之心本涵有儒家所需的種種德行，自與佛家、術數家不同。陳來依據象山之「心」、「理」的超越性與普遍性，指出「船山的批評有些不太相應」（見《詮釋與重建——王船山的哲學精神》第253頁）。這是有見地的論斷。

〔註11〕《尚書引義》卷三，（2）第312～313頁。

〔註12〕陳來認爲：「在格物致知的問題上，船山與朱子最大的不同，是在致知的問題上。朱子強調格物，因此認爲致知只是格物的實踐在主體方面所產生的結果，致知並不是一種與格物相獨立的工夫。」見《詮釋與重建——王船山的哲學精神》第78頁。

的傾向。

　　朱熹因爲格物致知兩個次第的目的相同，主張二者「只是一事」，船山肯定此點。但他將致知、格物作爲並立而相濟的兩種工夫，不分先後，「只是一事」，實則不同於朱熹。他的致知是工夫，而朱熹的致知是工夫的效果。因此，他批評朱熹忽視致知之「致」的工夫：

　　　　若統而論之，則自格物至平天下，皆止一事。（如用人理財，分明是格物事等。）若分言之，則格物至成功爲物格，「物格而後知至」，中間有三轉折。藉令概而爲一，則廉級不清，（朱熹）竟云格物則知自至，竟抹下「致」字一段工夫。〔註13〕

從最終目的看，格物至平天下等諸多層級都可以「只是一事」，但在工夫次第方面卻需要「廉級」清晰。他強調致知之「致」的工夫，顯然不是受程朱理學的影響，最有可能是受到了陽明學的薰染。嵇文甫指出：「船山儘管反對陸王，但他們所指程朱的種種弱點，他卻不能一概否認，而於不知不覺間已受著陸王的影響了。」〔註14〕在心物關係方面，船山以類似於陽明的思路，批評朱熹，又撇清與陽明的關係，選擇張載的「大心」爲依據，其間關係頗爲微妙。

　　船山在格物致知的問題上吸收了朱、王二派的有益成分，而以張載思想進行折中，並將「格物」、「致知」與「心神」、「法象」等貫通在一起，做到兩端相濟相成。這條思路也融貫在《莊子》的注解中，形成儒家工夫論的「恬

〔註13〕《讀四書大全說》卷一，（6）第404頁。

〔註14〕嵇文甫，《船山哲學》，見《王船山學術論叢》第121頁。任何負責的研究者，都無法否認船山受到了陽明學潛移默化的影響，但關於船山思想如何與陽明學的發生直接關係的問題卻較爲少見。這更加突顯了嵇文甫在1930年代所作研究的開創性。侯外廬等主編《宋明理學史》認爲船山「學自程朱入，也受心學影響」（見該書下冊第933頁），只是未分析如何受影響。陳來認爲船山「孝者不學而知」（《船山全書》第6冊第405頁）的思路，「似吸收了王陽明論孝之理不在物的思想」。（見《詮釋與重建——王船山的哲學精神》第79頁）立論並不決斷。總之，這些成果多是根據明末整體思潮和二者思想的相似性做出推測，缺少眞正可靠材料的支持。這主要是因爲船山辟除心學的態度極爲激烈，極少正面稱揚心學家，既使有肯定，也極其有限，如：「子靜律己之嚴，伯安匡濟之猷，使不浸淫浮屠，自是泰山喬嶽。……朱子與子靜爭辯，子靜足以當朱子之辯者。」（見《搔首問》，《船山全書》第12冊第641頁。）陸九淵一生嚴於律己、陸與朱熹辯論學問、陸氏家族家風模範、陽明的文治武功等內容，皆爲有目共睹之事。這種敍述只能看出船山對於自律的要求和事功的肯定，而無法探測其間思想關係問題。

知交養」說。《莊子・繕性》中有：「古之治道者，以恬養知；生而無以知爲也，謂之以知養恬；知與恬交相養，而和理出其性。」船山解釋道：

> 適然而無所好之謂恬，無所好則知之而不爲累，是以恬養知也。知愈大，則愈見天下之無可好而無不可適，是以知養恬也。故保其和以兼容逆順，而各因其自然之理；仁義、忠信、禮樂賅而存焉，而皆有其寄迹；物至斯應，不以心識之德蒙覆天下，使出於一途而礙其大通，徒滋好惡之擾；是恬知之交相養也。〔註15〕

「恬」是一種存養工夫，而知則因聞見而獲得。適然無所好，則不爲外物所累；知見越深廣，則內心越恬靜。二者不可偏廢，相輔相成，是爲「恬知交養」。當然，船山之恬知交養與莊子已經不同，主要是因爲他的「自然之理」中已經「賅存」了「仁義、忠信、禮樂」等儒家信條，已不同於莊子的「自然」。人心循順所統之性情去應外物，〔註16〕保持恬靜適然，而不以私心妨礙天理自然之「大通」，即可達到「恬知交養」。

另外，船山格致論還涉及到天文曆算等問題。他嘗試著把對外部世界的認識（天文之學）和內部世界的認識（心性之學）區分開來，《思問錄》分作內、外二篇就代表了這種努力。這延續了心神與法象的區分，但明代天文學的發展使得《思問錄・外篇》中的「天」具有了一定的獨立性，而不完全爲心性之天所統攝。這些內容使船山的格物論更具包容性。

二、存神盡性

船山在論心物關係時，以內在之心神對應外物之法象，主張內外皆可用功，故有雙行相濟的工夫論。外物之法象可以致思，而內在之心神如何致思？張載有「神不可致思，存焉可也」之說，〔註17〕又強調神化乃天之良能，而非人之良能，人能夠擴充內心，但不能如天一般神化。船山較張載更加重視人，他注釋道：「心思之貞明貞觀，即神之動幾也，存之則神存矣。」〔註18〕

〔註15〕《莊子解》卷十六，（13）第 265 頁。

〔註16〕此處之「情」是由仁義所生發，故得以與仁義、忠信、禮樂大通。《莊子通・繕性》有：「天下之妙，莫妙於無。無之妙，莫妙於有有於無中，用無而妙其動。仁義、情而非法，禮樂、道而非功。禮動樂興，肇無而有。」見（13）第 510 頁。

〔註17〕張載，《正蒙・神化》，《張載集》第 17 頁。

〔註18〕《張子正蒙注》卷二，（12）第 90 頁。

他的「存神」說突出了「心思之貞明貞觀即神之動機」，思索心思之貞正之處即是思索神化，與張載對神化「不可致思」的態度有所不同。

船山主張「存神盡性」，在《張子正蒙注》中有：

> 其在於人，太虛者，心涵神也；濁而礙者，耳目口體之各成其形也。礙而不能相通，故嗜欲止於其所便利，而人己不相爲謀，官骸不相易，而目不取聲，耳不取色；物我不相知，則利其所利，私其所私；聰明不相及，則執其所見，疑其所罔。聖人知氣之聚散無恒而神通於一，故存神以盡性，復健順之本體，同於太虛，知周萬物而仁覆天下矣。〔註19〕

又有：

> 聖人存神，本合乎至一之太虛，而立教之本，必因陰陽已分、剛柔成象之體，蓋以繇兩而見一也。〔註20〕

船山認爲人所具之神與耳目口體是並立的功能。從本體來看，陰陽二氣恒動不已，聚散無常，神（即清通之氣）無時無刻不內在於其中。人爲具體而微之太虛，也有神通於中。神爲一，陰陽二，由神通陰陽，由陰陽也可以體神。由一而二，由二也可一。他的修養論由此而展開。人通過存神以盡性，即可復全本體，與太虛相通，達到「知周萬物而仁覆天下」，即所謂聖人境地。相反，「濁而礙」之氣形成人的耳目口體等官能，因天賦的缺陷而局限於一隅。若僅從官能出發，世間難免爭奪，勢必違背「仁」。

船山修養工夫的終極目標在於「知周萬物而仁覆天下」。「知周萬物」之知即聞見之知，「仁覆天下」之仁即德性之知，船山以「而」字將二者結合。可見其工夫論的終極目標並不是單一的聞見之知或德性之知，而是二者融合相濟之「知」。而欲達至二知交融的目標需要「存神」。此「存」中不單純是一種向內省察工夫，而是包涵了學問之功在內的、內外相濟的修養工夫。船山認爲：

> 物理雖未嘗不在物，而於吾心自實。吾心之神明雖己所固有，而本變動不居。若不窮理以知性，則變動不居者不能極其神明之用

〔註19〕《張子正蒙注》卷一，（12）第 31 頁。陳來《詮釋與重建》一書有「存神盡性」一節，他以《張子正蒙注》的內在結構爲框架來分析問題，所用材料也主要限於《張子正蒙注》一書。本文此要點的目的在於論述「存神盡性」、「存心養性」等存養工夫的內在關聯，所用材料並不局限於某部著作。

〔註20〕《張子正蒙注》卷一，（12）第 37 頁。

> 也固矣。心原是不恒底，有恒性而後有恒心。有恒性以恒其心，而
> 後吾之神明皆致之於所知之性，乃以極夫全體大用，具眾理而應萬
> 事之才無不致矣。〔註21〕

心神固有萬物之理，但因爲此理變動不居，故不宜把捉。需要首先窮理以盡
性，才能將變動不居之理轉化爲可掌控的「恒性」，在恒性的指引下，方有恒
定之心。因此，在存神之前，必須有學問工夫。這與朱熹先格物再豁然貫通
的有某些相似之處，〔註22〕但船山更加強調人心具備萬理之後的過程，不同
於朱熹對格物的強調，而體現出調和朱、王兩派修養工夫的傾向。這些內容
在既有研究中並未受到足夠重視。

人如何具有心神的問題已明瞭，則不僅追問：人爲何能夠具有心神呢？
答曰：自然之理。船山表述道：

> 心所從來者，日得以爲明，雷霆以爲聲，太虛絪縕之氣升降之幾
> 也。於人，則誠有其性即誠有其理，自誠有之而自喻之，故靈明發焉，
> 耳目見聞皆其所發之一曲，而函其全於心以爲四應之眞知。〔註23〕

心的本體與日光、雷霆之本體相同，即太虛絪縕之氣運動變化的動力，即清
通之氣——神。神在人即爲性、爲理，「虛而生明」即心神，心神發爲一曲官
能，而官能之全則函於心。人具有神的原因在於人確實具有。這是不言自明
的，是自然而然的。他在注解張載「以心求道，正猶以己知人，終不若彼自
立彼，爲不思而得也」時，表達了同樣的意思：

> 以心求道者，見義在外，而以覺了能知之心爲心也。性函於心
> 而理備焉，即心而盡其量，則天地萬物之理，皆於吾心之良能而著；
> 心所不及，則道亦不在矣。以己知人，饑飽寒暑得其彷彿爾。若彼
> 自立彼，人各有所自喻，如饑而食、渴而飲，豈待思理之當然哉！
> 吾有父而吾孝之，非求合於大舜；吾有君而吾忠之，非求合於周公；
> 求合者終不得合，用力易而盡心難也。〔註24〕

〔註21〕《讀四書大全說》卷十，（6）第1107～1108頁。
〔註22〕朱熹在《近思錄·爲學》卷首引語中說：「此卷總論爲學之要，蓋尊德性矣，
　　　　必道問學。明乎道體，知所指歸，斯可究爲學之大凡矣。」（見該書第29頁。）
　　　　《近思錄》是明代士子的必讀書，從船山的此處的工夫程序顯然能看出朱熹
　　　　思想的影響。
〔註23〕《張子正蒙注》卷四，（12）第147頁。
〔註24〕《張子正蒙注》卷四，（12）第182頁。

船山認爲若以「覺了能知之心」求道，則必然發現道義在外，遙不可及。若從「性函於心而理備」的角度出發，則「吾心之良能」本有天地萬物之理。人應當「即心而盡其量」。其中所用「饑而食、渴而飲」的類比，尤能說明天理的自然而然之義。人只需不以私心勉強，則忠孝等德性之知定當如饑欲餐、渴欲飲一樣自然而然地「自喻」，而健順之本體自然來「復」。

　　船山「存神盡性」之說在《孟子》學中體現爲「存心養性」，這是宋明理學的典型問題。存神之「神」即心神，故存神即存心：

> 存其心即以養其性，而非以養其性爲存，則心亦莫有適存焉。存心爲養性之資，養性則存心之實。故過欲、存理，偏廢則兩皆非據。欲不過而欲存理，則其於理也雖得復失。非存理而以過欲，或強禁之，將如隔日瘧之未發；抑空守之，必入於異端之「三喚主人」，認空空洞洞地作「無位眞人」也。但云「存其心以養其性」，則存心爲作用，而養性爲實績，亦可見矣。〔註25〕

「過欲」是動時的省察工夫，而「存理」則是靜時的存養工夫，二者相輔相成，不可偏廢。所存之心是有內容的心，具足了性的心，而非空洞之心，故可以通過存心而達到養性。存心是作用，而養性是功效。達到極致，則盡心而盡性，他說：

> 大人不失其赤子之心，而非孤守其惻隱、羞惡、恭敬、自然之覺，必擴充之以盡其致，一如天之陰陽有實，而必於闔闢動止神運以成化，則道弘而性之量盡矣，蓋盡心爲盡性之實功也。〔註26〕

他強調存養之中的主動擴充，認爲人只有擴充不息，才能不失赤子之心，才能「如天之有實」，以神運而成化。

　　總之，船山以自然之理解釋終極原因，以「復本」爲工夫，是從天道論人道的必然要求，也是宋明理學（包括心學）的特點之一。〔註27〕他批評程朱理學在存養方面的「尚靜」傾向，但自己也未能完全避免，其「存神盡性」工夫的最後環節還是有待於本體之「自復」，故其工夫論與宋儒只是程序方面

〔註25〕《讀四書大全說》卷十，（6）第1110～1111頁。
〔註26〕《張子正蒙注》卷三，（12）第117頁。
〔註27〕程頤認爲：「近取諸身，百理皆具。屈伸往來之義，只於鼻息之間見之。屈伸往來只是理，不必將既屈之氣，復爲方伸之氣。生生之理，自然不息。」朱熹繼承此語，並將其收入《近思錄》。（見朱熹編、張伯行集解《近思錄》卷一，第19～20頁。）

的「畸重畸輕、微有不同」，並非根本差異。〔註28〕

三、誠之之道

「誠」論是宋明理學的重要內容。「誠意」是《大學》八條目之一。《中庸》有：「誠者，天之道也；誠之者，人之道也。」「自誠明，謂之性；自明誠，謂之教。誠則明矣，明則誠矣。」《孟子》以「思誠」解《中庸》「誠之」，後經理學家闡發，「誠」可表達眞實、充實、篤實的完善之義，具有本體和工夫雙重含義。這也是船山的大致思路。

從天道論來看，船山重視「誠」和重氣、重有思想密切相關。天地之間爲陰陽二氣充滿，無處不有，〔註29〕無處不誠，故可用「誠」概括天道。船山從體用論的角度分析「誠」：「太虛一實者也，故曰『誠者天之道也』；用者皆其體也，故曰『誠之者人之道也』。」〔註30〕以天道之誠爲體，而以人道之「誠之」爲用。誠與誠之即體即用，完全實現就是聖人境地。他認爲：「天下之至神，誠之至也。」〔註31〕又有：「說到一個「誠」字，是極頂字，更無一字可以代釋，更無一語可以反形，盡天下之善皆有之謂也，通吾身、心、意、知而無不一於善之謂也。」〔註32〕「誠」是通天道人道、統本體工夫、極高明極完善的概念。〔註33〕

〔註28〕 唐君毅認爲：「宋儒固尊理，而亦未嘗賤依理而生之氣，尊德而亦未嘗賤有德者之才。其尊心性，言無欲，此所謂欲，皆指不當理之欲而言，宋儒未嘗以身爲罪惡之淵藪。則謂船山此類之言，足以全反昔儒者之說者，妄也。唯畸重畸輕，微有不同。」（見《中國哲學原論·原教篇》第611頁。）其中「畸重畸輕，微有不同」的斷語也可以概括船山與宋儒在存養工夫論方面的差異。

〔註29〕 船山論有無問題主要繼承張載「大《易》不言有無，言有無諸子之陋也」（《正蒙·大易》）之說，故認爲：「五行之神不相悖害，（木神仁，火神禮，土神信，金神義，水神知。）充塞乎天地之間，人心其尤著者也。故太虛無虛，人心無無。」見《思問錄·內篇》，（12）第426頁。

〔註30〕 《思問錄·內篇》，（12）第402頁。

〔註31〕 《周易內傳》卷五下，（1）第555頁。

〔註32〕 《讀四書大全說》卷九，（6）第997～998頁。

〔註33〕 以《思問錄》爲例，其「內篇」是船山最凝練的指針性著作，明瞭其整體指向，則可明瞭整個船山思想的指向。其中短短162段話語，「誠」字隨處可見，足見誠在其整個思想中的重要地位。既有研究對此關注不多。陳來《詮釋與重建——王船山的哲學精神》一書，討論到《思問錄》中的「誠」，但主要是從「誠意」與「正心」的關係角度來說，並未涉及作爲「極頂字」的「誠」。

（一）誠明

張載《正蒙》有「誠明」一篇，主要討論心性論、工夫論問題，船山認爲「此篇專就人而發」，〔註34〕「誠」指「誠之之功」，「明」指「明善之功」。〔註35〕誠之之功即「因理體其所以然」，是天所賦予並與天爲通的能力，故德性之知可以自然而曉喻。以所聞所見證明事物之理屬於「明善之功」。以德性所喻爲主導，並與學識相輔相融，即可達到「體用一源」的誠明相濟的境地。

首先，船山認爲豫知善惡即明善，是「誠之」的「先務」。《思問錄》中有：「『有不善未嘗不知』，豫也；『知而未嘗復行』，豫也。誠積於中，故合符而爽者覺。誠之者裕於用，故安驅而之善也輕。」〔註36〕這是發揮《中庸》中「凡事豫則立，不豫則廢」的思想，船山將「豫」轉化爲「豫知」，並與善惡問題結合，然後才能開啓「誠積於中」的程序，即豫知善惡是誠的「先務」。他說：「以天道言，則唯有一誠，而明非其本原。以人道言，則必明善而後誠身，而明以爲基，誠之者擇善而固執之。是明善乃立誠之豫圖，審矣。」〔註37〕這與朱熹「以誠爲豫」不同，而是將「誠之」的內在程序具體化，使工夫的次第清晰。

其次，船山認爲既然「明善」是立誠的先務，則明善不是可有可無的，而是必要的，《讀四書大全說》中有：

> 一乎誠，則盡人道以合天道，而察至乎其極。豫乎明，則儲天德以敏人道，而已大明於其始。雖誠之爲理不待物有，誠之之功不於靜廢；而徹有者不殊其徹乎未有，存養於其靜者尤省察於其動。安得如明善之功，事未至而可早盡其理，事至則取諸素定者以順應之而不勞哉！〔註38〕

〔註34〕《張子正蒙注》卷三，（12）第 112 頁。當然，張載的《正蒙》的篇名並非概括式，而是以篇中首句的前幾個字眼來名篇，但多數第一句話都是經過仔細挑選的，故能大概表明篇指。就《誠明》一篇來看，直接討論誠明的句子並不太多，但多數話都是討論心性、工夫等問題，也與誠明間接相關。

〔註35〕船山認爲：「因理體其所以然，知以天也；事物至而以所聞所見者證之，知以人也。通學識之知於德性之所喻而體用一源，則其明自誠而明也。」《張子正蒙注》卷三，（12）第 113 頁。

〔註36〕《思問錄・內篇》，（12）第 414 頁。

〔註37〕《讀四書大全說》卷三，第 529 頁。船山認爲：「夫朱子以誠爲豫者，則以《中庸》以誠爲樞紐，故不得不以誠爲先務。而樞紐之與先務正自不妨異也。」（同上）

〔註38〕《讀四書大全說》卷三，（6）第 528 頁。

「誠之」能夠「盡人道以合天道」，最終達到天人合一的境界。他論天人關係以人道爲重心，在「誠」的問題上也是如此，故以盡人道的「誠之之功」爲始，而「誠之之功」又以「明善」爲入手處。

（二）思誠

船山思誠爲極頂工夫，可以涵括其它所有工夫。這種思路應該受到了朱熹闡釋《中庸》的影響。〔註39〕他以誠通於天理，兼盡天下所有的善，概稱全德，進一步以「思誠」統攝大學八條目，乃至所有的工夫條目，他認爲：

> 格、致、誠、正、修、齊、治、平八大段事，只當得此『思誠』之一『思』字；曰命、曰性、曰道、曰教，無不受統於此一『誠』字。〔註40〕

又有：

> 若但無僞，正未可以言誠。（但可名之曰「有恒」。）故思誠者，擇善固執之功，以學、問、思、辨、篤行也。……盡天地只是個誠，盡聖賢學問只是個誠。〔註41〕

誠可以通極於天理、天道，故可統攝命、性、道、教。則以誠爲對象的思誠則包括了《大學》的八條目和《中庸》的五條目，後者是朱熹的影響，前者則體現了船山自己的理解。思誠之「思」涵括了存養省察和學問工夫，可獲得德性之知和聞見之知。

船山的「反身而誠」即以身體悟誠體的工夫，即「思誠」工夫的靜時存養、動時省察，既包括外部聞見能力的參證，也包括內心的戒懼敬一，《讀四書大全說》中有：

> 「反身而誠」，則通動靜、合內外之全德也。靜而戒懼於不睹不聞，使此理之森森然在吾心者，誠也。動而愼於隱微，使此理隨發處一直充滿，無欠缺於意之初終者，誠也。外而以好以惡、以言以行，乃至加於家國天下，使此理洋溢周徧、無不足用於身者，誠也。三者一之弗至，則反身而不誠也。〔註42〕

〔註39〕朱熹認爲：「一者，誠也。一有不誠，則是九者皆爲虛文矣，此九經之實也。」見《中庸章句》，《四書章句集注》第30～31頁。
〔註40〕《讀四書大全說》卷998頁。
〔註41〕《讀四書大全說》卷九，（6）第997～998頁。
〔註42〕《讀四書大全說》卷九，（6）第996～997頁。

「誠」爲極頂字,「誠之」則爲極頂工夫。孔子以仁爲全德之稱,故不輕許人以「仁」,船山也不輕許人以「誠」,因爲只有聖人才能配稱嚴格意義的「反身而誠」。

其中,船山論「反身而誠」雖然動靜並舉,但二者絕非同等重要,而是以變動之誠的地位更突出。這主要是因爲他批評程朱的主敬、尚靜工夫,而倡導因時變而應變。《思問錄》中有:「《無妄》,災也。災而無妄,孰爲妄哉!故孟子言好色好貨於王何有。眚且不妄,而況災乎!誠者,天之道也,無變而不正也,存乎誠之者爾。」〔註43〕《無妄》卦內《震》外《乾》,天道運行於上,二陰處中而初陽震動。他認爲這種狀況並不符合人之理,自然難以爲人理解,「然自人而言則見爲妄,自天而言,則有常以序其時,有變以起不測之化,既爲時之所有,即爲理之所不妄」,故「在天者即爲理」,而「人所謂妄者皆無妄也」。〔註44〕天的變化沒有不正的可能,關鍵是人如何應對。天無疑是「誠」的,人如何在有妄的情況下去「誠之」才是最關鍵的問題。

船山的「思誠」工夫表現出了不同於朱學和王學的獨特之處,唐君毅曾對此總結道:

> 人之思誠之功夫,既在竭心之思功,以知理行理而盡善。故船山之言心上之工夫,不如陽明之主即心即理、即心觀理,亦不似朱子之言即物窮理。即心觀理,則未必能分別無理之心與有理之心;即物窮理,則或濫物理於人心之理。船山乃主竭此心之思功,以知此人之心之理,而行此理。斯乃所以立人道之正。〔註45〕

他以「竭心之思功」概括船山的思誠工夫,對行的意義重視不足,但從心知的角度看,這些結頗爲恰當。船山與朱熹的異處往往似於陽明,異於陽明處往往似於朱熹。這是其工夫論方面的特點之一。

(三)思誠與知行

知行問題是宋明理學的重要問題。朱熹通常反對離行而言知,但也有「知先行後」之說,這爲其後學的發展埋下隱患。「知行合一而並進」是王陽明的

〔註43〕《思問錄・內篇》,(12)第 424 頁。此語由解釋《易・無妄》而闡發己意,其中第一個「無妄」是卦名,應加專名號,中華書局版單行本(據 2009 年版,同於 1956 年版)未標明,《船山全書》沿用之。此處引文正之。
〔註44〕《周易內傳》卷二下,(1)第 235 頁。
〔註45〕唐君毅,《中國哲學原論・原教篇》第 590 頁。

主要思想之一。〔註46〕「並進」並非不區分知行，而是要知行相通、刻刻不離，然其後學中有流於狂禪者，爲明清之際有擔當的士人所痛恨。在船山看來，無論是朱學還是王學都有脫離脫離實踐的傾向，其根源即在知行問題不明確。此問題研究已多，〔註47〕但此處並非僅僅針對知行二者的關係來討論，而是從思誠的角度分析知行關係，以期更爲清晰。

第一，船山「思誠」之中包括篤行工夫，能夠合內外、通動靜，使天理周偏洋溢於家國天下之中。知行二者都是出於誠，並以誠爲目的。知行關係問題與極頂問題相關，成了船山思想的重要內容。他認爲：

> 生知者，誠明也；安行者，至誠也；學知者，明誠也；利行者，誠之爲貴也；困知、勉行者，致曲也。以其皆能極人道之「誠之」以爲德爲學，故知之、成功，莫不一也。各致其誠而知用其知，知用其仁，知用其勇；行其知以知之，行其仁以守之，行其勇以作之。
> 〔註48〕

至誠能夠統攝「知之」和「成功」，即知與行，故誠中所涵的智仁勇三達德，都可以因知行之不同而有不同的體現。

第二，從實踐中看，以義制私欲，只有以敬制懈怠，以性制情，以道心涵人心，才能夠眞正做到「反身而誠」，船山說：

> 有其欲而以義勝之，有其怠而以敬勝之，於情治性，於人心存道心，於末反本，以義制事，以禮制心，守義禮爲法，裁而行之，乃以咸正而無缺。是湯、武之反身自治也。〔註49〕

反身自治，突出了行的必要性，義禮等現實的綱宗皆由「裁而行之」方能達到「咸正無缺」，否則心中再完善的義理也是有缺憾的，這批評了朱學、王學後學中的離行言知的狀況。「誠」自身內涵的統一性與豐富性決定了知行二者之間有分而不離的基本關係。船山認爲：

> 且夫知也者，固以行爲功者也。行也者，不以知爲功者也。行

〔註46〕王陽明，《答顧東橋書》，見《傳習錄》卷二，《王陽明全集》上冊第 42 頁。
〔註47〕侯外廬等以知行「並進而有功」（《讀四書大全說》卷四，（6）第 600 頁）來概括，見《宋明理學史》下冊第 926 頁。張立文將船山知行關係總結爲「知行相資而不離」，又分別爲五個方面：一、行可兼知，而知不可兼行；二、力行出眞知；三、知以行爲功效；四、行是知的目的；五、知以審行。這些都是較有影響的成果。見《正學與開新——王船山哲學思想》第 277～278 頁。
〔註48〕《讀四書大全說》卷三，（6）第 522～523 頁。
〔註49〕《讀四書大全說》卷十，（6）第 1146 頁。

篤可以得知也，知焉未可以收行之效也。將爲格物窮理之學，抑必
綿綿孜孜，而後擇之精、語之詳，是知必以行爲功也。行於君民、
親友、喜怒、哀樂之間，得而信，失而疑，道乃益明，是行可有知
之效也。其力行也，得不以爲歆，失不以爲恤，志壹動氣，惟無審
慮卻顧，而后德可據，是行不以知爲功也。冥心而思，觀物而辨，
時未至，理未協，情未感，力未贍，俟之他日而行乃爲功，是知不
得有行之效也。行可兼知，而知不可兼行。下學而上達，豈達焉而
始學乎？君子之學，未嘗離行以爲知也必矣。〔註50〕

這是船山知行關係論中較爲典型的議論，主要批判王學的知行合一之說，尤
其是以知代行的傾向。其中和思誠工夫較爲密切的是對篤實之行的強調。船
山認爲知未必能行，故反對知行合一。行到篤實處可有知之效，體現出對無
行之知的不滿。

第三，知、行皆是由誠而生出。船山要肯定知行並進說，但又與陽明學
不同。不僅如此，他的知行「並進而有功」反而意在批評陽明的知行觀。例
如，他以誠明對應行知，闡發孔子自述生平的「三十而立」〔註51〕，《讀四書
大全說》中有：

蓋云知行者，致知、力行之謂也。故其爲致知、力行，故功可
得而分。功可得而分，則可立先後之序。可立先後之序，而先後又
互相爲成，則緣知而知所行，緣行而行則知之，亦可云並進而有功。
乃聖人旣立之後：其知也，非待於致也，豁然貫通之餘，全體明而
大用行也；其行也，非待於力也，其所立者條理不爽，而循緣之則
因乎事物之至也。故旣立之後，「誠則明矣」。明誠合一，則其知焉
者即行矣，行焉者咸知矣。顏子之「欲從末緣」者在此，而豈可以
「知行並進」言哉！〔註52〕

知、行二者本來皆涵納於「思誠」之中，只有誠得立之後，才會有致知、力
行，才會有知行之分。知行之分皆是從功效而言，而非就本體而言。知行區
分之後，才有先後順序，才有相輔相成的可能。此時可以說二者「並進而有

〔註50〕《尚書引義》卷三，（2）第 314 頁。
〔註51〕關於「三十而立」對船山自身生命和思想的影響，可參看第一章第一節「初
　　　　得《觀》義，三十而立」部分的內容。
〔註52〕《讀四書大全說》卷四，（6）第 599～600 頁。

功」，因爲若以知爲目的，則行可有功於知；若以行爲目的，則知可有功於行。這顯然與陽明以行爲唯一目的不同。其次，聖人達到了誠明合一的境地，不需要區分知行，知即行，行皆知。但學者卻不能。顏淵感歎孔子的「欲從末由」的狀態，可以代表學者之境，不可以用「知行並進」概括。再次，理氣渾然以爲體，體用互函，知行渾然即爲誠之體，區分知行即爲誠之用。其最終目的是爲了達到知行渾然的誠體狀態，成爲誠明合一的聖人。陽明主心外無理，致吾心之良知於事事物物，「致」中包涵了知與行。這其實與船山的說法類似。

總之，誠之之道是船山工夫論的終極大綱。

通觀本節，船山發展了張載、朱熹的心統性情說，在工夫論方面則吸收了朱、王二派的有益成分，並以張載的「大心」之說進行折中，闡發出學問與存養相濟相成的工夫論。因時代影響，他能夠切身體會學問頹敗對整個社會的巨大作用故嘗試選擇一條不同於朱、王二家（進而能夠避免二家缺陷）的修養途徑。然而，他的工夫論主要還是繼承傳統修養論的基礎上形成的，雖爲聞見之知留下了一定空間，但其最終以德性之知爲目的，德性之知終壓倒聞見之知。他無法克服儒學泛道德主義引起的輕視自然世界的缺陷。

第二節　王船山的鬼神不滅論

王船山鬼神不滅論以二氣聚散之說爲理論基礎，意在更好地解決生死問題。從中國思想史看，殷周時期，社會中的宗教氛圍較爲濃厚，鬼神觀念較爲普遍。〔註53〕孔子則有所不同，他雖重視祭祀，但對生死問題都存而不論，也擱置了鬼神問題，故「不語怪力亂神」，主張「未能事人，焉能事鬼」。這種情況在《中庸》、《易傳》出現後又有所改變。〔註54〕北宋初年的理學家發展了

〔註53〕　侯外廬等認爲：「祖先一元神的宗教支配著殷人的思想。」又有：「正如《莊子・天下篇》所說，周人『以天爲宗，以德爲本』，在宗教觀念上的敬天，在倫理觀念上就延遲爲敬德。同樣的，在宗教觀念是的尊祖，在倫理觀念上就延長而爲宗孝，也可以說『以祖爲宗，以孝爲本』。」分別見侯外廬、趙紀彬、杜國庠著《中國思想通史》第一卷第 69、94 頁。

〔註54〕　《中庸》第十五章有：「子曰：『鬼神之爲德，其盛矣乎！視之而不見，聽之而弗聞，體物而不遺。使天下之人齊明盛服，以承祭祀。洋洋乎！如在其上，如在其左右。』」《易・繫辭》論及神之處比比皆是，也有鬼神並論者，其中有：「陰陽不測之謂神。」（上第五章）「此所以變化而行鬼神。」（上第九章）

《庸》、《易》的內容而形成自己的思想。張載有「鬼神乃二氣之良能」之說，程頤則認爲鬼神乃造化之迹，二者實無多大不同。朱熹吸納前人思想而形成了較爲系統的鬼神觀，認爲人死則神氣消散無餘，只有生化之天理恒存不移。他肯定鬼神的存在，但認爲鬼神之事低於日用修養的人事，居於「第二著」。〔註55〕這些內容基本符合孔子的意指，也成爲後來多數理學家的一貫主張。

船山接受了張載二氣屈伸即爲鬼神的思想，認爲人能夠與鬼神相感相通。這與多數理學家並無不同，但他的發展並未止於此，而是大大突顯了與鬼神溝通過程中「誠之」的重要性，使得鬼神問題不僅僅限於討論變化、生死等內容，進而成爲工夫論方面的重要內容。

其中，船山認爲鬼只是歸去之神，只要解決了神爲何物，就能說明鬼。但他論神的概念變化較多，往往需要隨文見義。陳來將其總結爲四種情況：「一個是指『理』，與氣相對；二是指『神』，與形相對；三是指『使動者』，與動者相對；四是指氣之伸、氣之聚的形態，與作爲氣之屈、氣之散的鬼相對。」〔註56〕神的內涵可能還要繁雜：若神和理相對，只是作爲氣而言，故有「神之理」之說；若從神之動而言，則神不是使動者，而是動之體；等等。但是，神的內涵並非完全無理可循。從船山理氣渾然的本體論來看：神乃理氣渾然之體，本身已經帶著氣言，故是氣的伸延。若與氣相對而言，則神即爲理；若與形氣相對而言，則神能內在於形氣之中。但是，理氣渾然之本體要求體用互涵：若神作爲變化之體而言，則與理相對，理需要進一步內在於神之中。

當然，這種複雜多變的「神」並非僅僅建立在感覺、歸納、推理的基礎上的，而主要是建立在深層體悟的基礎上。這一方面說明了船山思想與西方式的哲學還有差別；另一方面也能夠看出他已經在條分縷析地描述自己的體悟，不僅遠勝於張載，也超出了同時代大多數思想家。此處無意全面討論船山的神的概念，而主要就與生死問題關係較爲緊密的內容展開論述。

「顯道神德行，是故可與酬酢，可與祐神矣。」（上第九章）《繫辭》與《中庸》中的鬼神所指內容基本一致。

〔註55〕朱熹，《朱子語類》卷三，該書第一冊第 33 頁。

〔註56〕陳來，《詮釋與重建——王船山的哲學精神》第 469 頁。他認爲：「船山（在《正蒙注》中）所用的神的概念往往變易不一，不容易把握。這當然和《正蒙》本身大量使用神的概念，而意義複雜有關。」神的概念本就具有不測之義，故不僅在《正蒙注》中，即使在《周易內傳》、《思問錄》中也是如此。

一、鬼神之情狀

首先，船山論鬼神的實質與目的。他以氣之屈伸凝聚爲鬼神：「天之氣伸於人物而行其化者曰神，人之生理盡而氣屈反歸曰鬼。」〔註57〕因此，鬼神只是氣，似乎並不神秘，但並非完全可知。從對鬼神的大概認識來看，他沿用了張載的說法，並有所創新。張載認爲：「鬼神者，二氣之良能也。聖者，至誠得天之謂；神者，太虛妙應之目。凡天地法象，皆神化之糟粕爾。」〔註58〕張載的鬼神顯然針對天地萬物之總體而言，不僅僅限於人，且他爲了突顯神的超越意義，而將天地法象定位神的糟粕。船山的解釋並非如此：

> 陰陽相感，聚而生人物者爲神；合於人物之身，用久則神隨形敝，敝而不足以存，復散而合於絪縕者爲鬼。神自幽而之明，成乎人之能，而固與天相通；鬼自明而返乎幽，然歷乎人之能，抑可與人相感。就其一幽一明者言之，則神陽也，鬼陰也，而神者陽伸而陰亦隨伸，鬼者陰屈而陽先屈，故皆爲二氣之良能。良能者，無心之感合，成其往來之妙者也。……若朱子死則消散無有之說，則是有神而無鬼，與聖人所言「鬼神之盛德」者異矣。〔註59〕

神爲伸而鬼爲歸，是傳統的解釋，並非船山新意。神爲陰陽二氣凝聚成人與物之理，鬼則爲人物毀滅消散之理。他在討論了一句人與物之後，迅速轉入了對人的專門論述，又在文段的最後批判朱熹的鬼神觀，使其目的更爲明確，鬼神問題顯然是爲了說明人的生死問題而設。他相信人死之後依然有神復歸於「陰陽之良能」，人的魄則下歸於大地，與陰陽二氣之太和相合。這與張載鬼神觀相似。另外，神鬼都涵有陰陽二氣，伸時，陰陽皆伸；屈時，陰陽皆屈。這也是張載思想沒有明確表示的內容。

其次，修養能夠知曉鬼神的情狀。船山主張氣爲實有，鬼神皆氣，故鬼神實有。實有即誠，鬼神問題即此轉入修養論的範圍，這與張載不同。他認爲：

> 是故人之生也，氣以成形，形以載氣；所交徹乎形氣之中，綿密而充實，所以成、所以載者，有理焉，謂之「存存」。人之死也，魂升於天，魄降於地，性之隱也：未嘗亡而不得存者，與魂升，與

〔註57〕《張子正蒙注》卷二，（12）第79頁。
〔註58〕張載，《正蒙·太和》，《張載集》第9頁。
〔註59〕《張子正蒙注》卷一，（12）第33～34頁。

魄降，因其屈而以爲鬼神。故鬼神之與人，一也。鬼神之誠，流動充滿，而人之美在中也。其屈也，鬼神不殊與人，而其德惟盛。其存也，人亦不殊於天，而其性以恒。然則此「衷」也，固非但人之「衷」，而亦天之「衷」矣。形而下者人之性，形而上者天之理，故「衷」曰「降」。非其麗於人而遂離乎天也，天下逮於人，人之「衷」即天之「衷」也。〔註60〕

這段文字僅就人而言。《尙書》的「衷」即《中庸》的誠，也是《孟子》的「塞」。若「衷」存，則「人亦不殊於天，而其性以恒」。這就自然地轉換到了修養論的內容。就誠本身而言，人性因形而有（「形而下」），天理則是「隱而未見」的「形而上」，故可以說「衷」由天降。神是溝通形上、形下的動力（「幾」）。魂魄因神之功能而構成人，人本來已經具備得以與天地鬼神相通的可能性，若能存誠，則這種可能性就轉化爲現實性。就人而言，誠、衷即可存神，是存養工夫。存養即可與鬼神相通，是存神盡性的另一種表達。《續春秋左氏傳博議》中有：

神之來也，非乘虛而入也，匪誠有於中而不致也；鬼之往也，非去人而人必不受也。苟虛焉，則莫之介紹而親矣。非吾身之所受，兩間雖有而不親，然非兩間之果有是也，則亦惡從而至哉！天也，神也，鬼也，皆誠有者也，視其所以受之者而已矣。〔註61〕

《尙書引義》中有：

夫和氣者，氣之伸也；害氣者，氣之屈也。五行之英，在形之未成有其撰，迨形之已成而含其理。三正之常，往過者退而息機，來續者進而興事。是屈伸之化理，所謂鬼神也。鬼神則體物不遺矣。〔註62〕

天、鬼、神都是實存的，人誠於中即能降神。人因修養工夫而與鬼神相通，並以鬼神貫通五行、三常，溝通了物理和倫理世界。其理論價值可以體現在相互關聯的兩個方面。一方面，鬼神仍具有神秘色彩和超越性。另一方面，鬼神是「屈伸之化理」，具有現世性。人通過修養工夫，與天理相通，即可與鬼神相通。

〔註60〕《尙書引義》卷三，（2）第 294 頁。
〔註61〕《續春秋左氏傳博議》卷上，（5）第 569 頁。
〔註62〕《尙書引義》卷二，（2）第 282～283 頁。

　　船山不僅相信鬼神實有，而且認爲鬼神之情狀可爲人測知。《俟解》中有兩段文字表述最爲全面：

　　　　《易》曰「知鬼神之情狀」，然則鬼神之有情狀明矣。世之謂鬼神之狀者，髣髴乎人之狀。所謂鬼神之情者，推之以凡近之情。於是稍有識者，謂鬼神之無情無狀，因而並疑無神無鬼。夫鬼神之狀非人之狀，而人之狀則鬼神之狀。鬼神之情非人之情，而人之情則鬼神之情。自無而之有者，神未嘗有而可以有。自有而之無者，鬼當其無而固未嘗無。特人視之不能見，聽之不能聞耳。

　　　　雷者，陽氣發於地中，以有光響而或凝爲斧之石；斜日微雨霑苗葉，漸成形而能蠕動。於此可驗神之狀。汞受火煎，無以覆之，則散而無有；盂覆其上，遂成朱粉。油薪蒸於空曠，煙散而無纖埃；密室閉室，乃有煤墨。於此可驗鬼之狀。發生之氣，條達循理，可順而不可逆。神之所好者義也，所惡者不義也。羈蒿悽愴，悲死而依生，鬼之所惡者不仁也，所好者仁也。於此可驗鬼神之情。如謂兩間之無鬼神，則亦可謂天下之無理氣。氣者生無從而去無迹，理者亦古人爲之名而不可見、不可聞者也。……鬼神者，聖人知之，君子敬之，學者盡人事以事之，自與流俗之下愚媚妖妄以求福者天地懸隔。何得臨下愚之深以爲高乎！〔註63〕

第一段是從人的聞見能力來說，萬物之生，從無至有，此所謂「無」並非眞正的無，而是人不可見之「無」；萬物之死，從有至無，此所謂「無」亦非眞正的無，而是人不可見之「無」。此二者即爲神鬼。鬼神本屬於天地之良能，天地造化之所以然，本有不爲人所知者。神能於無中生有，鬼則「自有而之無」，這些都超出了人的聞見能力。將鬼神之情狀等同於人、認爲鬼神無情狀乃至認爲無鬼神，都是蔽於人而不知在人之天（即性）的表現。

　　第二段船山以《易》學推知（「驗」）神鬼的情狀。雷爲《震》卦之象，《震》一陽動於二陰之下，即具有「陽氣動於地中」之象。雷表現爲聲響，有時也會凝聚爲「斧之石」，故可推知雷生於地中。〔註64〕雨滴在苗葉上，能夠搏爲

〔註63〕《俟解》，（12）第482頁。

〔註64〕以雷電證鬼神，似乎受到了朱熹的影響。朱熹說：「神，伸也；鬼，歸也。如風雨雷電初發時，神也；及至風止雨過，雷住電息，則鬼也。」見《朱子語類》卷三，第1冊第34頁。船山雖然在整體上反對朱熹的鬼神觀，但不妨在細處受其正面影響。這也可見學術思想形成的複雜性。

圓形並自行蠕動。故可推知神雖不可見，但絕非無神。水銀蒸騰而化爲朱粉，油薪燃盡而有煤墨，可推知鬼的狀態。這些觀察似乎與科學實驗有些相近（曾有學者據此推出船山的科學思想），實則大不相同。他論證的關鍵並不在此，而是在後面的兩句話：「義」具有可循之義，「仁」具有生生之義，故而他通過「發生之氣」的「條達循理」推出神好義而惡不義，通過消亡之氣的「焄蒿悽愴、悲死依生」而推知鬼的好仁而惡不仁。天地之道和人間之道得以溝通融達，是船山視野的焦點。因此，欲知鬼神之情狀，需要盡人事而事之、敬之、知之。這似乎與流俗信鬼神的思想一樣，實則與小人以祭品討好鬼神的做法不同，也與不信鬼神的學者不同。表面上看，船山擴大了鬼神的範圍，實則並非如此。他只是承認了鬼神的實有與不滅，但在涉及到人的做法的問題上，只需要「盡人事以事」。祭祀天地祖先無非「盡人事」，只是人事與鬼神之事自然想通而已。從這個角度看，反而是人事的範圍擴大了。

　　總之，鬼神問題是船山貫通天道、人道的重要思想，其最終目的在於更好地解決祭祀、生死等人間的問題。陳來認爲：「王船山思想的落腳之處是生死～善惡的問題，這是船山晚年思想的核心與要義，其他的複雜理論辨析和概念組織都是圍繞此一核心的外圍構建和展開。或爲這一落腳點所鋪排的理論前件。他的所謂『氣論』也不可能離開這一基點來理解。」〔註65〕此論斷頗有見地，只有一點需辨明。從邏輯上看，船山生死觀的直接基礎在鬼神問題，由鬼神問題而轉入理氣論，也可以由鬼神問題而轉入仁義等人倫問題。生死善惡問題是船山思想的落腳點，而鬼神問題又是生死善惡問題的基礎。

二、鬼神與祭祀

　　慎終追遠，民德歸厚。祭祀是儒家治理教化思想的重要內容，是死亡論需要解決的問題。孔子重視禮，《論語・八佾》多有記述。禮中包括祭祀天地祖先鬼神等各種祭禮。但孔子對鬼神存而不論，只是「祭如在，祭神如神在」，又說「吾不與祭如不祭」。他平時將人事與神鬼之事分開，只是在祭祀之時方「如神在」。朱熹認爲這體現了聖人「祭祀之誠意」〔註66〕，又認爲祖先和後人只是一氣，「祭祀有感格之理」，若子孫對祭祀誠心誠意，則能夠使得祖先

〔註65〕陳來，《詮釋與重建──王船山的哲學精神》第 47 頁。另外，船山對生死～善惡的重視並非從晚年，早、中年已有，似乎不宜僅僅作爲「晚年思想的核心與要義」。詳見本節第二部分。
〔註66〕朱熹，《論語集注》卷二，《四書章句集注》第 64 頁。

之魂「復聚」。但鬼作爲歸去之氣，終將慢慢散盡，死去久遠的祖先則往往難以「復聚」。〔註67〕此時，即使祭祀者保持自己的誠意，也無法完全保證有鬼神來格。

　　船山與朱熹等儒者不同，他不迴避人死後歸所的問題，既肯定鬼神實有而不散，又肯定人能感通鬼神，以推證祭祀的必要性。鬼神論的目的之一就是解決祭祀問題。他從《禮記》中找到了經典依據。他知道《禮記》非孔子自著，而是由漢人記錄成書，但《禮記章句》一書並不否定其正統性〔註68〕，而是借其大談鬼神，似乎已經忘了《論語》中「子不語怪力亂神」的聖訓。他在討論祭祀必要性時說：

　　　　人之與物皆受天地之命以生，天地無心而物各自得，命無異也。乃自人之生而人道立，則以人道昭天道，而異於草木之無知、禽獸之無恒，故唯人能自立命，而神之存於精氣者，獨立於天地之間而與天通理。是故萬物之死，氣上升，精下降，折絕而失其合體，不能自成以有所歸。唯人之死，則魂升魄降，而神未頓失其故，依於陰陽之良能以爲歸，斯謂之「鬼」。「鬼」之爲言「歸」也，形氣雖亡而神有所歸，則可以孝子慈孫誠敬惻怛之心合漠而致之，是以尊祖祀先之禮行焉，五代聖人所不能變也。〔註69〕

船山「以人道昭天道」、「孝子慈孫以誠致鬼神」的思想，與朱熹等儒者並無不同。但他肯定神不散盡，而鬼只是人在性氣亡失之後會歸太虛之神氣，這與前人有所不同。在此前提下他將人的地位進一步提升，認爲人不同於物之處恰恰在於人能夠自立命而存神。

　　《禮記·樂記》中有：「明則有禮樂，幽則有鬼神。如此，則四海之內合

〔註67〕朱熹，《朱子語類》卷三，該書第 1 冊第 37 頁。朱熹又有：「祖考之精神魂魄雖已散，而子孫之精神魂魄自有些小相屬。故祭祀之禮盡其誠敬，便可以致得祖考之魂魄。這個自是難說。看既散了，一似都無了。能盡其誠敬，便有感格，亦緣是理常只在這裡也。」（見《朱子語類》卷三，第 1 冊第 46 頁。）朱熹對鬼神的表達，因時境的不同而有不一致處，但其根本的觀點不變，即鬼最終必然散盡無餘。其次，就是強調理對氣的決定性作用，這與他的貫常思想保持一致。

〔註68〕《禮記章句·序》中有：「《記》（指《禮記》）之於《禮》（指《周禮》和《儀禮》）相倚以顯天下之仁，其於人之所以爲人、中國之所以爲中國、君子之所以爲君子，蓋將捨是而無以爲立人之本，是《易》、《詩》、《書》、《春秋》之實經也。」見（4）第 9 頁。

〔註69〕《禮記章句》卷二十三，（4）第 1091〜1092 頁。

敬同愛矣。禮者，殊事合敬者也；樂者，異文合愛者也。禮樂之情同，故明王以相沿也。」禮樂爲外在的、可聞可見的，鬼神爲內在的、不可聞見的。禮樂是鬼神狀況的體現。船山按自己的理解整理文句順序，將妨礙文意的兩句話定爲錯簡，移置後文，然後說：

> 人無異性，斯無異情，無異情斯無異治，故歷代王者相沿，皆以禮樂爲治教之本也。……此章推原禮樂之本，無間於幽明，流行不息而合同以行其敬愛，故先王因之以立人道。……而即此驗之，明之禮樂，幽之鬼神，其體本一，則禮樂之興，一皆誠之而不可掩。
> 〔註70〕

人的性情通一不二，禮樂能夠疏導性情，故可有普遍的禮法作爲治理社會之方。他又表述爲：「鬼神之德，禮樂之體，凝於人者爲愛敬之心，神無方而不遺，故四海之內，人皆涵愛敬之心，以爲性情而無殊也。」〔註71〕先王制定的禮法都是以此爲本。敬愛之情內在於性中，人可以通過踐行「明」處的禮法，進而體察「幽」處的鬼神。《禮記·祭義》中又有：「子曰：『氣也者，神之盛也；魄也者，鬼之盛也。合鬼與神，教之盛也。』」他解釋爲：

> 「氣」者，生氣，魂所乘以營於身而出加乎物者也。「魄」者，耳之聰、目之明、身之受，觸內景而領物以爲覺者也。「盛」者，聚而成用，則昌著盛大而成乎人理者也。氣、魄者，生人之大用，麗體以凝。夫子以鬼神之德可以心喻而不能名言其實，故就生人之氣魄而言之。聚而盛則爲人，當其未凝與其已散（而）希微流動於天地之間，則謂之鬼神，故即人而可以知鬼神矣。然此自陰陽之既分者而言，若陰陽之所自分，則實一氣之屈伸而非有兩體，伸而未有定體以向於長者爲氣，屈而已有定體以向於消者爲魄，是氣長而凝爲魄，魄消而歸於氣，氣魄之殊，一屈伸往來而已。「合鬼與神」者，謂合鬼神於人也。人之所以生即鬼神之盛，則體驗於身而鬼神在我矣。故誠明而鬼神之理著，仁孝而鬼神之幾通，由此而立教，則窮本知化，而教職迷藏於是而極矣。〔註72〕

〔註70〕《禮記章句》卷十七，（4）第905頁。
〔註71〕《禮記章句》卷十九，（4）第904頁。
〔註72〕《禮記章句》卷二十四，（4）第1119頁。標點有改動。括號內「而」字爲引者加，《全書》點校者用一頓號，然審其文意，則「希微流動於天道之間」者，不僅包括「已散」之氣，還包括「未凝」之氣，在此斷開於文意有損，然又

船山抽出「氣」、「魄」、「盛」三字作爲注釋的開端。這句話從宰我問鬼神開始，孔子說氣、魄二者分別由鬼神支配，最終以確立「二端」來得出「二禮」。〔註73〕這正好符合船山的氣論，既然氣、魄皆屬於氣，並歸於氣之全體，則都有「生人之大用」。這和原義是否衝突呢？關鍵要看「盛」字的解釋。「昌著盛大而成乎人理」即爲「盛」，其落腳處在「人理」，而非自然之氣，故「即人則可以知鬼神」。既然祖先死後有神靈留存於天地之間，則子孫後代的仁孝之心，遠勝於祭祀祖先的祭品。〔註74〕

當然，從張載氣論看，本體之氣恒存，已經內涵了鬼神之氣不滅的思想，乃至引申出個體託生之說，這在後來重氣的思想家中皆有體現。但是，船山肯定鬼神恒存只是以整體之神氣的狀態存在，而非個體的留存。他刻意避開了與世俗鬼神觀一致的內容。〔註75〕

總之，船山的鬼神論上接陰陽二氣等天道問題，下及修養、祭祀、生死等人事問題，是其人道論的關鍵內容。人通鬼神，人活著本身就體現著「鬼神之盛」，人只需「體驗於身」，即可「鬼神在我」。 從落腳於人事的角度看，這並不違背儒家精神，反而在去除鬼神神秘性的路上比前人走得更遠。

第三節 王船山的生死觀

在思想史上幾乎每一個重要的流派都得重視生死問題，因爲生與死是常人能夠感知到的生命的開端與終結。然而，先秦時期的儒家重在討論生得其道和死得其所的問題，而對於爲何存在生命與死後的情況都採取存而不論的態度，更未作出的形上學解釋。道教的長生、佛教的解脫和輪迴等較爲系統

　　無更好的斷句法，添一「而」字似可補缺。
〔註73〕《禮記章句》卷二十四，（4）第1121頁。
〔註74〕船山又說：「蓋古之君子，其祭也，以仁事天，以孝事親。天者人所生，祖者己所出，氣之所受，理自通焉，故若聞若見，誠至而不爽，非能與氣類之不親者強求而輒見之也。後人因是不察，遂謂苟竭其諂媚之私，鬼神皆可昭現，愚者爲妖夢病目所惑，往往據爲實有，其去狂病也無幾。其黠者又以釋氏唯心之說爲之文致，違天理，蕩人心，以引天下於怪妄。祖禰之神，血食頓絕，殫財力以媚本無之鬼，亦可悲夫！」見《禮記章句》卷十一，（4）第667～668頁。
〔註75〕此處主要是從氣論思想家的論證邏輯來論述，陳來考慮的內容更爲廣泛，他認爲：「這種觀念不僅受到了宋明理學的影響，也可能受到了明末善書和民間宗教等流行的善惡報應論的刺激，包含了他所親歷的明末社會動亂與天崩地解的經驗。」《詮釋與重建——王船山哲學精神》第47頁。

的生死學說，對儒學造成不小的衝擊，成爲漢代之後儒學衰落的原因之一。宋明理學中，重視宇宙生成問題的思想家多對生死問題有形上學的解釋。周敦頤以「二氣交感、萬物化生」而「惟人得其秀」解釋生的問題，成爲後來理學家論生問題的一貫主張，但對死亡問題卻語焉不詳。張載以冰水之形凝釋而水性不變的情形來比喻氣的聚散，以說明人之生死不足以改變天性的恒存。此喻經朱熹的批判式的闡發而成爲生死論的焦點問題之一，與傳統儒家不同。朱熹主張理恒存而氣散盡，故將其視同佛教的生死輪迴之說。

　　王船山在生死問題上延續了張載的思路，認爲人之神能否在死後存在完全取決於個人生前的修養，使生死問題與修養工夫的關聯進一步加強，以此達到「貞生死以盡人道」的目的，維護聖學正統，並回擊佛道二教、訂正朱熹的生死學說。可以說，生死問題是學者以修養工夫通往聖賢之路上，必須要解決的終極問題，也是他自覺選擇宗承張載的關鍵原因，充分體現出他作爲重氣思想家與重理、重心者的差異。

　　然而，如此獨特而又重要的問題卻長期埋沒在船山研究的大潮中，陳來《詮釋與重建——王船山的哲學精神》一書方使其重新浮出水面。他總結道：「『存神盡性』和『全而歸之』就成了《正蒙注》的最主要的結論和落腳點。這在以前的船山研究中是完全被忽略了的。」又有：「惟見唐君毅、嵇文甫曾略及之。」〔註76〕此處的研究受到陳來的啓發，並在其研究基礎上進行，但除了行文格局與其不同之外，仍存在觀點的差異，行文中會具體點明。

　　理清了船山的鬼神論，其生死觀的主張不難測知。他認爲神氣恒存，人的生命源於神氣的凝聚。神氣具萬善，在人生之後即成爲人性，存心養性則足以存神。人死之時，因修養所存之神氣仍然回歸太虛而留存不散，其餘之氣則消散。神氣回歸太虛之後是以整體混融的狀態而非以個體的形式存在。因此，只有神氣方有價值，而消散之氣則是無價值的空無。只有聖賢君子善人之氣方能恒久留存，而小人惡人之氣則將消散。故如欲實現生命的價值，只有踐行存神修養的人道。

　　當然，這種死而不亡的思想並非只是出於張載思想的影響，而是宋明理學重視人倫道德的直接要求，是明代中後期社會思潮的一部分。本節先分析張載「水冰之喻」在後世帶來的影響以及存在的理論困難，再敘述船山生死觀的具體內容。

─────────────

〔註76〕分別見陳來《詮釋與重建——王船山的哲學精神》第 359、400 頁。

一、水冰之喻的演變

　　理學史中的水冰之喻雖始自張載，但其思想根源當在佛學。《大乘起信論》有大海水與海波的比喻（即後來的水漚之喻），以解釋心與識的關係。〔註77〕張載以水冰的凝釋關係喻指本體之氣與氣所凝成的萬物之間的關係。從常識看，水有常性，但無常形，故指萬物之體；冰凝固而有形，但無常性，故喻指萬物的瞬息萬變。張載思想在方法上與此相似，《正蒙》中有：

> 　　天地之氣，雖聚散攻取百途，然其爲理也順而不妄。氣之爲物，散入無形，適得吾體；聚爲有象，不失吾常。太虛不能無氣，氣不能不聚而爲萬物，萬物不能不散而爲太虛。循是出入，是皆不得已而然也。然則聖人盡道其間，兼體而不累者，存神其至矣。彼語寂滅者往而不知反，徇生執有者物而不化，二者雖有間矣，以言乎失道則均焉。

> 　　聚亦吾體，散亦吾體，知死而不亡者，可與言性矣。〔註78〕

> 　　氣之聚散於太虛，猶冰之釋於水，知太虛即氣，則無無，故聖人語性與天道之極，盡於參伍之神變易而已。諸子淺妄，有有無之分，非窮理之學也。〔註79〕

> 　　天性在人，正猶水性之在冰，凝釋雖異，爲物一也；受光有小大、昏明，其照納不二也。〔註80〕

第一、二段文字敘述了氣與太虛相即不離的關係以及氣的聚散變化的必然性，批評佛教的寂滅之說和道教的長生說。船山很珍視這些說法，經常在著作中引用，將第一段文字視爲《正蒙》的指要所在。第三、四段直接敘述了水冰之喻，張載認爲氣有聚有散，但恒於一氣，如同冰水變化而恒質於水一樣。人可以不同，但天性不異。這其實與《西銘》所體現的理一分殊之義並無不同，類似的還有第四段所示的光照的比喻。

　　張載的水冰之喻直接說明了天性恒存的問題，雖論及「死而不亡」，但並非論述焦點。朱熹將此喻的主旨與生死問題相關聯，認爲這與佛教的輪迴說

〔註77〕真諦譯，高振農校釋，《大乘起信論》第 36 頁。
〔註78〕張載，《正蒙・太和》，《張載集》第 7 頁。
〔註79〕張載，《正蒙・太和》，《張載集》第 8～9 頁。此段文字原是《橫渠易說・繫辭下》的内容，後來又採入《正蒙》。相同的内容見《張載集》第 200 頁。
〔註80〕張載，《正蒙・誠明》，《張載集》第 22 頁。

相似，水與冰的轉化雖非個體輪迴，卻是「大輪迴」：「橫渠闢釋氏輪迴之說，談其說聚散屈伸處，其弊卻是大輪迴。蓋釋氏是個個各自輪迴，橫渠是一發和了，依舊一大輪迴。」〔註81〕張載的聚散而又恆存之氣是「民胞物與」思想的基礎，此氣不亡則天性必存。其目的實與朱熹無異，都在於維護倫常的穩定。但是，張、朱二人對氣的理解有所不同：張載之氣本身具有動力，故能夠自行聚散。而朱熹以天理作爲而陰陽變化的原因，氣離理則不能生化，他所理解的氣只是理氣二元中的氣，而非虛氣合一之氣。故他雖對張載的心統性情之說推崇備至，但不採用二氣聚散的內容。〔註82〕

朱熹「大輪迴」的判定提出之後，當時即有弟子提出質疑：

> 問：「橫渠說：『天性在人，猶水性在冰，凝釋雖異，爲理一也。』又言：『未嘗無之謂體，體之謂性。』先生皆以其言爲釋氏。冰水之喻，有還元反本之病，云近釋氏則可。『未嘗無之謂體，體之謂性』，蓋謂性之爲體本虛，而理未嘗不實，若與釋氏不同。」曰：「他意不是如此，此謂死而不亡耳。」〔註83〕

在朱熹思想中，氣構成萬物之形質，若氣能夠聚散不亡，則確實有反本歸元之病。他以此意分析張載，堅持「死而不亡」的論定：「（按：人身之理氣）雖是一時都有，畢竟以理爲主，人得之以生。」〔註84〕人死則氣消散無餘，只有天地生化之理留存。〔註85〕顯然，提問弟子的理解較爲符合張載本義，而朱熹則發揮過分，改變了冰水之喻的焦點。但正是這種發揮使水冰之喻成爲生死論方面的焦點問題之一，並從反面啓發了後人，包括船山。〔註86〕

張載的聚散氣論具有引申出託生說的可能性。這種可能性在在明代中後期的思想史上成爲現實，當引起重視。王廷相的理氣論受張載影響較大，他

〔註81〕朱熹，《朱子語類》卷九十九，第7冊第2537頁。

〔註82〕朱熹主編的《思問錄》可爲例證，「道體」卷有不少文段選自張載的著述，其中只有一次出現了「聚散」二字，但也是用來說明風雨等自然現象的，而非說明人的問題。足見朱熹判別之嚴。

〔註83〕朱熹，《朱子語類》卷九十九，該書第7冊第2536頁。本條爲陳文蔚記。

〔註84〕朱熹，《朱子語類》卷三，第1冊第37頁。

〔註85〕朱熹認爲：「死而氣散，泯然無迹者，是其常道理恁地。」「人之所以病而終盡，則其氣散矣，或遭刑，或忽然而死者，氣猶聚而未散，然亦終於一散。」（見黃宗羲等《宋元學案》卷四十八，第二冊第1518頁）朱熹認爲氣散則「泯然無迹」，若氣依然留存，則生之理依然存在，等於人沒死，類似於佛教的輪迴說。

〔註86〕黃宗羲等，《宋元學案》卷四十八，第2冊第1518頁。

相信個體之人可以託生轉世，《雅述》中有：

> 《易》曰：「精氣爲物，遊魂爲變」，魂而能遊，是即死而不亡矣。堯、舜託生，雖無稽考，人生而猶記去前身者，世間往往有之；是死而神氣不滅，亦不可誣，但不能人人盡如此耳。〔註87〕

廷相認爲天地以「元氣」爲本源，自然有不可散盡之氣，所以存在「死而神不滅」的現象。其中「堯舜託生」是當時的經典例證，只是用法有所不同。他的結論主要是基於經驗，而非哲學分析，也與船山不同。

這種神不滅的思想在陽明後學中也很普遍。陽明主張各個人心有良知。若人死之後心神隨之亡失，勢必無法保證良知的恒存。他又強調天地萬物爲一體，若肯定氣的實存性，則散去之氣必仍存於天地之間，而非消散殆盡。江右王門的劉瀘瀟認爲：

> 天地之間，無往非神。神凝則生，雖形質藐然，而其所以生者已具，神盡則死，雖形體如故，而其所以生者已亡。然而，統體之神，則萬古長存，原不斷滅，各具之殘魂舊魄，竟歸烏有。〔註88〕

劉瀘瀟認爲「統體之神」長存不滅，而人的形骸則消亡。此處「統體之神」類似於朱熹的生化之理。這種神不滅的思想在明代中後期應該比較普遍。陳來在比較了江右王門王時槐與船山的生死觀後，認爲「塘南的全歸說顯然是船山的先導」〔註89〕，並且根據《宋元學案·明道學案》的內容指出，黃宗義也具有這種思想。其實，《明儒學案》中宗義討論劉瀘瀟時的言論更爲明顯：

> 此（劉瀘瀟的神不滅論）即張橫渠「水漚聚散」之説。核而論之，統體之神，與各具之神，一而已矣。舍各具之外，無所謂統體也。其生生不息，自一本而萬殊者，寧有聚散之可言？夫苟了當其生生不息之原，自然與乾元合體。醉生夢死，即其生時，神已不存，況死而能不散乎？故佛氏之必有輪迴，與儒者之賢愚同盡（指朱學的主張），皆不可言於天人之際者也。〔註90〕

宗義指出了劉瀘瀟「統體之神」不滅之説是張載水冰之喻的變形，但魂魄「竟

〔註87〕王廷相，《雅述·下篇》，《王廷相集》第三冊，第864頁。
〔註88〕黃宗義，《明儒學案》卷二十一，上冊第497頁。
〔註89〕陳來，《詮釋與重建——王船山的哲學精神》第398頁。
〔註90〕黃宗義，《明儒學案》卷二十一，上冊第497～498頁。

歸烏有」則於理難通。宗羲認為不可離氣言性，生息之原即為乾元。離開宇宙萬象則無所謂一本之原，若魂魄散盡，則統體之神必然散盡；若統體之神不盡，則魂魄也必非滅盡。更值得注意的是，他也將神滅與否與人的修養結合在一起，批評佛教生死輪迴與朱熹的「賢愚同盡」思想。這與船山基本一致。這不是偶然現象，是同一時代思潮的反映。

可見，水冰之喻在理學中由張載提出，由朱熹發揮，成為生死論的焦點問題之一，在明代中後期成為社會潮流的一部分，具備了影響船山思想的可能性。

二、貞生死以盡人道

生死問題在船山人道論中佔有極其重要的地位，其思想主旨可一言以蔽之，即「貞生死以盡人道」。從早年的《周易外傳》到中年的《讀四書大全說》，再到晚年的《周易內傳》、《張子正蒙注》，船山討論生死問題所依據的經典不斷變化，所用詞語也變化，但整體思路保持一致。〔註91〕他因為經歷漸多、思索漸深、積澱漸厚，表述也漸趨清晰。以下主要按照著述的時間順序分為三個時期論述，以理清船山生死觀的概要和演進過程。

（一）第一時期：以《周易外傳》為代表

船山早期既已重視《易·繫辭》中的天地生生不息之義，由生義推知死義，闡發生死一貫的生死論，《周易外傳》中有：

> 天地之間，流行不息，皆其生焉者也，故曰「天地之大德曰生」。
> 自虛而實，來也；自實而虛，往也。來可見，往不可見。來實為今，
> 往虛為古。來者生也，然而數來而不節者，將一往而難來。一噓一
> 吸，自然之勢也，故往來相乘而迭用。〔註92〕

二氣相互推蕩而生萬物，故人的生死因本體之氣的往來而發生，只有可見與否的問題，絕無滅盡的可能。但他的論證並未止於此，而是區別了氣之屈伸說與佛教輪迴說之間的不同。他認為天地雖然生息不已，但只是「任運自然」、「互聽其化」、「摶造無心」，故一人之氣，復歸太虛而再生之時，只是「聽理數之分劑，而理數復以無心，則或一人養性散而為數人，或數人之養性聚而

〔註91〕陳來據此認為船山對生死～善惡問題的關注是晚年思想的要義與核心（見本節開始的引文），實因其選取資料局限在《張子正蒙注》一書。

〔註92〕《周易外傳》卷六，（1）第 1042～1043 頁。

爲一人」。〔註93〕總之，氣之聚散不因人意的趨向發生變化。佛教的輪迴之說恰恰主張天地有心。船山顯然熟悉朱熹對於「水冰之喻」的質疑，故仔細分析了氣之聚散說與佛教輪迴說之間的差異，並指出前者與後者的根本不同在於，前者任天地無心之化，而後者則以人意代替了天意。

其次，船山在《周易外傳》時應經有了類似於「貞生死以盡人道」的思路。他認爲天地生物無心，人（包括聖人）沒有必要完全知曉其中的天理，只需要「貞來而善往」、踐行人道即可。〔註94〕生死問題只是作爲人的問題，而不是直接作爲天的問題出現。這與張載思想中較強的自然意味不同，應該是受到了朱熹的影響。這是一種較爲獨立的生死觀，但此時在其整個思想中並未成爲主線，只是內含於「天地有心抑或無心」的辨別之中。

（二）第二時期：以《讀四書大全說》爲代表

船山對於早期開創的這條利用生死問題來「貞來善往」的思路頗爲自得，在《讀四書大全說》中進一步闡發：

> 《易》言「原始反終，故知生死之說」，「始終」二字自不可作「生死」字看。……所以然者，言死生則兼乎氣，言始終則但言其理而已。……死生自有定期，方生之日謂之生，正死之日謂之死。但自形氣言之，則初生者吾之始也，正死者吾之終也。原始反終而知死生之說，則死生所指有定，而終始所包廣矣。愚於此竊疑先儒說生死處都有病在。〔註95〕

船山對先儒的生死學說均表示了質疑，似乎應該涵括張載在內，但從後文的議論看，他主要針對二氏和朱熹，應該是針對《四書大全》。當然，他對於朱熹的言論並非全部否定，他肯定「生理已盡，安於死而無愧」的說法。這是說生理已盡而氣不盡，對原義有斷章取義之嫌。他批評朱熹道：

> 《語錄》有云「能原始而知其聚以生，則必知其後必散而死」，既即釋氏假合成形之說，且此氣之聚散，聽之壽命者，何用知之，而亦何難於知，乃消得聖人如許鄭重耶？而朱子答曰「死便是都散了」，亦聊以破釋氏死此生彼之妄，其於聖人之言，則全無交涉，所謂不揣其本而爭於末也。診其受病之原，只誤認一「生」字作生誕之日「生」

〔註93〕《周易外傳》卷六，（1）第 1045 頁。
〔註94〕《周易外傳》卷六，（1）第 1046 頁。
〔註95〕《讀四書大全說》卷六，（6）第 752 頁。

字解，而其或鄙或倍，乃至於此，是以辨貴明思貴慎也。〔註96〕
船山認爲如果生死問題只是純粹天地的問題，而與人用功與否無關，則人知道與否並無多大用處。這顯然和「原始反終，故知生死之說」的聖訓相矛盾。他發現朱熹的「受病之原」在於誤解了「生」字，實則反映了自己對於「生」的關注。他肯定朱熹以「生理」解釋生死問題，也落腳於一個「生」字。這與肯定《周易外傳》中由「天地之大德曰生」來推知生死之狀，是一樣的思路。若人「死便全都散了」，只能用來破除佛教的輪迴說；若以天地萬物一體的大前提來分析，則勢必無法解釋散往何處以及如何再生的問題。因此，像朱熹一樣批評屈伸生死之說爲輪迴說者，「乃不知釋氏輪迴之說原不如此。詳見愚所著《周易外傳》，當以俟之知者。」〔註97〕他這個時期依然堅持《周易外傳》論述的有效性。

從前兩個時期看，船山雖然只是分辨屈伸生死說與輪迴說，批評朱熹，並未明確提出以張載的生死觀爲正宗，但從思路上已經與之相通。

（三）第三時期：以《張子正蒙注》爲代表

此前的思想在船山晚年變得清晰，最終歸結爲「貞生死以盡人道」的生死觀。從學術資源看，船山一則明確接受了張載以氣爲本的神不滅論，一則暗中吸收了朱熹的生化之理恒存的思想。從思想的表現看，他一則批評朱熹，繼續確立新的道統〔註98〕，一則棄用張載的「水冰之喻」，以確保表述準確〔註99〕。

〔註96〕《讀四書大全說》卷六，（6）第755頁。
〔註97〕《讀四書大全說》卷六，（6）第756頁。
〔註98〕《周易內傳》是船山費盡精心的一部著作，在解釋「原始反終，故知生死之說」時有：「《易》言往來，不言生滅，『原』與『反』之義著矣。以此知人物之生，一原於二氣至足之化；其死也，反於絪縕之和，以待時而復，特變不測而不仍其故爾。生非創有，而死非消滅，陰陽自然之理也。朱子譏張子爲大輪迴，而謂死則消散無有，何其與夫子此言異也。」見《周易內傳》卷五上，（1）第520頁。該書是對五經之首的《易經》作解釋，船山如此明確地挺張載而倒朱熹，可視爲一種鄭重其事的表態。王孝魚認爲：「《周易內傳》是船山最精心、最嚴謹的一部著作。本來在封建時代，對《易經》作注，那能不慎重將事，全力以赴呢？」見《王孝魚寫於周易大象解後的編者識》，見（1）第741頁。當然，船山的這段議論只是籠統地針對人與物而發，不單純針對人事，故其表態的意義重於論證的意義。
〔註99〕船山雖然宗承張載的生死說，卻不滿於水冰之喻的理論漏洞，這種思想在《思問錄》中有所體現，他說：「水之爲溫爲冰，激之而成，變之失其正也。溫冰之還爲水，和而釋也。人之生也，孰爲固有之質，激於氣化之變而成形！其死也，豈遇其和而得釋乎！君子之知生者，知良能之妙也。知

這些思想在《正蒙注・太和篇》中有完善的表達，他寫道：

> 貞生死以盡人道，乃張子之絕學，發前聖之蘊，以闢佛老而正人心者也。朱子以其言既聚而散，散而復聚，譏其為大輪迴，而愚以為朱子之說正近於釋氏滅盡之言，而與聖人之言異。孔子曰：「未知生，焉知死。」則生之散而為死，死之可復聚而為生，其理一轍，明矣。《易》曰：「精氣為物，遊魂為變。」遊魂者，魂之散而遊於虛也，為變則還以生變化，明矣。又曰：「形而上者謂之道，形而下者謂之器。」形而上即所謂清通而不可象者也。器有成毀，而不可象者寓於器以起用，未嘗成，亦不可毀，器散而道未嘗息也。以天運物象言之，春夏為生、為來、為伸，秋冬為殺、為往、為屈，而秋冬生氣潛藏於地中，枝葉槁而根本固榮，則非秋冬之一消滅而更無餘也。車薪之火，一烈已盡而為燄、為煙、為爐，木者仍歸木，水者仍歸水，土者仍歸土，特希微而人不見爾。一甑之炊，溼熱之氣，蓬蓬勃勃，必有所歸；若盫蓋嚴密，則鬱而不散。汞見火則飛，不知何往，而究歸於地。有形者且然，況其絪縕不可象者乎！未嘗有辛勤歲月之積一旦悉化為烏有，明矣。故曰往來，曰屈伸，曰聚

死，知人道之化也。奚漚冰之足云哉！（張子亦有漚冰之喻，朱子謂其近釋氏。）」見《思問錄・內篇》，（12）第 415 頁。船山強調水成漚成冰，都是「激之而成」，而不是水的正常形態，只有漚、冰變回水才是常態。但是，人的生死卻不是這樣。一，生與死都無所謂常態，而水與冰有。二，知生是為了通曉陰陽二氣生化的神妙，知死是為了知曉人道之變化，也非水冰之間的變化能夠類比。這與前面以生死「貞來善往」的思路一致。另外，船山在文末注釋中點出朱熹對張載的批評，但未作評論，這種態度頗為微妙。陳來認為船山對張載水冰之喻「不以為然」，表明他此時對張載「尚有微詞」，與晚年態度不同。（見《詮釋與重建——王船山的哲學精神》第 351 頁腳註）其實，《思問錄》成書時間很長，因王敔認為該書可與《正蒙注》相互發揮，故可視為晚年著作。其次，船山反對以漚冰喻生死，但也不同意朱熹的批評理由。這種態度只是對張載用語的修正，並非改變立場。他在同一部著作中又說：「言幽明而不言有無（張子），至矣。謂有生於無、無生於有（皆戲論），不得謂幽生於明、明生於幽也。（論至則戲論絕。）幽明者，闔闢之影也。故曰：是故知幽明之故，原始反終，故知死生之說。」見《思問錄・內篇》，（12）第 410 頁。這明確了張載的言論在生死問題上的權威性。船山認為幽明是人因二氣的翕闢而感受到的，並不能代表本體的有無。因為無意味著滅盡無餘，只能以幽明來分析世界的變化。他認為張載的幽明之說已經完善得說明了生死問題，不需要更多的類比論證。當然，其中也有指向漚冰之喻的意思在。

散，曰幽明，而不曰生滅。生滅者，釋氏之說陋也。倘如朱子散盡
無餘之說，則太極混淪之內，何處爲其翕受消歸之府乎！又云造化
日新而不用其故，止此太虛之內，亦何從得此無盡之儲以終古趨於
滅而不匱邪！且以人事言之，君子修身俟命，所以事天；全而生之，
全而歸之，所以事親。使一死而消散無餘，則諺所謂伯夷、盜跖同
歸一丘者，又何恤而不逞志縱欲，不亡以待盡乎！惟存神以盡性，
則與太虛通爲一體，生不失其常，死可適得其體，而妖孽、災眚、
姦回、濁亂之氣不留滯於兩間，斯堯舜周孔之所以萬年，而《詩》
云「文王在上，於昭於天」，爲聖人與天合德之極致。聖賢大公至正
之道異於異端邪說者以此，則謂張子之言非明睿所炤者，愚不敢知
也。〔註100〕

這是船山《張子正蒙注》中的經典文段，食此一臠，足知鼎味。以下詳解此
文。

　　首先，船山起首即宣示張載思想的聖統地位，認爲他完善地解決了「貞
生死以盡人道」的問題。生死觀不僅是聖學區別於佛道二氏的重要內容，也
是儒學內部的分水嶺，是對異端展開批判的立足點。首先突顯生死與人道貞
正關係的要害問題，說明船山晚年的認識已趨於清晰，脫離了早年的渾淪狀
態。文中四次明引經典，三次使用「明矣」，四次使用「乎」、「耶」等反問句，
體現了船山意在融入感情，將這段文字打造成堅不可摧的一片。這種濃烈而
決斷的感情，反映了他此時的道統意識因學養的積澱而愈發堅定，他以鄭重
申明的方式，挑戰正統的程朱理學。〔註101〕

　　其次，船山認爲「貞生死以盡人道」是《正蒙·太和篇》的「一篇之
大指」，這主要不是概括張載思想，而是對自己思想主旨的闡釋。他發揮「未
知生，焉知死」一語，不是強調生死之別，而是強調二者是相互聯繫的一
體。這是解釋的巧妙擴展。死既然意味著生的終結，則必然是與生不同的
東西，二者只是具有時間上的先後順序。船山將這種時間上的有限關聯擴
大爲一氣相通的絕對的關聯，以推出貞生則可善死的結論。張載「精氣爲
物，遊魂爲變」一語能夠說明遊魂變化，但變化不止息的意思卻是出自船

〔註100〕《張子正蒙注》卷一，(12) 第 21～22 頁。
〔註101〕韋政通指出船山以張載爲正學有「與朱熹爭道統的嫌疑」(見氏著《中國思想
　　　　史》第 1363 頁)，確是有據而發。這不僅僅是一種「嫌疑」，而是明確的表現。

山的發揮。道作爲形上者，不僅清通不可見，而且不成不毀，支配著人物的生死一貫。這種思想雖然沿著張載的出發點而發出，但與張載本身的思想並不一樣。而這是船山「全而生之，全而歸之」的生死論的理論支撐的根本所在。

再次，船山認爲君子「存神盡性」則可與太虛一體，強調了修養對個體之神恒存的必要性。他否定了人之神以個體的形式永生（或者說，人之神因死亡而部分失去了個體形式），但肯定了神氣作爲太虛之內的整體而存在，實則部分地肯定個體之人的永生。張載也有存神等修養工夫，但他的二氣聚散之說主要是從天道來論，未限定在人道範圍，更未將善惡問題與永生問題相關聯。船山認爲盡性的君子和聖賢，生有大常而死得全體，而奸惡小人的「妖孽、災眚、奸回、濁亂之氣」則消散殆盡，「不留置於兩間」。

至此方能更加深入地理解船山善惡說。他堅信善必然永恒，善皆爲氣之清通者（即神），神聚合於天地之間，永恒不滅，則善不會消亡。又因爲善大而性小，善不亡則性不亡。性不亡乃人不亡。〔註102〕或者說，只有性保持永恒，人身上才能具有不朽的東西，人的生命才有價值，人倫才能夠保持永恒。但人的永恒性並非以個體的形式，而是以復歸太虛的整體形式恆存。因此，船山堅信絕不可能發生「辛勤歲月之積一旦悉化爲烏有」的無倫序的情況。生死只是對小人而言才有效，君子聖賢的生死只能用「始終」來表達，他說：「死生，晝夜也。『梏之反覆，則夜氣不足以存。』故君子日終，（終則有始，天行也。）小人日死。」〔註103〕君子在通曉了二氣屈伸生化之理，參透生死問題之後，只需要堅定自己的信念，修身以俟命，不憂亦不懼。〔註104〕

不難發現，船山論述死亡問題的最終目的在於更好的解決生的問題，這

〔註102〕船山認爲：「性者，天理流行，氣聚則凝於人，氣散則合於太虛，晝夜異而天之運行不息，無所謂生滅也。」《張子正蒙注》卷三，（12）第126頁。又有：「未生則此理氣在太虛爲天之體性，已生則此理氣聚散於形中爲人之性，死則此理氣仍返於太虛。形有凝釋，氣不損益，理亦不離，此所謂通極於道也。」《張子正蒙注》卷三，（12）第120頁。

〔註103〕《思問錄・內篇》，（12）第413頁。

〔註104〕船山體悟道統時與生死相關的內容，可參看本文第一章第二節。船山又認爲：「氣之聚散，物之死生，出而來，入而往，皆理勢之自然，不能已止者也。不可據之以爲常，不可揮之而使散，不可挽之而使留，是以君子安生安死，於氣之屈伸無所施其作爲，俟命而已矣。」見《張子正蒙注》卷一，（12）第20頁。

條思路不僅保持了儒家的傳統思路，而且因提高了理論的嚴密性，使得生的問題更爲突顯。從其思想的最高理念看，無論是天道論的太極、太和、天理，還是人道論的道、仁、神等，都包涵著「生生」之義。《周易外傳》根據「天地之大德曰生」而闡發出生與死兩個方面的問題，開啓了船山生死觀的端緒，並貫穿於其整個思想中。〔註105〕

第四，這種生死觀含有張載與朱熹兩方面的影響。從表面看，船山以張載的目的爲目的，故將其視爲「正學」，進而批評朱熹。但是，三人都在維護儒家聖學，他們之間的差別往往源於視角不同，在根本目的上並無不同。朱熹批評張載的氣聚氣散說，但在風雨等天氣變化問題上依然採用氣的聚散來解釋。同樣，船山開蒙後即以朱學的著作爲基本讀物，其思想中必然接受了朱熹的影響，在生死問題上也是這樣。船山認爲朱熹思想「近於釋氏滅盡之言」，而張載則堅持生氣恒存。這顯然沒有重視朱熹生化之理不滅的關鍵性主張。張載論氣之聚散比較簡單，無論是主張運動的無條件性（自然而然），還是認爲一陰一陽的形上之道「不可以形器拘」〔註106〕，都缺少更爲精致的理論支撐。船山發展了「神」的概念，形上之道（即神）「清通而不可象」，但「神」終究是一種不成不毀的氣，其所成之形器有變化，而自身實無變化可

〔註105〕從一個極端的例子看，船山之所以重視莊子這個「異端」的思想，是因爲他認爲《莊子》中涵蘊了「養生」、「達生」等生死一貫的思想，不同於道教徒的偷生之術，也不同於佛教的寂滅之論，甚至比先儒朱熹的生死觀更「有實」，而與聖人之言有相通之處。這是船山與《莊子》關係方面的重要内容之一。從對立統一的方法論角度或「參萬歲而一成純」的歷史總結角度來分析二者思想關係，往往會忽視此點。船山在《莊子解·養生主》中說：「以有涯隨無涯者，火傳矣，猶不知薪之盡也。夫薪可以屈指盡，而火不可窮。不可窮者，生之主也。寓於薪而以薪爲火，不亦愚乎！蓋人之生也，形成而神因附之。形散而不足以居神，則神舍之而去；舍之而去，而神者非神也。寓於形之謂神，不寓於形，天而已矣。寓於形，不寓於形，豈有別哉？」《達生》中有：「至人之所以亟養其生之主者此也。外物之累，順之而近刑，逆之而近名，皆從事於末，無有能與於天。故達情者，兩不屑焉。論至於此，而後逍遙者非苟求適也，養生者非徒養其易謝之生也，爲天下之大宗師而道無以加也。此其爲說，較之先儒所云死則消散而全無者，爲得生化之理，而以勸勉斯人使依於道者爲有實。讀《莊子》者，略其曼衍，尋其歸趣，以證合乎《大易》『精氣爲物，遊魂爲變』與《論語》『知生』之旨，實有取焉。」分別見《莊子解》卷三、十九，（13）第124～125、293～294頁。船山對《莊子》的注解主要是在確立聖學主旨之後的「因而通之」，而非通過「因而通之」的注解來形成自己的思想。

〔註106〕張載，《橫渠易說·繫辭上》，《張載集》第207頁。

言。這與朱熹不滅的「生化之理」並無不同。〔註107〕若從朱熹對於理氣的形上形下之分來看，則更爲明顯。

可見，船山的生死觀是在經受朱熹思想洗禮的基礎上，發展了張載的思想。無論是以「羽翼」或「修正」界定王、朱關係，還是將張、王二人歸於理學中氣派的概括性做法〔註108〕，都需要顧及其間的細節內容。

（四）理論意義

船山爲了「貞生死以盡人道」，主張君子死後肉身消亡而神恒存不滅。這與重氣、重實效的理論傾向密切關聯。也與船山艱辛複雜的經歷有關。〔註109〕但因傳世材料有限，無法在此方面做出更多具體分析。因此，此處重在闡發船山生死理論對儒學的可能的（而非實際產生的）理論價值。

船山以氣之聚散描述由生到死過程中的身與神的具體狀況，的確比傳統儒學的生死學說更加清晰（未必更準確）。他又將永恒與修養直接相關，對於保障懲惡揚善的倫理規範，進而保證生命的價值，具有更爲切實的效力。從這兩方面講，這無疑是對傳統儒學的一大推進。孔子對生死問題存而不論的態度一直影響到宋代理學，雖然朱熹主張人死之後生理恒存，但生理從畢竟只是形上之物，缺乏切實感。這種學說對於精英人士具有效力，但面對更爲廣大的現實世界則頗爲乏力，〔註110〕不僅無力回應民間的鬼神觀念，更無力回擊虛無主義傾向的思想。

因爲按照最直接的思路，如果沒有超越性的存在物，人似乎做什麼都可

〔註107〕船山「言死生則兼乎氣，言終始則但言其理而已」的說法，也透露了這種信息。見《讀四書大全說》卷六，（6）第752頁。

〔註108〕前一種說法自清末已有，影響了後來大批研究者。後一種觀點也有大批的支持者。細節內容可參看本文緒論的「研究現狀」。

〔註109〕陳來認爲：「我們說船山此種思想可能受到明末民間宗教的影響，並不是說這種說法一定直接來自民間宗教或善書，在我看來更爲可能的是，船山受到此種思想的刺激，及『生死事大』的影響，意識到善惡報應論的意義；但他又不想採取民間宗教的地獄報應說、子孫報應說等庸俗的形式，故而採用了一種把善惡報應或感應附加於氣論的形態，使之仍然保持爲精英人士的哲學性話語。」（見《詮釋與重建——王船山的哲學精神》第398頁。）此論頗有見地，幾乎達到了有限材料的解說極限。此處補充一點，感應之說本爲橫渠與船山的氣論所有（見本文第二章第二節的論述），雖不完全同於民間的說法，但從理論上講溝通二者並不很難。

〔註110〕例如，即使在儒家主導的祭祖過程中，仍然會有眾多民間信仰交雜其中，大大影響了儒家學說的現實效力。

以。俄國文學家陀思妥耶夫斯基深感，近代自然科學的發展迫使上帝漸漸退位，在信仰領域帶來了嚴重的虛無主義，故借《卡拉馬佐夫兄弟》中的伊凡・卡拉馬佐夫喊出「人什麼都可以做」的可怕的無神論宣言。他主張保持上帝無所不在的真實性，使人類的心靈有所依託，又借德米特里・卡拉馬佐夫的口喊出相反的宣言：「不，生命是無所不在的，生命在地底下也有！」〔註111〕船山主張神的恒存實與其有幾分相似，在具體論述中常將佛道二家的出世傾向歸入虛無主義的範圍而加以批評。

余英時認為陽明心學在明代專制統治達到頂峰的壓力下產生，是儒學平民化體現，並推動了社會平民化的進一步發展。〔註112〕船山的生死論應當與此有關，但又與顏山農等將儒學宗教化的做法不同〔註113〕，因為其思想主要是基於經典解釋的學理分析，而非神秘的宗教體驗。這種傾向在中國近代史上也有了共振。康有為的建立孔教論、章太炎的建立宗教論，雖主要是鑒於民族凝聚力的缺乏、帝國主義入侵的壓力、基督教的衝擊等原因，但也均包括了如下狀況：傳統儒家思想缺乏切實有力的超越性存在，無法應對平民生活的超越問題。船山的神不滅的生死觀雖未能直接影響二者，但從整個思想史內在脈絡來看，仍可視為近代宗教復興潮流的先聲，對今人的精神家園建設具有啟發意義。

船山闡發了張載二氣聚散之說，吸收朱熹生理不滅論，使陰陽氣論的範圍充分擴展，肯定了鬼神恒存於宇宙之中，並以此為基礎分析修養、祭祀、生死等問題。他的鬼神論以人事為目的，不違背儒家精神，但在有神論的路

〔註111〕〔俄〕陀思妥耶夫斯基著、耿濟之譯，《卡拉馬佐夫兄弟》第895頁。

〔註112〕余英時《現代儒學的回顧與展望——從明清思想基調的轉換看儒學的現代發展》一文認為：「明清有濟世之志的儒家已放棄了『得君行道』的上行路線，轉而採取了『移風易俗』的下行路線。唯有如此轉變，他們才能繞過專制的鋒芒，從民間社會方面去開闢新天地。前面論王陽明『致良知』和王艮『明哲保身』都與明代專制的政治背景有關，便是這一轉變的具體表現。」見「余英時作品系列」的同名論文集第170頁。

〔註113〕余英時在《士商互動與儒學轉向》一文中，分析了顏山農的神秘體驗屬於「請願祈禱（petitional prayer）」的宗教經驗範圍，並在分析其道統系譜後認為：「從儒學史的角度來說，他（顏山農）的道統系譜可謂荒謬絕倫。但是如果我們認識到他並不是站在理學傳統之內發言，而是企圖化儒學為民間宗教，那麼這一系譜便是可以理解的了。」故得出結論：「儒學在他的手上已轉化為宗教，這是毫無可疑的。」見《現代儒學的回顧與展望》第244～246頁。

上比前人走得更遠。貞來善往的生死觀標誌著船山人道論的完成。

小　結

　　本章從工夫論和鬼神觀、生死觀三個方面論述了船山人道論，分別解決人完善的途徑和最終目的（也是保證）等問題，使船山工夫論的描述更爲系統，也補充了生死論研究的不足，基本體現了船山在吸收前人、針對現實的前提下的有益的思想創新。

　　船山的工夫論尤能體現與理學之間的繼承關係，他自覺地選擇一條不同於朱、王二家進而能避免二家缺陷的修養途徑。他又闡發了張載二氣聚散之說，吸收朱熹生理不滅論，主張鬼神恒存不滅。這主要依據學理分析，而不是神秘體驗，故依然爲「名教之所能羈絡」〔註114〕，屬於「守成」一派。然而，若以近代的知識系統來考量船山，其工夫中的致知論雖然爲聞見之知留下了一些空間，但最終目的在以德性之知，德性之知終究壓倒聞見之知。神不滅之說雖也總結了某些聞見知識，但在提升過程中卻全是依據道德主義的要求，而不再考慮聞見的有限性了。當然，船山人道論對人的重視，對於超越傳統的命定論，對今天社會中人文關懷的培養都具有一定的啓示作用。

〔註114〕黃宗羲在評價泰州學派時說：「泰州（王艮）之後，其人多能以赤手搏龍蛇，傳至顏山農、何心隱一派，遂復非名教之所能羈絡矣。」見《明儒學案》卷三十二，第703頁。「赤手搏龍蛇」一語指他們拋棄儒家經典而自作創造，故超出名教之外。

第五章　王船山的「未圓之夢」

王船山繼承了傳統思想中由天道而論人道的思路，在肯定天道統一性的前提下，強調天人職分有分，肯定了自強不息之人道對於天道的必要性，即經過天人之間互為道器、交相為用的發展過程，可以達至天人和諧的終極目的，形成了具有時代特色又能體現自身創造力的天人之學。他的學術思想是直接討論天道與人道的關係的學問，是其天人之學的基本內容。

然而，船山的學術思想仍存在一些內在矛盾。他身處激蕩變化的社會轉型時代，承於傳統、因於現實而確立了道統意識，並以此為指引思索現實問題。這決定了其思想以維護儒家倫理為目的，以排斥異端為己任，具有較強的保守性。體現出宋明道學通常具有的道德主義色彩。

本章是全文總結，分兩節論述：一、從宏觀上概括船山的學術思想，而不過多顧及其中的細小矛盾。二、從熊十力的批判來分析船山學術思想的內在問題，進而分析傳統儒學的理論困境。

第一節　互為道器的天人之學

天道與人道的關係是中國思想史的基本問題，張豈之認為：「『究天人之際，通古今之變，成一家之言。』這幾乎是中國古代所有學問家、思想家的共同心願。」〔註1〕因此，中國傳統思想大多可以「天人之學」概括。天人之

〔註 1〕張豈之，《中華人文精神》第 75 頁。附錄《先秦哲學史上的「天道」與「人道」問題》一文，對於先秦思想史上的儒道二家都有總結，以「天道自然，人道不妄為」概括《老子》思想，主柔弱無為；以「天道變化，人道自強」

學的邏輯基礎是天人職分有分又具備合一的可能性，即人道傚仿、類比天道，最終實現天人復合。其中，因爲理論側重點的不同，天人之學又可分爲「天人合一」和「天人相分」兩種情況。前者將人道消融於天道之中，後者則較大程度地肯定人的獨立，突顯人的能動性對於天道的必要性。

船山思想總體上屬於「天人相分」一路，但又具有自己的特色。他首先承認天人本相通，具備了天人和諧相處的可能性。在大氣絪縕的過程中，天人發生分別，二者需要互爲道器、交相有功，故其整個學術思想可概括爲「互爲道器的天人之學」。本節首先論述船山的天人本一、神化相分思想，再分析以此發展出的天人互爲道器理論，結合全文主體部分的主要問題，以彰顯天人關係問題統攝地位。

一、天人本一氣，氣化乃相分

天地萬物一體的思想是宋明理學的基本觀點之一。程顥將儒家思想的基本特點表述爲「仁者渾然與物同體」，並將張載《西銘》主旨概括爲「理一分殊」，明確了理學的理論基礎。即此可論萬物皆具天理，天理通一不二等問題。以理氣二維孰重孰輕看，船山相對於程朱的重理，更強調理對氣的依賴作用；相對於張載的重氣，更強調理對氣的支配作用。氣雖有陰陽二體之不同，但皆有通一不二之理貫通其中。他通常消解理的實體性，而將其作爲氣的屬性，他說：「氣者，天之撰也。」〔註 2〕「太虛之氣，無同無異，妙和爲一，人之所受即此氣也。」〔註 3〕這解釋了天人相通的本體論基礎。人與天之間雖然因氣相通而有了理的相通，但人也因天的神化過程具有了職分，人只有完善自己的本分才眞正算是與天相通。

船山用體用哲學將這種思想表達爲：

概括《易傳》，主剛健不息；以「天道有常，人道有本」概括荀子思想，主去蔽能參的辯證統一。（見上書第 229～243 頁。原載《人民日報》2000 年 5 月 11 日，第 11 版《學術動態》欄。）船山思想更加接近荀子的思路。因爲主張性惡論，荀子在理學興起之後常遭到儒者的貶抑。雖然船山曾肯定荀子的好學精神，也比此前理學家的評價多了一些公允，但二者在人性問題上的對立，使他不可能徹底改變固有的評價立場。李君《荀子天人論對王夫之思想的影響》一文（刊於《管子學刊》2103 年第 2 期），討論了前者對後者的直接影響，似乎只是關注了二者思想的相似性，而未能充分考慮歷史的可能性。

〔註 2〕　《張子正蒙注》卷一，（12）第 44 頁。
〔註 3〕　《張子正蒙注》卷三，（12）第 123 頁。

> 天地之塞成吾之體，而吾之體不必全用天地之塞。故資萬物以
> 備生人之用，而不以仁民之仁愛物。天地之帥成吾之性，而吾之性
> 既立，則志壹動氣，斟酌飽滿，以成乎人道之大用，而不得復如天
> 地之帥以爲帥。故喜怒哀樂有權，而生死不可以無心爲用。〔註4〕

此處的體用並非內在與表現的關係，而是實體與功能的關係。天地之氣形成
了人的體，但此體之用卻不完全依靠天地之氣體。因爲天地之「帥」（此「帥」
字只是從人認識的解度說，具有人之「帥」的統領主宰義，但不具有意志性。）
形成人性之後，人就居有了獨立性，這是從「一」與「殊」的角度看天人關
係的。人具有了主體的獨立性，則能夠權衡天理與情慾。

　　船山肯定人自身獨立的「志」與「帥」，肯定自我意識。但他挺立自我並
非爲了實現徹底的人天對立，而是爲了趨向人與天的交融爲一，實現完善的
人性。人天之間的交融關係是人利用自身的能動性去主動實現的目標。因此，
「我」具有必要性，要成聖人亦不例外，他又有「聖人有我」論：

> 天能使函而不能使實也，乃其必函之者何也？曰：此貞之起元
> 也。不貞則不幹，不函則無以爲我體。我體不立，則穀之仁猶空之
> 仁，我之仁猶空之仁，蕩然不成乎我，而亦無以成乎仁矣。故曰：「形
> 色，天性也。」形色者，我之函也。而或曰「聖人無我」，不亦疑於
> 鬼而齊於木石禽蟲之化哉！故知：仁，有函者也；聖人，有我者也。
> 有我以函，而後可實。〔註5〕

「函」與「實」是發揮《詩經》中的「實函斯活」一句，盒子及其容納類似
肉體與靈魂的關係。「函」是指人的肉體、感覺、情等「形色」，而「實」則
是仁、誠。要在人自身實現函實相合，只有發揮修養的功用，即「誠之之道」。
而這一切的邏輯開端在於「函實之分」或天人之分。確立人的主體獨立性，
才能使得道德責任有所依據。〔註6〕

　　因此，船山認爲聖人當有「我」，仁德需有「函」。無論是其道統意識指

〔註4〕　《思問錄・內篇》，（12）第 407 頁。
〔註5〕　《詩廣傳》卷五，（3）第 501 頁。
〔註6〕　有些學者認爲中國思想中缺少自由意志。例如，鄧曉芒認爲中國儒家的德性
　　　　選擇只是「先王定下來的、天道定下來的，是容不得任何自由意志選擇的」，
　　　　而「自由意志是和理性分不開的」。因此，「自由意志問題在中國傳統中是第
　　　　二位的，不是一個重要話題，因爲要眞正談自由意志，它必須是無前提的。」
　　　　見林安梧、歐陽康、鄧曉芒、郭齊勇《中國哲學的未來：中國哲學、西方哲
　　　　學、馬克思主義哲學的交流與互動（下）》，刊於《學術月刊》2007 年 5 月。

引下的擔當精神，還是天道論中的道理之別、命分德福，心性論中的心通性情，還是人道論中的學養相濟、貞生不死等思想，都以此爲出發點。

二、天人互道器，和諧即合一

船山爲了實現天人之間的交融與和諧，主張天人的職分不同。從上文似乎只能看出人對天的需求，而無法看出人對天的必要性。其實，他不僅承認人道的必要性，更有人道「得天而作配」、「人道參天」之說，《詩廣傳》中有：

> 人之不能必得於天者多矣，夫孰知天之不能必得於人者哉？「監觀四方，求民之莫。維此二國，其政不獲。」天之有求於人而不能必得者也。先天而天或不應，後天而天或不終，吾於是而知天道。天欲靜，必人安之；天欲動，必人興之；吾於是而知人道。大哉人道乎！作對於天而有功。夫莫大非天，而奚以然耶？人者，兩間之精氣者也，取精於天，龠陰陽而發其同明。故天廣大而人之力精微，天神化而人之識專一，天不與聖人同憂，而人得以其憂相天之不及。故曰：「誠之者，人之道也。」天授精於人，而亦唯人之自至矣。維人有道，人自至焉。天惡得而弗求，求惡得而必獲哉！知天之道則可與安土，安土則盡人之不妄。知人之道則可與立命，立命則得天而作配。嗚呼！知人之道，其參天矣夫！〔註7〕

船山認爲天道有待於人道，人希望得到天祐助，卻常常失望。其實，天對人的需求，人也經常無法滿足。可見，人道對於天道並非可有可無，而是必要的。在天地間的萬物中，只有人具備自己獨立的「道」。人道與天道「作對」（不是忤逆，而是指職分的對應），恰恰顯示了人道之「大」。《繫辭》中「天不與聖人同憂」一語說明人與天不同，人道自立，則人道與天道「作配」，即所謂「參天」。

這種天人和諧並立的境界，是船山學術思想的終極追求。他將這種天人關係概括爲天人「互爲道器」、「交相有功」，《思問錄》中有：

> 天者道，人者器，人之所知也。天者器，人者道，非知德者豈孰能知之！「潛雖伏矣，亦孔之昭」。「相在爾室，尚不愧于屋漏」。非視不見、聽不聞、體物而不可遺者乎！天下之器，皆以爲體而不可遺也。人道之流行，以官天府地、裁成萬物而不見其迹。故曰天

者器，人者道。〔註8〕

《張子正蒙注》中有：

> 唯天生人，天爲功於人而人從天治也。人能存神盡性以保合太
> 和，而使二氣之得其理，人爲功於天而氣因志治也。〔註9〕

第一段中的道、器是本體、功用的關係，即第二段中的「交相有功」之說。船山認爲以天爲體、以人爲用強調人對天理的服從，是眾所周知的，但以人爲體、以天爲用則凸顯以人道化成天下之義，意味更深。此所謂「天人互爲道器」。天必然爲功於人，人無天不生；人也「存神盡性」而爲功於天，天功無人不成。此所謂「天人交相有功」。這更加強調了人自身修爲的重要性。人應對以人道爲重，「盡性者不以天能爲能。」〔註10〕存神盡性的修爲過程是「以心盡性、以性合道、以道事天」〔註11〕，即以人自身的獨立修養爲功於天道。盡性是「人能」，不是「天能」，天能在人能完善之時達到眞正的和諧。

船山的人道論都是以此爲終極目的的學問。學功相濟的工夫即是將天所賦予的能力（性）與自身之情相結合，實現人心道心的合一。心知與法象完全融貫，人就能夠獲知天地萬物之道而與天和諧並存。同樣，人通過修養而獲得的德性，也不會因爲人肉體的消亡而消散無餘。人之「實」（仁、誠、神）不因「函」的毀滅而毀滅，而是能夠常存於天地之間，最終超越死亡。這種超越並非僅僅依靠天，而是依靠自己努力。

從聖人觀尤其能看清船山天人之學的特點。與先儒一樣，他認爲修養完善即爲聖人，聖人是人的極限。從現實性而非可能性來說，聖人絕非人人都能夠達到。（按照儒家思想講，也沒有必要人人成聖。）但是，成爲聖人到聖功大成之間還有一段距離。他認爲：「地平天成，鳳凰來儀，則聖人勝天之功用成，而天爲之動矣。」〔註12〕人成爲聖人，只能算是全德之人，仍需具備合適的時位，才有可能達至天下太平，才能談得上「勝天之功成」。

船山承認聖人的有限性，即承認整個人類的有限性。但這並非要人面對困境時完全放棄作爲，選擇放任，而是要人逆流堅行，自強不息：

〔註 8〕　《思問錄・內篇》，（12）第 405 頁。
〔註 9〕　《張子正蒙注》卷一，（12）第 44 頁。
〔註 10〕　《張子正蒙注》卷三，（12）第 112 頁。
〔註 11〕　《張子正蒙注》卷一，（12）第 33 頁。
〔註 12〕　《張子正蒙注》卷一，（12）第 44 頁。

> 「立人之道，曰仁與義」，在人之天道也。「繇仁義行」，以人道
> 率天道也。「行仁義」則待天機之動而後行，非能盡夫人之所以異於
> 禽獸者矣。天道不遺於禽獸，而人道則爲人之獨，繇仁義行，大舜
> 存人道聖學也，自然云乎哉！〔註13〕

人只有行仁義才能保證本性，否則如同禽獸。人踐行人道，才算合乎天道。
在人之天道是仁義，自然之天道是在天之天道，非人可獲知。即使是聖人也
非生知，需要不斷學習。〔註14〕船山藉此展開對於禪學、心學等證求天人合
一的「異端」思想的批評，也批評類似於道家的天道生化論。他認爲，一方
面在人的天道即是通過人自強不息的踐履而挺立人道，天道假借人道而完
善，而不是復歸（從整體上看）靜態的天理；另一方面要對於天道保持神秘，
承認人的有限性，使人有可以敬畏之天地，而不是完全以人道涵括天道，不
是以人道的有限褻瀆天道的無限。

船山欣賞祝允明的《和陶飲酒》一詩：「燃燭能爲月，搖翣能生風。手
有造化能，身在造化中。順時以適用，天人乃相通。」他認爲這才是「眞
理學」〔註15〕，因爲其中既肯定了人的能力，又明確了人的限度在造化之
中。重視人的本分和職責，而不是僅僅依賴天的造化，這種思路貫穿於其
思想的始終。

〔註13〕《思問錄·內篇》，（12）第405頁。
〔註14〕船山在聖人是否「生知」的問題上對程朱批判頗爲嚴格。程頤一方面承認聖
人可以學而致之，另一方面又說：「生知者，只是他生自知義理，不待學而知。
縱孔子是生知，亦何害於學？……禮文、官名既欲知，舊物又不可鑿空撰得
出，須是問他先知者始得。」（見黃宗羲等《宋元學案》第1冊第606頁）朱
熹則認爲：「愚謂聖人生知安行，故無積累之漸，然其心未嘗自謂以至此也。
是其日用之間，必有獨覺其進而人不及知者。故因其近似以自名，欲學者以
是爲則而自勉，非心實自聖而姑爲是退託也。」（見《論語集注》卷一，《四
書章句集注》第55頁）船山批評道：「朱子以堯、舜、孔子爲生知，禹、稷、
顏子爲學知。千載而下，吾無以知此六聖賢者之所自知者何如。而夫子之自
言曰『發憤忘食』，《詩》稱后稷『克岐克嶷』，顏子之『有不善未嘗不知』，
初不待師友之告戒，亦安見夫子之不學、而稷與顏子之非生也？」見《讀四
書大全說》卷七，（6）第853頁。
〔註15〕船山評道：「思柔手辣，宇曠情密。眞英雄，眞理學，生不逢康節（邵雍）、
橫渠，令枝山（允明）落酒人中，是乾坤一愧。白沙（陳獻章）、康齋（吳與
弼）收者（這）狂漢不得。」見《明詩評選》卷四，（14）第1304頁。船山
認爲祝允明此詩的意境已得聖學天人論的旨趣，「天人乃相通」一句在「手有
造化功」之後，說明天人非僅僅因體悟而合一，與心學流入禪學者不同。

總之，船山的學術思想可以概括為「互為道器的天人之學」。熊十力也曾概括船山思想為：「天在人，不遺人以同天；道在我，賴有我以凝道。」〔註16〕是對「天人互為道器」之學的另一種表達。

第二節　對王船山學術思想的反思

王船山為了保證道統不墜，一生勤奮，留下了宏富的著作，其中「蘊涵了中國學術史的全部傳統」〔註17〕，要真正深入其學術思想決非易事。將船山思想不只作為歷史標本來觀察分析，而是作為思想創造的資源，能做到此點者不多，譚嗣同和熊十力即是。他們都受了佛學、西學的洗禮，但都自稱從船山思想中受到了直接影響。譚嗣同反專制、重平等，指斥綱常之弊，雖以「仁」名其書，但其思想在根本上非「儒學」可以限定。熊十力保持了儒家的基本取向，與船山具有更多相似性。因此，本節在論述船山思想的過程中，會結合熊十力批判進行分析，以期明晰船山學術思想在身後的傳承與創新，及其「聖學」大夢的缺憾與困境。

十力先生一般被認為是近代以來最有創造力的新儒家思想家，他與船山的思想淵源也早為人知。青年時代的十力，「讀《王船山遺書》，得悟道器一元，幽明一物」，確立了思想創造的基本維度，故著寫《船山學自記》一文以自明。〔註18〕然而，在既有的船山學或十力研究中，對二者思想關係的研究並不充分。〔註19〕這多是因為在十力的思想資源中，佛學和陽明學的思想主旨相對清晰，而船山思想則繁富難理。此處無意對此問題展開全面論述（非專門研究不能完成），而是以船山思想在近代的發展為視角，並結合十力的評論展開分析。

〔註16〕熊十力，《船山學自記》，收入《心書》，見《熊十力全集》第1卷第5頁。

〔註17〕侯外廬認為：「船山先生的學術是清以前中國思想的重溫和發展，他不但把六經別開生面地重新解說，而且從孟子以後的中國哲人多在他的理性之下翻案估定，所以他的思想，蘊涵了中國學術史的全部傳統。」見《船山學案》第1頁。

〔註18〕熊十力，《船山學自記》，收入《心書》，見《熊十力全集》第1卷第5頁。

〔註19〕從熊十力研究來看，郭齊勇、景海峰的同名著作《熊十力哲學研究》，陳來《現代中國哲學的追尋──新理學與新心學》第五、九章等中國內地的重要著述，都不太重視這個問題。臺灣重視從船山思想闡發新思的學者中，曾昭旭未討論這個問題，林安梧《當代新儒家哲學史論》第三、四章專論熊十力，也未能重視此問題。

一、對王船山道統意識的反思

宋代理學興起之後，道統觀念成爲儒者的標誌之一。船山因道統意識使生命得以凝聚，進而具備了儒者的學術目的和擔當精神，但道統的信仰性也帶來了儒家的泛道德主義傾向，使聞見之知始終無法突破德性之知的約束。同時，道統的排他性限制了他的學術視野，面對「異端」思想他無法做到較爲客觀地理解。即使船山與莊子產生過一些思想的共振，仍未能同情地理解莊子，而是「因」理學思想的主幹而「通」解《莊子》，更不要說對待佛學、老子以及作爲夷狄思想的西學了。

和船山一樣，十力早年體認到道統的責任，故他曾對人說「舉頭天外望，無我這般人」。〔註20〕也和船山一樣，他的道統觀念具有自己的特點。他晚年在書齋中以二王（陽明、船山）配孔子而祀〔註21〕，雖肯定陽明思想的正統性，但有兼採二王之長的意願。並且船山的擔當精神深刻影響過他。他在《復性書院開講辭》中暢言「人生責任」的重要性時舉例說：「王船山先生自題其座右曰『吾生有事』，此是何等胸襟！吾人可不猛醒！」〔註22〕顯然是有感而發。

熊、王二者的道統意識雖然具有不少相似性，但十力得後人之利，學術視野更爲開闊，道統觀念的排他性相對弱一些。這一是因爲十力身處近代化的大潮中，無法不重視作爲社會新潮主導的西學；二是因爲他自身思想經歷了由佛學入儒學的過程，認爲各家思想皆可助益於儒學。以對佛學的態度爲例，十力深入佛學而有所得，故肯定佛學之長，反而批評理學家的闢佛失眞：

> 至宗門興起，乃更直捷簡易，此夫人所知也。然世儒皆好詆佛，即理學諸儒明明有資於禪，亦闢禪唯恐不力。夫學術者，所資宜博，諸儒既資於禪，倘融其長而闢其短，誰曰不宜。獨惜諸儒所資於禪

〔註20〕郭齊勇，《天地間一個讀書人──熊十力傳》第3頁。一般將這種做法視爲張狂簡脫的名士行爲，其實，這些話不都是狂的體現，也體現了對擔當的自我肯定，從根本上說是道統意識的體現。結合熊十力自悟後的歡騰跳躍，將這種狂行理解爲道統意識的體現，似乎更爲明確。

〔註21〕王元化，《讀熊十力札記》，見熊十力《新唯識論（語體文刪定本）》書末附文第401頁。熊十力早年有「數荊楚過客，濂溪之後我重來」的題詞，表明自己對於宋明理學統緒的傳承，見郭齊勇《天地間一個讀書人──熊十力傳》第29頁。

〔註22〕熊十力，《十力語要》卷二，見《熊十力全集》第4卷第253頁。

者，每得其似而遺其眞，因此之故，其歸本孔子，亦不必是孔子之
眞。〔註23〕

又有：

　　佛氏觀空，其境界高神至極，不可不參究。余曾云儒、佛堪稱
兩大。儒者盡生之理，（盡者，顯發無虧之謂。）佛氏逆生之流，其
道雖殊，譬猶水火相滅，亦相生也。〔註24〕

十力認識到了「理學家」（包括船山）對禪佛學的誤解，他們闢佛只是「得似
而遺眞」。他與船山一樣批評佛法的「廢然之靜」〔註25〕，但並不否定佛學的
優長，他說：「夫發明心地，直指本來面目，單刀直入，活潑有力，吾愛禪家。」
〔註26〕因此，他主張兼採儒佛二家，使二家得以相合相生。另外，他對待道
家的重視程度雖不如對佛學，但也不輕易詆毀，並指出漢代之後的儒者都暗
中採取了道家思想。

　　十力道統意識的排他性較船山更弱，但絕不意味著放棄道統〔註27〕，他
的博通並未改變宗主孔子這一前提。這與船山的「入壘、襲輜、暴恃、見瑕」
的攻乎異端的態度並無根本不同。尤其是面對西方哲學、科學時，他因缺乏
深入瞭解，多有大而化之乃至不著邊際的批評。〔註28〕這種狹隘性在熊十力
之後的新儒家學者身上也有體現。〔註29〕

〔註23〕熊十力，《新唯識論（語體刪定本）》卷下之一，第313頁。
〔註24〕熊十力，《原儒‧原學統》，《熊十力全集》第6卷第437頁。
〔註25〕熊十力，《體用論》，《熊十力全集》第7卷第49頁。
〔註26〕熊十力，《新唯識論（語體刪定本）》卷下之一，第303頁。
〔註27〕熊十力自己也意識到了這一點，他認爲：「吾宗主在孔子，當然多見二家之短，
　　　難顯其長。平情而論，吾儒體用不二、天人合一，此爲探究宇宙人生諸大問題
　　　者，不可違背之最高原理也。」見《明心篇》，《熊十力全集》第7卷第299頁。
〔註28〕熊十力認爲：「西洋哲學，以析物之知見，而測萬化之眞源，何異作繭自縛。」
　　　又有：「蓋哲學之究極詣，在識一本。而此一本不是在萬殊方面，用支離工夫
　　　可以會通一本也。科學成功卻要致力於支離破碎。此四字，吾先哲之所病，而
　　　科學正要如此。」《十力語要》卷一，分別見《熊十力全集》第4卷第3、5頁。
〔註29〕前人對此評斷已多。例如，傅偉勳主張用「中國本位的中西互爲體用論」立
　　　場來對治傳統的「中體西用」立場多帶來的弊端，見《批判的繼承與創造的
　　　發展——關於中國學術文化重建的回答》，收入相同主名的論文集。傅偉勳並
　　　未直接點明「道統」之說，但他的「互爲體用」實則針對道統意識。他又以
　　　「中國本位」爲首要是從創造主體而言，因爲中國學術不可能放棄中國這一
　　　主體。勞思光提出了「活的哲學」與「傳道態度」的反思，見《中國哲學研
　　　究之檢討及建議》一文，轉載刊於《南京大學學報（哲社版）》2013年第2
　　　期。勞思光直接點明「傳道態度」實則指向了具有道統意識之人的掌控有絕

如何避免這種狹隘性？以多元會通的精神化掉道統意識的排他性，將道統意識轉化爲對於傳統思想的忠實又同情的心態，將「傳道態度」轉化爲較爲客觀的「研究態度」，才能更爲準確的解讀傳統文獻，才能提煉出傳統的儒家思想的精華，在此基礎上才能談得上創造。

二、對王船山道論的反思

船山的天道論對十力的影響遠超過陽明，因爲熊、王二者建立天道論的出發點是一樣的，都是爲了證明「天地萬物一體」的合理性。十力以「體用合一」、「體用不二」概括自己的思想，在具體工夫上多重視陽明，但他重視對天道的討論，常從天道論人道〔註30〕，這反映出船山的影響。十力掌握有更多近代西方科學的知識，並將其轉化到天道論的構建中，故比船山的具有更多合理性。

同時，十力爲了避免船山陰陽二元的嫌疑，傾向於糅合天道與人道，與船山嚴格區分天人層級的做法有所不同。他的方法更爲簡單直接，主要是從現實性而不是從可能性來討論天人合一。或者說，他與船山在天人關係上實分爲兩途，一則重視「一」，一則重視「分」。他批評船山說：「吾國漢儒言天人，亦是隔截，宋儒亦承漢人之誤，明季王船山更嚴辨天人層級，其誤尤甚。」〔註31〕十力將自己對天人關係的認識概括爲「天人不二」，實爲「體用不二」總綱的自然發展，但他似乎忽視了一點：船山重「分」並非否認天人合一，而是爲了杜絕學者因一時之感悟而達到的「一」。二者的目的都是爲了挺立人，只是方式有所不同。船山直接保持人的獨立性，一則爲了防止人的怠惰之心，一則爲了防止人欲的無限膨脹。（若用船山來看十力，他無疑屬於此類。）十力則堅持了陽明心學的路子，突顯人心的重要性，將心體、性體、生命本體、世界本體打成一片。人本具有世界本體，自然意味著天人不二。或者說，他是從人的心體具足世界本體的角度來說天人不二。當然，「不二」並非簡單

對眞理的心態，並將其視爲重建中國哲學的關鍵性障礙。

〔註30〕 林安梧認爲：「熊十力的哲學是以實踐作爲中心的。熊十力的哲學在表達上或者常習於從宇宙論的層次往下說，似乎看起來是一種宇宙中心論的哲學，其實不然，因爲，他最爲根本的是以『道德踐履』爲中心，他這樣建立起來的宇宙論，其實是一『道德宇宙論』。他這樣建立起來的形上學，其實是一『道德形上學』。他的道德形上學便是以『體用合一論』展開的。」見氏著《當代新儒家哲學史》第 70 頁。

〔註31〕 熊十力，《新唯識論（語體文刪定本）》第 149 頁。

的「一」，而是「不二之一」，「一」與「二」因人認識的不同而有分別。從這個角度上講，船山、十力並無根本不同，他們對於世界的終極認識都是依據於對「天地萬物一體」的體悟。

但從太極與陰陽二氣的關係來看，十力對船山的批評確實抓住了問題，他著意凸顯世界之一元，論述更為圓融。《新唯識論（語體文刪定本）》中有：

> 《易》家談陰陽二氣，有近二元者。如王船山《周易內傳》，其言「乾坤並建」，頗近二元，根本處未透在。《新（唯識）論》說體顯用，本唯是闢，剛健、陞進、至善、清淨，乃至萬德，皆闢也。而不能不先有一個翕，（先字非時間義，乃著重之詞。）否則只是虛無莽蕩，將無所據以自顯。（虛無非空無之謂，以其未構成形物故云。）故翕而成物，乃妙應之不得不然，實則翕亦是闢，非其本性與闢有異也。故《新論》說翕闢，與《易》家誤解乾坤為二元者，自不可同年而語。〔註32〕

《讀經示要》中論乾元、坤元有：

> 太極寂然無形，（太極者，世界本體之名，亦云太易。……）而其顯為作用，即說萬物資始，故曰乾元。蓋言此至神至健之作用，乃為萬物所資以為始。故稱之為乾元也。乾元即太極也。
>
> 坤元，亦乾元也。（坤者，乾之所為，故坤之元，即乾元。）

〔註33〕

十力所說的「根本處未透」是針對一與二如何溝通的而言。這在本文第二章第二節有專門討論，此處概括言之。船山主張乾坤並建、陰陽二氣異體，意在更好地解釋世界的多樣性，保證仁義等道德法則的永恒價值。在《易》學傳統中，一般以陰陽對應仁義，若陰陽無自性，則仁義終將歸於空無。如果承認陰陽二氣由太極生化而有，則陰陽並不具有永恒不變的自性。因此，他否定了生化說，主張陰陽二氣的渾合即為太極，以此保證世界的統一性。陰陽二氣依靠感通之力而溝通合一但感應為何能存在的問題，他並沒有進一步的解答。

十力認為太極為本體，闢則為乾、為陽，翕則為坤、為陰。〔註34〕乾坤

〔註32〕熊十力，《新唯識論（語體文刪定本）》附錄，第374頁。

〔註33〕熊十力，《讀經示要》第三講，分別見《熊十力全集》第3卷第928、933頁。

〔註34〕陳來認為：「這是對《正蒙》『陰性凝聚，陽性發散』的解說，近代熊十力的

二者之間必有主導者，乾主健動，乾元即爲太極的動力所在，故動力之因即是太極本體。坤以成物，物之元即是坤元，而坤元與乾元實則只是一元，即爲太極。這脫離了《易》本身二卦有別的本義，而是將完全義理化。歸萬有爲一的作法與船山「分」的哲學思路不同。十力在陰陽如何相合的問題上又借鑒了佛學的種子說，以種子喻指太極，以種子各種潛能的不可分割喻指陰陽二氣之不離，〔註35〕解釋太極內部的複雜和統一〔註36〕。這是船山未能明確表達的。

當然，陰陽在十力處只是本體的屬性，而在船山處則是具有實體性的二氣。船山認爲作爲屬性的虛的陰陽只是模擬了實體的陰陽二氣的性質，因此，類似於十力的虛化陰陽的思想在船山處是受到批評的。即此可見二者對世界認識的基本的差異：船山重氣體，而十力主心體。心體即流轉之生命力，故可揉萬有而歸一，而氣體雖有神主於其中，但不得不有形器的不同。船山哲學的旨趣與重要性恰恰在於他的豐富性，而不是一味地追求圓融。

船山思想的天人之別，一則就人的職分而言，一則就人的能力而言。但他從根本上認可了儒家倫常的至上，而這些內容都需依託於天，即天的條理性和神秘性渾然交融，可控性和越超性交融，故難以表述清晰。十力則主要從人所能夠體悟到的天人不二之義構建自己的哲學，他理解的天不需要神秘性。

然而，十力與船山的生生之體都是指「天地萬物渾然一體」之仁，都需要體認，未能完全實現理論上的「圓融」。船山受制於二氣爲何感應的問題，十力則說不清太極爲何具萬有而妙合的問題。二者都只能以「不得不然」、「自然而然」做出解釋，這是他們體悟的終點，也是論述的起點。

乾坤翕闢說，即根源於此。」見《詮釋與重建——王船山的哲學精神》第459頁。作者在2001年出版的《現代中國哲學的追尋——新理學與新心學》中認爲：「熊十力借用了清末西學輸入時『翕以聚質、闢以散質』（《天演論》）的概念，實際上是討論精神與物質的關係。」見該書第144頁。

〔註35〕熊十力認爲：「吾儕睹桃樹種子含藏萌芽、根幹及至華果等等複雜性，由此取譬，可悟一元實體之內部含藏複雜性，非唯一性。萬物之乾坤二性，皆由一元之內部含蘊其端，故就萬物之乾陽性而說乾物之自力，就萬物之坤陰性而說坤有元。」見《乾坤衍》，《熊十力全集》第7卷第576～577頁。

〔註36〕熊十力闡發本體二義爲：「第一義，絕對即是相對，相對即是絕對，斷乎無有超脫於相對而獨在之絕對也。」「第二義，本體的性質是單純，抑是複雜。」（見《明心篇》，《熊十力全集》第7卷第162頁）這段論述的方法顯然受到了佛學的影響。

三、對王船山心性論的反思

在心性論方面，船山、十力差別較大。十力主要受陽明學和佛學的影響，以心爲本體，直指人心而明心見性。船山認爲心有道心人心之分，又各兼統性情，故其存養工夫既需要顯明道心，又需要通過學養使人心指向道心，即所謂「學養相濟」。此處主要從心性、習性的關係展開分析。

第一，十力對船山的心性論頗不滿意，反映了二者對本體認識的不同。《讀經示要》中有：

> 性與情，不可作二元看去，則以情非別有本故也。然情、性畢竟有分：性是本有，情則後起之妄也。……船山挾一反陽明之成見，故終不悟性，時而說得近是，時而又成差謬。既不見性矣，而心之發用，何以不即是性也？而成乎妄情或私欲，則亦不能知其所以也。
> 余常欲訂其失，而終未有暇。〔註37〕

船山認爲天、人有分，通常將性、情分開，性爲道心，情爲人心。但他爲防性情二者不能夠貼切，提出道心、人心皆統性情的說法，試圖將心性情融合爲一，這與性情截然二分有所不同，但仍不免有二元之嫌。十力正視了船山性論的矛盾，但並未分析其中的原因。

思想背景的複雜，在一定程度上影響了船山心性論的選擇。他一方面爲了保證修養的自主性，重視心的主導作用，倡導大心、養心，這與陽明學較爲接近。然他闢陽明甚嚴，十力卻以二王並舉。從修養論看，船山重視大心對格致的主導作用，自認是遵循了孟子的「先立乎其大者」。這與陽明、象山並無二致。但他爲了反對心學的心即理之說，否定心對於性的主導作用，所以他雖然接受心統性情之說，但不主張將「統」解釋爲「主」，而爲「兼」。這樣，船山心論就出現了扭曲。聞見之知、「物理」（相對於「義理」而言）等內容，在近代已屬於自然科學的範圍。十力接受了科學和哲學的區分方式，科學以經驗爲基礎，哲學以直覺體悟爲基礎，他已不能接受心性論中格物與體悟交雜的求知途徑。

第二，船山重視「習」對性的作用，有「習與性成」之說，這在一定程度上影響了十力。爲解釋現實中的善惡問題，十力將佛學的習染說和習氣說，糅合爲更精細的理論。船山認爲陰陽二氣變化之勢有正有不正，皆可稱爲「習氣」。

〔註37〕熊十力，《讀經示要》第三講，《熊十力全集》第 3 卷第 925 頁。

但氣爲實有，不善之習氣也當實有，必能推出「善惡之體並立」的結論。熊十力以心體爲一元本體，可以直接否定了習氣的實在，避免二元論之嫌。他說：

> 習氣者，本非法爾固具，唯是有生以後種種造作之餘勢，無間無染，無分新舊，展轉叢聚，成一圍勢力。浮虛幻化，流轉宛如，雖非實物，而諸勢互相依住，恒不散失。儲種無盡，實俸造化之功；（王船山云：習氣所成，即爲造化。）應機迅熟，是通身物之感。故知習氣雖屬後起，而恒轉隨增，力用盛大，則謂習氣爲吾身之主，無不可也。〔註38〕

在十力思想中，「法爾」有自然之義，就人而言，可指天地賦予人之命，即性，即世界本體。習氣非本體所生，故雖成爲勢力，但並非實在之物，只是「浮虛幻化」之相。然此幻化之虛物能改變人與世界，可與造化相似。十力引用船山之語即爲「習與性成」之義，他又借用了佛學的染淨之說，認爲染可斬斷而淨無所虧。只有克除染污，復歸明淨，才能實現人生價值。他將習氣的表義單純化，僅指壞的，比船山更爲明確。而船山的「習氣」不全都是壞的，學者可撿擇天地之間「熹然充滿」的習氣，可以「見賢思齊」，也可以「見不賢而內自省」。

十力借用佛學證空的方法證明習氣之虛空不實，但他並未完全解決船山主張習氣實有而帶來的理論矛盾。在他的思想中，法爾幻化是單向的，只貫徹到習氣一邊，未貫徹到性一邊。如果性是幻化，也是後起的，則必將失去實在性，最終無法保證儒家倫常的價值。爲何法爾、功能可以如此運行？大概只能回答「本來如此」。

綜上所述，十力思想理論的縝密性與系統性都超越了傳統儒學〔註39〕，他對船山思想的修訂解決了一些矛盾。他得後人之便，具有更爲宏闊的視野、更爲包容的心態，能吸收更多的有益成分豐富自己。但道統的狹隘性使他對

〔註38〕熊十力，《新唯識論（語體文刪定本）》第274頁。

〔註39〕熊十力，《新唯識論》嘗試改造中國傳統學問，並以體系性的論述來表達，一直爲人稱道。從修養論來看，十力的「悟」有自悟和悟他之分，他說：「體會之功，所以自悟。辯論之術，雖爲悟他，而自悟亦資之。此土儒道均尚體會而輕辯論，其得在是，失亦在是也。測物之功畢竟欠缺也。印土佛家自悟悟他，雙方兼顧，誠如所云。然諸大論師畢竟尚玄悟而不基實測，與遠西學者辯論之術又不同途。」（見《十力語要》卷二，《熊十力全集》第4卷第177頁。）他的這種縝密性、系統性都是有意爲之，具體討論可參見《十力語要》卷一《答張東蓀書》、卷二《答君毅》等書信。

西方哲學、科學多有誤解，對西學不可能有眞正吸收，限制了自身思想的深廣度。這與船山並無根本不同。

結　語

　　船山 71 歲時爲畫像題有《鷓鴣天》一詞，其中「龜於朽後隨人卜，夢未圓時莫浪猜」一句談及身後事〔註 40〕，反映了他晚年的思想。他認爲自己的著作和操行如同神龜死後遺留的甲殼，自己無法再做主宰，只能隨後人卜算猜度。但他也自認爲此生已得到了天地神氣，其中包涵的聖學之道，必定能夠在將來化爲現實，故自誡不要在大夢未圓之時費神妄猜。船山自信天人之學具有發展出內聖外王的可能性，堪爲民族文化復興的大夢。的確，面對文化困境表現出的勇猛精進的擔當精神、浩瀚著述中的豐富思想，都成了船山留給今天文化創新的有益資源。

　　但是，從船山學術思想的缺陷及後人的發展看，其復興之夢一直都是「未圓之夢」，在文化多元、全球一體的今天更是如此。因此，要更好地解決傳統儒學的局限問題，爲中國文化的發展拓展空間、提供有益的內容〔註 41〕，非會通中西、兼容並包不可。〔註 42〕

〔註 40〕　全詞爲：「把鏡相看認不來，問人云此是薑齋。龜於朽後隨人卜，夢未圓時莫浪猜。誰筆仗，此形骸，閒愁輸汝兩眉開。鉛華未落君還在，我自從天乞活埋。（原注：觀生居舊題壁云：六經責我開生面，七尺從天乞活埋。）」見《薑齋詞集·鼓棹初集》，(15) 第 717 頁。不明白船山的神不滅的死亡觀，則不能明瞭此詩之義。「從天」「活埋」不僅不是死亡之義，反而是永恒不滅之義。詩中體現出較爲明顯的神、身分離傾向，船山以「我之身」爲「君」，以「我之神」爲「我」，進而展開「君」、「我」之間的自我對話。雖曰鉛華未落「身」還在，但鉛華終有落盡之時，「身」必然凋敝。若「我」能夠與天地之神合體，相當於在天地之間「活埋」，則「我」必與天一起永恒。因此，他提醒自己堅持行道，以乞求上天將自己「活埋」。船山在此沿用了早年題寫的觀生居堂聯。

〔註 41〕　傅偉勳在上世紀 80 年代已經倡導：「儒家思想的時代課題，一方面涉及配合科技信息的急速發展而必須自我踐行的轉折充實，另一方面同時又關涉如何超克傳統儒家自身已有的內在難題。現代化意義的轉折充實與內在難題的自我超克可以說是時代課題的一體兩面，必須經過一番嚴格的自我批評與愼重的哲理探討。」見氏著《批判的繼承與創造的發展——哲學與宗教二集》第 23 頁。

〔註 42〕　蔡元培鑒於「吾國承數千年學術專制之積習，常好以是聞所及，持一孔之論」，故倡導建設「囊括大典，網羅眾家」的大學。學者將其歸納爲「兼容並包，自由發展」八個字。（分別見《蔡孑民先生言行錄》第 112、13 頁。）此原則本指大學建設，可引申爲中國傳統思想創新的原則。

附 錄

一、王船山與道教內丹思想關係考辨

　　籠統來看，船山常使用「老氏」或「老莊」等概稱以先秦道家思想爲先導的思想流派，偶有包括道教在內的情況；在具體對待時，他明確區分道教與道家思想〔註1〕，對道教的批評更爲激烈。但是，在船山學史上存在一種較有影響的觀點，即認爲船山的氣論吸納了道教內丹理論。其依據的根源是王敔《大行府君行述》記述其父「山中時著道冠，歌魚鼓」之語，且船山著有《愚鼓詞》（下題「夕堂戲墨之八」）、《十二時歌和青原藥地大師》以及《楚辭通釋》，其中都曾論及道教內丹思想。《愚鼓詞箋引端》中有：「知『戲墨』非戲，亦非教外傳心。」〔註2〕吳立民曾詳細注釋《愚鼓詞》，分次刊於1986、1988年的《船山學報》各1、2期。他認爲船山氣論直接受惠於道教內丹丹法，影響了此後諸多研究者。〔註3〕

　　其實，船山和不少道學家一樣，將自己的氣論歸根於《周易》和《孟子》，

〔註1〕有學者認爲，船山並未區分道家、道教，如嚴壽澂《船山〈思問錄〉導讀》
　　　　即持此觀點。
〔註2〕見楊堅《愚鼓詞編校後記》之注釋，（13）第627頁。
〔註3〕《船山學報》1986年第1期上還刊登了徐銘蓀《王船山〈愚鼓詞〉中的哲學
　　　　思想》一文，吳、徐二人還合著了《船山佛道思想研究》一書。嚴壽澂《船
　　　　山〈思問錄〉導讀》肯定了內丹丹法與船山氣論的相似性，但未明確肯定後
　　　　者吸納了前者。近有劉梁劍《天‧人‧際——對王船山的形上學闡明》一書
　　　　對吳、徐的觀點多有採納。

在宇宙本體論中以詮釋前者為主，在工夫論中以後者為主。他明確表明孟子的「養氣」和道教的內丹論根本不同。〔註4〕《讀四書大全說》中有：

> 一部《參同契》，只在氣上用力，乃不知天地自然之氣行於人物之中，其昌大清虛，過而不可留，生而不可遏者，儘他作弄，何曾奈得他絲毫動！則人之所可存可養者，心而已矣。故孟子之言「養氣」，於義有事，而於氣無功也。若說旦晝有為之時為牿亡之所集，卻便禁住此心不依群動，而與夜之息也相似，以待清氣之生，此抑為道家言者極頂處，喚作「玄牝」。乃不知天地之氣恒生於動而不生於靜。〔註5〕

聖學之養氣主要是集義、養心，是晨乾夕惕的、健動不息的、合乎儒家倫常的實踐，與道教之「氣」並無干涉，更不是尚靜的、養夜氣所致之「道」。雖然他也主張萬物皆氣，有德之人的魂或「神」可在死後恒留於太和之中，但不滅之神是以渾然之整體而非以個體的形式出現，不同於肉體長生之說。他將個體「長生久視」的想法看作「以人強天」的私欲。這種本文第一章已經有論述，此處主要圍繞《愚鼓詞》和《楚辭通釋‧遠遊》的文意和目的做具體分析。

首先，《愚鼓詞》以樂歌詞的形式敘述道家內丹理論，乍看好似船山認可內丹修煉，但下題小字「夕堂戲墨」之「戲」字表明了作者的真正態度：這只是玩弄技藝，與大道宏旨無關。他的詩文中偶有此種文字遊戲，如《詠風戲作豔體》一詩也自題「戲」字，若認為「此戲非戲」而將船山定為豔體詩人，則實在不通。因此，《愚鼓詞》只能說明船山大體瞭解道教內丹的修習工夫，而不宜作為分析其思想的正面材料使用。

其次，船山在注解《楚辭‧遠遊》時，雖將屈原的這篇作品作為後世道教思想的源頭，但他對道教修仙長生之說看得較低，認為道士們未能把握屈原思想的大旨，以致誤入歧途。這並非肯定內丹丹法：

> (《遠遊》) 所述仙遊之說，已盡學玄者之奧。後世魏伯陽、張平叔所隱秘密傳、以詫妙解者，皆已宣洩無餘。蓋自彭、聃之術興，

〔註4〕 在船山思想中，與「養氣」相似的「存神」之說在道教中也存在，但存神的根源應在張載，而不在道教。參見陳來《詮釋與重建——王船山的哲學精神》第 429 頁腳註。

〔註5〕 《讀四書大全說》卷十，(6) 第 1076 頁。

習爲淌洸之寓言（指《莊子》中長生、仙人的寓言故事），大率類此，
要在求之神意精氣之微，而非服食、燒煉、禱祀以及素女淫穢之邪
說（道教採補之術）可亂。故以魏、張之說釋之，無不吻合。……
若（屈）原達生知命，非不習於遠害達生之道，而終不以易其懷貞
之死、則軼彭聃而全其生理，而況汲汲貪生以希非望者乎？志士仁
人博學多通而不遷其守，於斯驗矣。〔註6〕

船山不認同內丹丹法，因爲內丹丹法作爲道教思想之一脈，依然是以長生爲
目的，即所謂「汲汲貪生以希非望」。他斥責道教與注解《遠遊》並不衝突，
因爲屈原之「仙遊之說」與《愚鼓詞》一樣，都只是「志士仁人博學多通而
不遷其守」的具體體現，而非以修習仙遊之術爲眞正的目的。另外，屈原是
中國古代忠臣的典範，將其視爲「志士仁人」並不鮮見，但稱讚其「博學多
通而不遷其守」者卻不多見。這與儒學重視「博學於文」的傳統有關，也與
明代晚期的社會風氣有關。〔註7〕可見，船山依然堅持儒家聖人之學。《楚辭
通釋》之「通」字與《莊子通》的「通」字具有相同義蘊，皆以「通」於君
子之道爲目的：

引而伸之，觸類而長之，或積崇隆爲泰華，或衍浩瀚爲江海
……希達屈子之情於意言相屬之際。疏川澮以入經流，步岡陵而陟
絕巘，尚不迷於所往乎！〔註8〕

大道如同經流（大河），而屈原《楚辭》只是「川澮」（溪流），引小溪以彙入
大河，小溪、大河有相同的地方。道家成仙之說雖自認本於《遠遊》，但二者
根本不同，實不可溝通。這主要是爲聖學的純正著想：

屈子厭穢濁之世，不足有爲，故爲不得已之極思，懷仙自適，
乃言大還既就，不願飛昇、翱翔空際，以俟時之清，慰其幽憂之志，

〔註6〕　《楚辭通釋》卷五，（14）第348頁。標點有改動。《船山全書》原爲：「若原
達生知命，非不習於遠害達生之道，而終不以易其懷貞之死，則秩彭、聃而
全其生理，而況汲汲貪生，以希非望者乎？」「以易其懷貞之死」與「則秩
彭聃而全其生理」是並列關係，都由「不」統攝，故用頓號；而「彭聃」之
間亦當斷開，只是層次太多，現有標點系統無法體現，去之亦於文意無損，
故去之。「而況」句和前面「不」句成遞進關係，斷開只會打斷文意，故去
之。

〔註7〕　有學者將此風氣視爲一種「思潮」，稱之爲「博雅學風」。見龔鵬程《晚明思
潮》第十、十一章。

〔註8〕　《楚辭通釋·序例》，（14）第207頁。

> 是其忠愛之素無往而忘者也。及乎頃襄之世，竄徙巫加，國勢日蹙，
> 雖欲退處遊僊而有所不得。《懷沙》、《悲回風》之賦作，而遠遊之心
> 亦廢矣。〔註9〕

仙遊思想只是屈原心憂國家而不得其志的慰藉，並非其眞正歸處，更非船山
本人思想的歸所。屈原心憂祖國而放棄了仙遊之思，而後世道家得其片面之
見，而非典要之論。

再次，理學家有將孟子的氣論與道教內丹理論相混合的做法，船山堅決
反對：

> 說「必有事勿忘」處易，說「勿正、無助長」處，不知養浩然
> 之氣當何如用功，則入鬼窠臼去。黃四如（**仲如，宋元之際理學家**）
> 說「如煉丹，有文武火，惟慢火常在爐中，可使二三十年伏火」，眞
> 鬼語也！孟子說養氣，元不曾說調息遣魔，又不曾說降伏者氣，教
> 他純純善善，不與人爭鬧，露圭角。乃以當大任而無恐懼者，其功
> 只在集義；集義之事，亹亹日新，見善如不及，見不善如探湯，何
> 怕猛火熾然。〔註10〕

黃四如曾以道教內丹理論解釋孟子氣論，被船山痛批爲「入鬼窠臼去」，因爲
孟子「養氣」之功「只在集義」，只需每日反省自新、堅持善道，根本不需要
修煉什麼內丹。

另外，道教將《老子》和《莊子》作爲神聖經典對待，船山則不然。當
時最著名的道教內丹理論家是陸西星，他認爲：「《南華經》分明是《道德經》
注疏。欲讀《南華》，先須讀《道德經》，大要識其立言宗旨。」〔註11〕讀《莊》
先讀《老》，符合思想發展的脈絡，也符合宗教典籍所要求內在一致性。但以
《莊》爲《老》之「注疏」，顯然低估了《莊子》思想的創造性，也大不同於
船山重《莊》並通《莊》的做法，所以《莊子解》一書對當時最流行的《南
華眞經副墨》無一稱引，也是船山辟除道教內丹理論的顯證。

總之，船山瞭解內丹丹法只能表明技能性的「通」，而不能表明思想主張
的「守」。若認爲船山因爲「通」而改變「守」，則顯然低估了思想家的辨別
力。

〔註9〕 《楚辭通釋》卷五，（14）365 頁。
〔註10〕 《讀四書大全說》卷八，（6）第 935 頁。
〔註11〕 陸西星，《讀南華眞經雜說》，見《南華眞經副墨》第 8 頁。

二、王船山與僧人關係考辨

　　船山與佛教（包含佛學）的關係是船山研究的難點之一，前人的有益成果已多，但此處僅辨析他與僧人的關係，仍有小補。

　　船山批評佛教，也曾與周圍的僧人交遊，並有過從甚密者。〔註12〕我們不禁要問：既激烈闢佛，又交往僧人，船山為何言行不一？其實，他隱居之後交往僧人只是表面現象。據王敔《大行府君行述》記載，真正為他看重的僧人大概只有四位。〔註13〕這四位皆為明朝遺臣，削髮為僧並非捨棄人倫，而只為自保清貞。其中，青原大師（即方以智）和釋惟印二者尤其值得注意。

　　先看方以智。船山與方以智兩大思想家的交往，早已為人重視，張永堂、余英時、蔣國保等學者都有考訂，但因材料很少，不得不留有大片空白。若僅按照材料分析，甚至無法肯定二者曾見過面。〔註14〕蕭萐父有詩詠歎二人的交往：「隔海神交豈偶然，只因心曲應朱弦。密翁禪鐸薑齋夢，同譜東方覺醒篇。」〔註15〕不知他是否在暗示二者的交往僅限於「神交」。船山曾議論到方以智為僧之後的行為，《搔首問》中有：

　　　　乃披緇以後，密翁雖主青原，而所延接者類皆清孤不屈之人士，
　　且興復書院，修鄒（守益）、轟（豹）諸先生之遺緒，門無兜鍪之客
　　（武夫、莽漢）。其談說借莊、釋而欲檠之以正。又不屑遣徒眾四出
　　覓資財。〔註16〕

〔註12〕前輩學者敘之已詳，見蕭萐父、許蘇民著《王船山評傳》第529～531頁。

〔註13〕王敔，《大行府君行述》，（16）第73頁。

〔註14〕余英時《方以智晚節考》中有：「據《寶慶府志》，「丁亥王（桂王，即永曆）走桂林，以以知為大學士……以知不至。遣使慰勞湖南，何騰蛟趣其兵入衛。以知遂寓新寧蓮潭庵，復移居武岡之洞口。……其居武岡時，與衡陽王夫之善。既為僧青原，以書招夫之甚勤。」（卷百二十六《遷客方以知傳》，頁十二a～b）。可見二人交情早始於丁亥（1647）密之流寓湖南之時，遠在密之披緇前也。」（見該書第34頁注釋。）但是，據船山記載，丁亥（1647）年，永曆王兵敗後逃入桂林，兩次想起用方以智，皆被拒絕。（參見《永曆實錄》，（11）第394頁。）丁亥年上半年，船山未去武岡；下半年家中喪事不斷，叔父、叔母、父親、二兄等先後去世，更無可能外出。其次，船山《聞極丸翁凶問》詩之「長夜悠悠二十年」是指永曆王敗退以致明朝的統緒斷絕，「流螢死焰燭高天」義為清朝燭焰高張，但流螢堅定地撲火，非僅僅指方以智，而是指所有反抗的明朝遺民。總體看，這兩句詩是對明亡後時局的描述，斷非二人相識的時間。

〔註15〕蕭萐父，《湘西草堂雜詠十首》之九，見《王夫之評傳‧弁言》第5頁。

〔註16〕《搔首問》，（12）第631頁。

船山將以智逃禪後所作之事歸爲四方面：一、結交堅貞不屈的明朝遺民。二、興辦教育，有利於儒家的發展。（鄒守益、聶豹雖然出自陽明後學，但也許因爲船山之父曾受學於鄒門下，故態度相對緩和。）三、借助莊子、佛學來歸正儒學。（這只是船山的理解，實則以智解莊以三教合一爲目的。）四、主掌青原，並不以追求金錢爲目的，與和俗僧不同。另外，以智痛斥泰州後學，與船山一致。〔註17〕錢穆認爲：「密之身爲浮屠，而猶言三教合一，豈誠結習之難忘乎。故密之之晚節，顯然仍是勝國一遺老，不得以一禪師目之。」〔註18〕這應該也是船山的基本態度。

再看釋惟印。船山曾作詩一首，「遍示山中人，無相解者」，只能寄給釋惟印。「詩以言志」，眾人不解並非因爲學養不夠，而是志趣不同。詩文如下：「偶然一葉落峰前，細雨微煙懶扣弦。長借岳雲封幾尺，瀟湘春水座中天。」〔註19〕詩文整篇皆景而句句有人，看似禪而實非禪。明寫陰雨霏霏，秋雲彌漫，且靜待春風吹臨湘水，定能還我座中青天。暗喻作者面對困頓的環境，仍相信內心的貞定終能戰勝頹唐。這種遺民的忠誠自然不是普通人能懂的。可見，船山並不是把釋惟印作爲僧人而是作爲遺民來看待的。其中的「長借岳雲封幾尺」一句，又可與他的自提觀生居堂聯「七尺從天乞活埋」對照，都在訴說衷懷。

船山的這種詩作數量不少，乍看似禪，往往鬭禪，又如：「枯木何妨春色暖，絮泥卻遣柳枝鰕。牛頭鳥散無消息，柏子庭前翠色閒。」〔註20〕樹木可以枯死，但春天會再來；柳絮化作泥，但柳枝還會長青。牛頭宗的談禪聲已經停息了，庭前的柏樹終於可以清閒了，他以此微微嘲弄了禪宗。以春天喻生息之意，是船山詩文的重要特點。熊十力最喜歡吟誦其「拔地雷聲驚筍夢，彌天雨色養花神」兩句。春雷、春雨、春筍、春花，無不具有強大的生命力。蕭萐父詠船山的《湘西草堂雜詠》中有：「三百年來神不死，船山應共頌芳春。」〔註21〕二者可謂都抓住了船山詩作的基調與精神。

另外，船山從根本上否定了佛教的學理：「浮屠謂眞空常寂之圓成實性，

〔註17〕船山認爲：「特其（以智）直斥何心隱、李宏甫（李贄）爲刑戮之民，則允爲
　　　　鐵案；絕無關係處，以身試燈油而恣其意欲。」見《搔首問》，（12）第632頁。
〔註18〕錢穆，《余君英時方密之晚節考序》，見余英時，《方以智晚節考》第3頁。
〔註19〕《船山詩文拾遺》，（15）第998頁。
〔註20〕《薑齋詩集》，（15）第579頁。
〔註21〕蕭萐父，《湘西草堂雜詠十首》之六，見《王夫之評傳弁言》第5頁。

止一光明藏，而地水火風根塵等皆由妄現，知見妄立，執爲實相。」〔註22〕
他認爲佛學以實有爲「妄現」，只是虛假的學問，更勿論世俗化的輪迴說：

> 浮屠以止殺爲教，而等威不立，輕重不審，鏝（以泥抹牆之器，
> 引申爲泯滅）人心不自誣之節而期之以所不能爲，乃懼天下之不我
> 順也，於是爲報應之說以恫喝之。然恫喝亦惡足以動天下哉？情之
> 柔葸者，雖無報應，而彼固不能殺也；若其鷙而忍者，懸砧鈇於士
> 師之廷，殺人者死未有貸矣，未能止也，而況惝恍不可知之鬼謫乎！

〔註23〕

船山認爲，報應論試圖以恐嚇阻止作惡，只能壞了人心，也抹煞了人心所統
御之善性，可謂投鼠不成又毀器；或以報應論要挾百姓信從，實出於功利，
只會給「忍鷙者」以「不然之券」去破壞倫常。〔註24〕他以親身經歷作出證
明，《搔首問》中記有一事：

> 崇禎末，蝗災徧中原，漸及江、沔。湖南獨能免者，蝗飛不能
> 高，東西爲山所阻，中則爲洞庭巨浸數百里，不能達，往往墮水死。
> 此可以理信者也。余己卯應試，舟過湘陰，瀕江有連廠數間，僧徒
> 聚誦佛經，懸湘陰縣榜云：「奉閣部楊檄：惟誦《華嚴行願品》，則
> 蝗不入境。」湖南幸無蝗，遂以居功。凡武陵之略，於此概見矣。

〔註25〕

佛教不僅不能制止官員的無能，反而加重了其昏庸，進而增加危害性，郡府
要求誦經避災即說明此點。船山依靠見聞分析事理，指明了湖南未受蝗災的
原因，這種務實的態度確實比念佛誦經更爲高明。當然夷夏之辨也加劇了他
對佛教的鄙夷：「西域愚陋之夷，本不足以知性命。」〔註26〕

　　總之，船山和僧人的交往表面看是「近佛」，實則主要是「近忠」，或者
說他是「近僧非近佛」。

〔註22〕　《張子正蒙注》卷一，（12）第25頁。
〔註23〕　《續春秋左氏傳博議》卷上，（5）第553頁。
〔註24〕　《續春秋左氏傳博議》卷上，（5）第554頁。
〔註25〕　《搔首問》，（12）第629頁。
〔註26〕　《張子正蒙注》卷九，（12）第374頁。

參考文獻

一、典 籍〔註1〕

(一) 王夫之著作

1. 〔明〕王夫之著，船山全書編輯委員會編，船山全書，長沙，嶽麓書社，2011 年，（第 1～15 冊收集船山著作，第 16 冊收集他著船山傳記、年譜、雜錄等）。

2. 〔清〕王夫之，張子正蒙注，北京，中華書局，1975。〔註2〕

3. 〔清〕王夫之，讀四書大全說，北京，中華書局，1975。

4. 〔清〕王夫之，思問錄、俟解、黃書、噩夢，北京，中華書局，2009。

(二) 其他典籍

1. 〔東漢〕班固，漢書，北京，中華書局，1962。

2. 〔東漢〕許慎著，〔唐〕徐鉉校訂，說文解字，北京，中華書局，1963。

3. 〔魏〕王弼著，樓宇烈校釋，王弼集，北京，中華書局，1980。

4. 〔唐〕法藏著，方立天校釋，華嚴金獅子章校釋，北京，中華書局，1983。

5. 〔北宋〕周敦頤，周敦頤集，北京，中華書局，1990。

6. 〔北宋〕張載，張載集，北京，中華書局，1978。

7. 〔北宋〕程顥、程頤，二程集，北京，中華書局，1981。

8. 〔北宋〕邵雍，邵雍集，北京，中華書局，2010。

9. 〔南宋〕林希逸，莊子鬳齋口義，北京，中華書局，1997。

〔註1〕 1.按典籍年代排列；2.由近人注釋、校編的書籍依然按原典時代排列；3.清代以前的人物注明朝代。4.著者後面一般省略「著」字，編寫者、注釋者則分別標明，點校者省略。

〔註2〕 《船山全書》標注的作者朝代是「明」，中華書局單行本是「清」。此處各按原書錄出。

10. 〔南宋〕朱熹，四書章句集注，北京，中華書局，1983。

11. 〔南宋〕朱熹，〔南宋〕黎靖德編，朱子語類，北京，中華書局，1986。

12. 〔南宋〕朱熹，朱子全書（第 1、13 冊），上海，合肥，上海古籍、安徽教育出版社，2002。

13. 〔南宋〕朱熹編，〔清〕張伯行集解，近思錄，臺北，臺灣商務印書館，1967。

14. 〔南宋〕陸九淵，陸九淵集，北京，中華書局，1980。

15. 〔南宋〕王應麟著，〔清〕翁元圻等注，困學紀聞，上海，上海古籍出版社，2008。

16. 〔明〕王廷相，王廷相集，北京，中華書局，1989。

17. 〔明〕王守仁，王陽明全集，上海，上海古籍出版社，1992。

18. 〔明〕陸西星，南華眞經副墨，北京，中華書局，2010。

19. 〔明〕焦竑，莊子翼，文淵閣四庫全書，電子版。

20. 〔明〕李贄，焚書、續焚書，北京，中華書局，1975。

21. 〔清〕黃宗羲，黃梨洲文集，北京，中華書局，1959。

22. 〔清〕黃宗羲，明儒學案，北京，中華書局，2008。

23. 〔清〕黃宗羲，易學象數論，北京，九州出版社，2007。

24. 〔清〕黃宗羲、全祖望等，宋元學案，北京，中華書局，1986。

25. 〔清〕顧炎武著，黃汝成集釋，日知錄集釋，上海，上海古籍出版社，2006。

26. 〔清〕顧炎武，顧亭林詩文集，北京，中華書局，1983。

27. 〔清〕顧炎武著，菰中隨筆，上海，上海古籍出版社，2012。

28. 〔清〕方以智，藥地炮莊，北京，華夏出版社，2011。

29. 〔清〕張廷玉等，明史，北京，中華書局，1974。

30. 〔清〕焦循，雕菰樓易學，北京，北京大學出版社，2012。

31. 〔清〕陳澧，東塾讀書記，上海，上海古籍出版社，2012。

32. 國學整理社編，諸子集成，北京，中華書局，1986。

33. 利瑪竇著，朱維錚編，利瑪竇中文著譯集，上海，復旦大學出版社，2012。

二、專 著

（一）船山學專著

1. 王孝魚，船山學譜，北京，中華書局，2014。

2. 嵇文甫，王船山學術論叢，北京，三聯書店，1962。

3. 張西堂，王船山學譜，臺北，臺灣商務印書館，1978。

4. 侯外廬，船山學案，長沙，嶽麓書社，1982。

5. 康和聲著，彭崇偉編，王船山先生南嶽詩文事略，長沙，嶽麓書社，2009。

6. 戴鴻森，薑齋詩話箋注，上海，上海古籍出版社，2012。

7. 王船山學術研究集（船山逝世 270 年紀念文集），北京，中華書局，1965。

8. 蕭萐父，船山哲學引論，南昌，江西人民出版社，1993。

9. 吳立民、徐蓀銘，船山佛道思想研究，長沙，湖南出版社，1992。

10. 許冠三，王船山的致知論，香港，中文大學出版社，1981。

11. 羅光，王船山形上學思想（羅光全書第 18 冊），臺北，學生書局，1983。

12. 蕭漢明，船山易學研究，北京，華夏出版社，1987。

13. 曾昭旭，王船山哲學，臺北，里仁書局，2008。

14. 林安梧，王船山人性史哲學之研究，臺北，東大圖書公司出版，1987。

15. 陳玉森、陳憲猷，《周易外傳》鏡詮，北京，中華書局，2000。

16. 嚴壽澂，船山《思問錄》導讀，上海，上海古籍出版社，2000。

17. 張立文，正學與開新——王船山哲學思想，北京，人民出版社，2001。

18. 蕭萐父、許蘇民，王夫之評傳，南京，南京大學出版社，2002。

19. 汪學群，王夫之易學，北京，社會科學文獻出版社，2002。

20. 陳來，詮釋與重建——王船山的哲學精神，北京，北京大學出版社，2004。

21. 劉梁劍，天・人・際：對王船山的形而上學闡明，上海，上海世紀出版集團，2007。

22. 朱迪光，王船山研究著作述要，長沙，湖南大學出版社，2010。

23. 陳啓文，王船山兩端而一致之思維的辯證性及其開展，臺北，花木蘭文化出版社，2010。

（二）其他專著

1. 章太炎，章太炎全集（第 3、6 冊），上海，上海人民出版社，1984、1986。

2. 梁啓超，清代學術概論，北京，東方出版社，1996。

3. 梁啓超，中國近三百年學術史，北京，東方出版社，1996。

4. 蔡元培，蔡子民先生言行錄，長沙，嶽麓書社，2010。

5. 熊十力，熊十力全集，武漢，湖北教育出版社，1994。

6. 熊十力，新唯識論，北京，商務印書館，2010。

7. 陳大齊，孟子待解錄，上海，華東師範大學出版社，2012。

8. 鍾泰，莊子發微，上海，上海古籍出版社，2002。

9. 湯用彤，中國現代學術經典・湯用彤卷，石家莊，河北教育出版社，1996。

10. 錢穆，莊子纂箋，北京，九州出版社，2012。

11. 錢穆，中國近三百年學術史，北京，九州出版社，2012。

12. 錢穆，朱子新學案，北京，九州出版社，2012。

13. 錢穆，陽明學述要，北京，九州出版社，2012。

14. 張君勱，新儒家思想史，北京，中國人民大學出版社，2006。

15. 蕭公權，中國現代學術經典・蕭公權卷，石家莊，河北教育出版社，1996。

16. 方東美，中國現代學術經典・方東美卷，石家莊，河北教育出版社，1996。

17. 方東美著，孫智燊譯，中國哲學之精神及其發展，北京，中華書局，2012。

18. 高亨，周易大傳今注，北京，清華大學出版社，2010。

19. 馮友蘭，中國哲學史，北京，三聯書店，2009。

20. 馮友蘭，中國哲學史新編（下冊），北京，人民出版社，2007。

21. 張岱年，張岱年全集（第2、5卷），石家莊，河北人民出版社，1996。

22. 蒙文通，先秦諸子與理學，桂林，廣西師範大學出版社，2006。

23. 唐君毅，中國哲學原論・導論篇，北京，中國社會科學出版社，2006。

24. 唐君毅，中國哲學原論・原教篇，北京，中國社會科學出版社，2006。

25. 張舜徽，清儒學記，武漢，華中師範大學出版社，2005。

26. 張舜徽，四庫提要敘講疏，臺北，學生書局，2002。

27. 侯外廬，中國早期啟蒙思想史，北京，人民出版社，1956。

28. 侯外廬等，中國思想通史第4卷，北京，人民出版社，1959、1960。

29. 侯外廬、邱漢生、張豈之主編：宋明理學史，北京，人民出版社，1984、1987。

30. 嵇文甫，晚明思想史論，開封，河南大學出版社，2008。

31. 賀麟，賀麟選集，長春，吉林人民出版社，2005。

32. 牟宗三，心體與性體，長春，吉林出版集團，2013。

33. 牟宗三，政道與治道，臺北，聯經出版公司，2003。

34. 牟宗三，生命的學問，電子版。

35. 牟宗三，中國哲學的特質，上海古籍出版社，2007。

36. 羅光，歷史哲學（羅光全書第18冊之二），臺北，學生書局，1971。

37. 徐宗澤，中國天主教傳教史概論，上海，上海世紀出版集團，2010。

38. 韋政通，中國思想史，臺北，水牛出版社，1986。

39. 傅偉勳，批評的繼承與創造的發展，臺北，東大圖書公司，1986。

40. 陳榮捷，朱學論集，上海，華東師範大學出版社，2007。

41. 陳榮捷，《近思錄》詳注，上海，華東師範大學出版社，2007。

42. 陳榮捷編著，楊儒賓等譯，中國哲學文獻選讀，鳳凰出版傳媒集團，2006。

43. 朱伯崑，易學哲學史，北京，崑崙出版社，2009。

44. 張豈之，儒學·理學·實學·新學，西安，陝西人民教育出版社，1994。

45. 張豈之，中華人文精神，西安，陝西人民出版社，2007。

46. 張豈之，張豈之自選集，北京，學習出版社，2009。

47. 張豈之編，中國思想史，西安，西北大學出版社，2003。

48. 勞思光，中國文化要義新編，香港，香港中文大學出版社，1998。

49. 勞思光，新編中國哲學史（第3卷），桂林，廣西師範大學出版社，2005。

50. 余英時，方以智晚節考，北京，生活·讀書·新知三聯書店，2004。

51. 余英時，現代儒學的回顧與展望，北京，生活·讀書·新知三聯書店，2012。

52. 劉述先，黃宗羲心學的定位，杭州，浙江古籍出版社，2006。

53. 劉述先著，東方朔編，儒家哲學研究，上海，上海古籍出版社，2010。

54. 李澤厚，中國古代社會史論，天津，天津社會科學院出版社，2004。

55. 蒙培元，理學的演變，福州，福建人民出版社，1984。

56. 蒙培元，理學範疇系統，北京，人民出版社，1989。

57. 蒙培元，心靈超越與境界，北京，人民出版社，1998。

58. 劉小楓，走向十字架的真，上海，華東師範大學出版社，2011。

59. 孫以楷，道家哲學研究，合肥，安徽大學出版社，2010。

60. 方克立，現代新儒學與中國現代化，長春，長春出版社，2008。

61. 郭齊勇，天地間一個讀書人——熊十力傳，上海，上海文藝出版社，1994。

62. 郭齊勇，熊十力哲學研究，北京，人民出版社，2011。

63. 景海峰，熊十力哲學研究，北京，北京大學出版社，2010。

64. 姜廣輝，走出理學，瀋陽，遼寧教育出版社，1997。

65. 丁爲祥，虛氣相即——張載哲學體系及其定位，北京，人民出版社，2000。

66. 陸寶千，清代思想史，上海，華東師範大學出版社，2007。

67. 嚴壽澄，近世中國學術通變論叢，臺北，臺灣「中央」編譯局，2003。

68. 方光華，中國思想學術史論稿，西安，陝西人民出版社，2002。

69. 陳來，朱子哲學研究，上海，華東師範大學出版社，2000。

70. 陳來，現代中國哲學的追尋——新理學與新心學，北京，人民出版社，2001。

71. 陳來，有無之境——王陽明哲學的精神，北京，三聯書店，2009。

72. 郭齊勇等編，蕭萐父教授八十壽辰紀念文集，武漢，湖北教育出版社，2004。

73. 林安梧，現代儒學論衡，臺北，業強出版社，1987。

74. 林安梧，當代新儒家哲學史論，電子版，1997。

75. 黃俊傑，東亞儒學——經典與詮釋的重建，臺北，臺大出版中心，2007。

76. 邢益海編，冬煉三時傳舊火——港臺學人論方以智，北京，華夏出版社，2012。

四、譯　著

1. 〔荷〕斯賓諾莎，賀麟譯，倫理學，北京，商務印書館，1983。

2. 〔法〕於連著，閆素偉譯，聖人無意，北京，商務印書館，2006。

3. 〔美〕威廉‧詹姆士著，唐鉞譯，宗教經驗之種種，北京，商務印書館，2002。

4. 〔美〕威廉‧詹姆斯著，萬俊人等編譯，詹姆斯集，上海，遠東出版社，2004。

5. 〔美〕阿里奧托著，魯旭東等譯，西方科學史，北京，商務印書館，2011。

6. 〔美〕江文思等編，梁溪譯，孟子心性之學，北京，社會科學文獻出版社，2005。

7. 〔俄〕思妥耶夫斯基著，耿濟之譯，卡拉馬佐夫兄弟，北京，人民文學出版社，1982。

8. 〔德〕漢伯里‧布朗著，李醒民譯，科學的智慧，瀋陽，遼寧教育出版社，1998。

9. 〔法〕謝和耐著，耿昇譯，中國與基督教，北京，商務印書館，2013。

10. 〔日〕島田虔次著，甘萬平譯，中國近代思維的挫折，南京，江蘇人民出版社，2008。

11. 〔日〕島田虔次著，鄧紅譯，中國思想史研究，上海，上海古籍出版社，2009。

12. 〔日〕小野澤精一等編，李慶譯，氣的思想：中國自然觀與人的觀念的發展，上海，世紀出版集團，2007。

13. 〔日〕土田健次郎著，朱剛譯，道學之形成，上海，上海古籍出版社，2010。

五、論　文

（一）船山學論文

（1）博士學位論文

1. 陳贇，回歸真實的存在——王船山哲學的闡釋，華東師範大學2001。

2. 章啓輝，王夫之的四書學研究及其早期啓蒙思想，中國社會科學院2002。

3. 李鍾武，王夫之詩學範疇研究，復旦大學 2003。

4. 周芳敏，王船山「體用相涵」思想之意蘊及其開展，臺灣政治大學 2004。

5. 吳龍川，王船山「乾坤並建」思想研究，臺灣師範大學 2005。

6. 施輝煌，王船山四書學之研究，臺灣中山大學 2007。

7. 米文科，王船山《張子正蒙注》哲學思想研究，陝西師範大學 2011。

8. 陳屹，王夫之人性生成哲學研究，武漢大學 2012。

（2）**期刊論文**（凡學報有社會與自然科學之分者，皆為社科版或哲社版）

1. 船山學報，1984 年到 1989 年，湖南省社會科學界聯合會。

2. 船山學刊，1992 年到 2012 年，湖南省社會科學界聯合會。（凡以上二刊之論文不列舉，僅在正文腳註中標出。）

3. 劉志盛，王夫之著作年表，西北大學學報，1982.4。

4. 陳衛平，從王夫之對西方哲學的態度談起，讀書，1984.10。

5. 夏甄陶，王夫之認識論思想述評，哲學研究，1982.10。

6. 蕭漢明，王夫之論易與象，江漢論壇，1984.4。

7. 蕭漢明，王夫之論卦象、卦德與卦序，齊魯學刊，1987.5。

8. 蕭漢明，「莊生之說可以通君子之道」，中國哲學史，2004.4。

9. 劉潤中，論王夫之「乾坤並建」易學理論及其哲學意義，北京大學學報，1988.1。

10. 郭齊勇，王船山思想的內在緊張和價值衝突，光明日報，1992.11.23。

11. 朱熹與王夫之性情論之比較，文史哲，2001.3。

12. 鄭萬耕，船山易學的天人觀，北京師範大學學報，1993.5。

13. 屠承先，論朱熹哲學在王夫之哲學形成中的作用，甘肅省社會科學，1995.1。

14. 汪學群，王夫之治易的思想歷程，孔子研究，1999.3。

15. 王夫之易學中的實有思想與清初務實學風，周易研究，2000.3。

16. 吳懷祺，王夫之的易學與史論，安徽大學學報，2000.11。

17. 陳來，道學視野下的船山心性學，中國哲學史，2002.3。

18. 陳來，王船山的中庸首章詮釋及其思想，武漢大學學報，2002.11。

19. 陳來，王船山論語詮釋中的氣質人性論，中國哲學史，2003.3。

20. 陳來，王船山論「惡」的根源，雲南大學學報，2003.5。

21. 陳來，王船山的氣善論與宋明儒學氣論的完成，中國社會科學，2003.5。

22. 陳來，王船山正蒙注的存神盡性，北京行政學院學報，2004.1、2。

23. 陳來，存神盡性、全而歸之，衡陽師範學院學報，2005.8。

24. 王興國，侯外廬先生對船山學的貢獻，衡陽師範學院學報，2008.6。

25. 麻天祥，船山先生的佛學現量觀，衡陽師範學院學報，2006.4。

26. 張學智，王夫之的格物致知與由性生知，北京大學學報，2003.3。

27. 張學智，王夫之衍《老》的旨趣及主要方面，北京大學學報，2004.3。

28. 張學智，王夫之對禮的本質的闡釋，北京大學學報，2006.6。

29. 張學智，王夫之《乾》卦闡述的兩個方面，哲學研究，2011.3。

30. 張學智，論王夫之的「占學一理」，中國哲學史，2011.3。

31. 張學智，王夫之「《乾》《坤》並建」的詮釋面向，復旦學報，2012.4。

32. 向世陵，王夫之「變」學發微，中國哲學史，1999.5。

33. 向世陵，王夫之對理學諸命題的總結，哲學研究，2006.10。

34. 向世陵，張載、王夫之的「保和太和」說議，中國哲學史，2008.2。

35. 向世陵，論王夫之的「生」意體系，哲學研究，2009.1。

36. 許蘇民，王夫之與儒耶哲學對話，武漢大學學報，2012.1。

37. 王澤應，王夫之的誠明合一論及其現代意義，衡陽師範學院學報，2004.4。

38. 王澤應，王夫之義利思想的特點和定義，哲學研究，2009，8

39. 陳立勝，王陽明思想中「惡」之問題研究，中山大學學報，2005.1。

40. 鄧輝，王船山四書學思想研究略論，中國哲學史，2010.3。

41. 朱漢民，王船山的道統、治統與學統，北京大學學報，2013.1。

42. 方光華，法相唯識學與船山哲學，孔子研究，1992.1。

43. 嚴壽澄，兩行與治道——讀王船山《莊子解》，上海行政學院學報，2004.1。

44. 鄭熊，王夫之對孔子天命觀的改造，湖南大學學報，2006.5。

45. 李君，荀子天人論對王夫之思想的影響，管子學刊，2013.2。

46. 萬里，王夫之的性情合一論及其理論貢獻，哲學研究，2009.12。

47. 劉紀璐，張載與王夫之的道德心理哲學，社會科學，2011.5。

48. 曾春海，闡船山易學之宇宙論，鵝湖月刊，總第 10 期，1977。

49. 曾昭旭，朱子、陽明與船山之格物義，鵝湖月刊，總第 54 期，1979。

50. 曾昭旭，論王船山在學術史上之地位問題——兼論清代學術之性格與梁著、錢著《中國近三百年學術史》之觀點，鵝湖月刊，總第 174 期，1989。

51. 曾昭旭，王船山兩端一致論衍義，鵝湖月刊，總第 241 期，1995。

（二）其他論文

1. 任繼愈，論儒教的形成，中國社會科學，1981.1。

2. 任繼愈，儒教的再評價，1982.2。

3. 任繼愈，展望二十一世紀的中國哲學，2001.4。

4. 劉潤中，中國哲學本體論的易學闡釋，周易研究，1994.4。

5. 郭齊勇，郭店儒家簡與孟子心性論，武漢大學學報，1999.5。

6. 向世陵，張載「合兩」成性義釋，哲學研究，2005.2。

7. 向世陵，理學道統論的兩類文獻根據與實質，齊魯學刊，2008.6。

8. 向世陵，儒學「安身立命」思想發微，社會科學戰線，2010.4。

9. 向世陵，中國哲學的「本體」概念與「本體論」，哲學研究，2010.9。

10. 林樂昌，張載對儒家人性論的重構，哲學研究，2000.5。

11. 林樂昌，張載成性論及其哲理基礎研究，中國哲學史，2005.1。

12. 丁為祥，張載研究的視角與方法，陝西師範大學學報，2006.6。

13. 李存山，中國哲學的系統及其特點，北京行政學院學報，2008.2。

14. 蒙培元，孔子天人之學的生態意義，中國哲學史，2002.2。

15. 蒙培元，孔子是怎樣解釋周易的，周易研究，2012.1。

16. 夏甄陶，天人之分與天人合一，哲學研究，2002.6。

17. 施炎平，周易和中國古代陰陽矛盾學說，周易研究，2001.3。

18. 許蘇民，中國近代思想史研究亟待實現三大突破，天津社會科學，2004.6。

19. 許蘇民，明清之際儒學與基督教的第一哲學對話，哲學研究，2011.1。

20. 許蘇民，明清之際哲人與基督教的人性論對話，學術研究，2010.8。

21. 楊國榮，明清之際儒家價值觀的轉換，哲學研究，1993.6。

22. 楊國榮，本體與工夫：從王陽明到黃宗羲，浙江學刊，2000.5。

23. 李蘭芝，易學的尚中思想，南開學報，1994.3。

24. 程兆奇，嚴壽澄《近世中國學術通變論叢》書後，近代史研究，2005.2。

25. 鄭萬耕，宋明易學論象與數，北京社會科學，2002.2。

26. 桑兵，中國學術思想史上的道統與派分，中國社會科學，2006.3。

27. 楊儒賓，近現代儒學思想史上的體用論，新亞學術輯刊第 17 期，2001。

28. 李承貴，論宋儒重構儒學利用佛教的諸種方式，哲學研究，2009.7。

29. 羅志田，夷夏之辨的開放與封閉，中國文化第 14 期。

30. 曾昭旭，論人性發展史上心靈自覺的三階——兼論當代人的安身立命之道，鵝湖月刊，總第 207 期，1992。

31. 林安梧、歐陽康、鄧曉芒、郭齊勇，中國哲學的未來：中國哲學、西方哲學、馬克思主義哲學的交流與互動（上、下），學術月刊，2007.4、5。

32. 林安梧，後新儒學：存有三態論的展開，林安梧，鵝湖，2005.10。

33. 林安梧，「新儒學」、「後新儒學」、「現代」與「後現代」——最近十年來

的省察與思考之一斑，中國文化研究，2007，冬之卷。

34. 林安梧，「心性儒學」與「公民儒學」相關問題之檢討——從「新儒學」到「後新儒學」的哲學反思，「第十一屆儒佛會通暨文化哲學學術研討會」會議論文，2008，3，28。

35. 林安梧，「內聖」、「外王」之辯：一個「後新儒學」的反思，天府新論，2013.4。

36. 王新春，朱熹的《周易》觀，哲學研究，2011.10。

37. 陳來，啓蒙反思三題，學海，2010.5。

後　記

本書由我的博士學位論文稍作修改而成。

王船山著述宏富，思想難理，初學者入門不易。論文選題時，我考慮到自身能力，嘗試針對船山思想之一面作研究。但導師張豈之先生本著對研究生「加擔子」的指導方略，又充分考慮到船山思想的複雜性，不做全面研究則無法理解船山，鼓勵我擴展研究面；另一位導師張茂澤教授隨時給予具體指導；已退休的龔傑教授提示我熟讀《思問錄》，以把握船山思想的綱領；宋玉波副教授以《相宗絡索》爲例，給我點明船山思想的複雜性。這些專業幫助增添了我攀登「船山」的勇氣。論文初稿完成後，研究所內的諸位老師，以及李旭然、韓永志、朱軍等同窗都曾指正文中錯誤；論文答辯過程中，五位匿名評審專家和各位答辯委員會委員也給予了有益建議；在此一併致謝。學位論文是博士階段學習的總結，理應具備相當水準，但因我學養淺薄，寫作匆忙，本文只能算是一篇「習作」，文中的錯誤由我一人負責。

念及求學經歷，仍有感想，暫且節錄畢業論文「致謝」如下：

> 父親、母親給我生命，懷揣中國農民的樸素願望供我讀書。他們既要忍受千百年來農民不變的辛勞，又要面對社會變革引起的迷惘。外祖母和舅父也因此承擔了壓力。希望將來的一紙文憑，能給親人以慰藉。如果說我現在具備了一點學術生命的話，這肯定離不開諸位師長的教導，尤其是兩位導師——西北大學中國思想文化研究所的張豈之先生和張茂澤教授。他們的教導已超出學術傳授，擴

展至生活諸方面。青島大學的錢國旗教授同樣包容和教導了我。他
們的言行向我展現了何謂「海納百川，有容乃大」。對於他們，我無
以爲報，只有在此後的日子裡努力保養學術生命。各位同窗伴我成
長，有人已經成爲我的朋友、兄弟，有人即將成爲我的妻子。與他
們的友誼必將成爲我生命中無法抹去的光彩。

最後，感謝花木蘭文化出版社諸位編輯的誠懇與勤勞。